高职高专市场营销专业系列教材
MARKETING

U0676969

广告学原理与实务

Guanggaoxue Yuanli yu Shiwu （第2版）

主　编　李志刚
副主编　黄　庆　周　庆

重庆大学出版社

内容提要

本书分为三部分共11章。其中第一部分为原理部分，包括第1、2章，主要内容是广告基本知识和原理；第二部分为实务部分，包括第3~9章，主要内容是广告调查、广告策划、广告创意与表现、广告策略、广告创作、广告媒体和广告效果与测评；第三部分为广告的经营与管理，包括第10、11章，主要内容是广告的经营与管理和国际广告的发展。

本书在介绍以上章节的基本知识、基础理论的同时，附有每章小结，并留有相应的思考题。同时，本着理论与实践相结合，增强动手能力的高等职业教育的人才培养目标，本书从培养现代广告观念，增强广告运用能力入手，还采摘了国内外优秀和有趣的广告案例、广告作品放在各章节中，使理论和实际相互印证，为教与学提供更好和更有效的方法。

本书作为高等职业教育市场营销专业的教材，也可作为其他财经类专业的教材，同时也是广告从业人员和自学者的学习培训用书。

图书在版编目(CIP)数据

广告学原理与实务/李志刚主编.--2版.--重庆：重庆大学出版社，2018.1(2020.3重印)
高职高专市场营销专业系列教材
ISBN 978-7-5689-0742-2

Ⅰ.①广… Ⅱ.①李… Ⅲ.①广告学—高等职业教育—教材 Ⅳ.①F713.80

中国版本图书馆CIP数据核字(2017)第193363号

高职高专市场营销专业系列教材
广告学原理与实务
(第2版)
主　编　李志刚
副主编　黄　庆　周　庆
责任编辑：尚东亮　　版式设计：尚东亮
责任校对：邬小梅　　责任印制：张　策
*
重庆大学出版社出版发行
出版人：饶帮华
社址：重庆市沙坪坝区大学城西路21号
邮编：401331
电话：(023) 88617190　88617185(中小学)
传真：(023) 88617186　88617166
网址：http://www.cqup.com.cn
邮箱：fxk@cqup.com.cn (营销中心)
全国新华书店经销
重庆俊蒲印务有限公司印刷
*
开本：787mm×1092mm　1/16　印张：16　字数：360千
2018年1月第2版　2020年3月第13次印刷
印数：33 401—34 400
ISBN 978-7-5689-0742-2　定价：39.00元

第2版前言

我国经济建设的不断发展，为我国广告行业的加快发展提供了有力的基础。广告经营额占国民生产总值比重从1979年的0.004%增长到2016年的0.87%，意味着作为第三产业的中国广告业在国民经济中发挥着越来越重要的作用。截至2016年，全国广告经营额达到6 489亿元，中国广告市场已经跃升为世界第二大广告市场。“十三五”时期是我国全面建成小康社会的决胜阶段，是经济社会转方式、调结构、促发展的关键时期，广告业作为我国现代服务业和文化产业的重要组成部分，在服务推进我国经济转型升级、引导扩大消费、促进经济增长、繁荣社会文化中将继续发挥积极的作用。同时，我们也应该看到，与发达国家相比，我国的广告业在产业规模、发展质量和效益上还有一定的差距，还需要继续提高行业集约化、专业化、国际化发展水平。新形势下广告行业的发展对广告理论研究、人才培养与实践运用提出了迫切的要求，需要研究新问题，探索新变化，适应“创新、创意、创业”为核心的产业创新发展要求。

广告作为市场促销的重要手段，有开拓市场、引导消费的特殊功能。不断摸索广告学课程的建设，适应高等职业教育市场营销专业方向的人才培养目标的要求，促进理论与实践运用相结合，是本书编写的目的。本书在编写过程中，始终坚持了以下原则：

一是科学性和针对性。即把对广告的战略与策略运作的全面认识，作为本课程教学的重点，针对学生的就业方向，编写各章节学习与掌握的要点和思考的问题。

二是实践性与技术性。即根据高等职业教育的培养目标和培养要求，在编写过程中，强调“理论够用为度，着重实际操作和应用性”，以技术、技能为主线阐述理论知识，突出应用型人才培养的特点。

三是取长补短，力求创新。面对高等职业教育发展的形势和任务，过去高职市场营销方向所用的一些广告学的教材，基本是“本科型的压缩版”，教学中理论偏多，操作性不强。《广告学原理与实务》的编写在总结、评价现有较为成熟的同类教材的基础上，取其长，补其短，力求补充新观念、新方法、新知识。

本书出版十多年来，被一些院校选作市场营销专业或相关专业课程的教材、教辅读物，受到了教师和学生的欢迎，也反馈了许多宝贵意见。而这十多年，正是我国广告业转型发展的关键时期，广告产业也发生着许多新变化，互联网与移动数字媒体的高速发展，对传统的广告产业的服务提出了新的挑战。任何理论的产生都源于实践的总结,我们在充分汲取有关院校相关专业教师在培养市场营销及相关专业技术应用专门人才中反馈的宝贵意见,结合当今广告业发展的要求,对第一版内容进行了增删梳理和修订,以便更好地适应未来高等职业教育专业人才培养目标要求。同时,本次出版可能仍有不当之处,欢迎批评指正!

作为高职高专市场营销专业系列教材之一的《广告学原理与实务》,由李志刚任主编,黄庆、周庆为副主编,具体编写分工如下:李志刚编写第1章、第2章、第10章和进行全书总纂,黄庆编写了第8章、第9章,周庆编写了第5章、第7章,王清泉编写了第3章、第4章,赵伦进编写了第6章,舒昌编写了第11章。

本书以上人员都有着丰富的高等职业教育的教学经历与广告业的实践经验,在编写本书的过程中付出了许多努力,也得到相关院校领导、教师的大力支持,在此一并致谢。由于编者的水平有限,书中的缺点和疏漏在所难免,请广大读者提出宝贵意见,以便进一步修订、完善。

李志刚

2017年10月

目　录

第1章
广告导论

【学习目标】

1.知道广告是什么和你为什么要学习它；
2.理解形形色色的广告有哪些基本要素和核心功能；
3.知道广告能为你做什么；
4.了解广告的种类有哪些；
5.了解广告的起源与发展趋势。

【教学要点】

1.广告的概念及特征；
2.广告的作用；
3.广告的基本功能；
4.广告的种类和特点；
5.广告的趋势。

现代都市生活,每一天几乎毫无例外会从广告开始。如果你不是一个离群索居的人,那么,每天将会至少有300~500条的广告信息通过你的眼睛或者耳朵侵入你的大脑:在你家的楼道里或者你的信箱里,在地铁站或者车厢中,在汽车的收音机里,或者在公交车的车身上、车厢里,在你随便阅读的每一份报纸当中,当然还有在广告比人还多的大街上或者广告比节目还多的电视里,在互联网络的各种网站上或者手机屏幕上……无处不在的广告几乎令人难以躲避。人们惊呼生活在现代城市中,就连空气中都充满了广告的气味,你躲得开无聊的纠缠,躲得开讨厌的蚊子,可就是躲不开广告!

生活需要广告,但无时无刻又让人想逃避它。赏心悦目的广告增加了人们生活的乐趣,而那些毫无创意的广告,甚至虚假的广告,却让人们反感和心生害怕。当我们思考日常生活中所遇到的这些广告问题的时候,不禁要提出这样的疑问——什么是广告?它是怎么产生,又是怎样起作用的?它有哪些特征?

1.1 广告的概述

1.1.1 广告的概念

(1)广告的定义

广告一词源于拉丁文 adverture,其意为"注意""诱导";而英文在此基础上演变为 advertise,其含义为"某人注意到某事""引起他人注意到某事";17 世纪末到 18 世纪初,它又由静态延伸为动态的 advertising(广告活动)。伴随英国大规模商业活动,广告被开始广泛地运用于促进商业活动,具有传播商业信息的现代广告含义。日本大约在明治年间(1872—1877)将英文 advertising 译成"广告"。

广告一词如同近代沙发、坦克等词一样是舶来品,在我国古代汉语中没有这一词的出现和用法。在《辞源》(1840)中,也只有"广""告"的单独使用,"广,大也",有普遍、众多之意;"告"乃"告诉、告示"之意。因此,在 20 世纪初,我国采用"广告"一词,从中文的字面上望文生义理解,广告被解释为"广而告之"。由于中日文同形,有的学者认为我国"广告"一词受到日文的影响。

人类对广告的认识从有商品生产与商品交换开始,历史非常悠久,而广告学的兴起则在 19 世纪末到 20 世纪初。从此,许多广告学者、专家在不同的时期,由其所处的角度、工作性质等不同,给广告下了不尽相同的定义,而且在某种特定的条件下被视为"权威性"的定义。众多内涵不尽相同的定义,导致广告定义难以定论。以下是一些有代表性的论述:

"广告是有关产品或服务的报道"。这是在 19 世纪 90 年代以前较为公认的广告定义,那时广告只是运用在对产品或服务信息的一般报道或告示,没有带过多的“诱导”和“劝服”的色彩。

广告是“纸上推销术”。这是美国广告之父约翰·肯尼迪 1905 年提出的著名的广告定义,该定义确认广告在商品或服务的销售中的促销意义。

1932 年美国著名的《广告时代》杂志公开征求广告的定义,获得认可最多的定义为“由广告主出费用,通过印刷、书写、口述或图画等,对个人、商品、劳务或运动等信息作公开的宣传,用以达到促进销售、使用、赞同或投票的目的”。美国市场学会在 1949—1963 年对广告所作的定义是“广告是由可识别的倡议者,用公开付费的方式对产品、服务或某种行为的设想,进行非人员的介绍”。以上两个定义,对广告的认识进一步深入,提出了广告主体,明确广告付费、非人员性推广等属性。

随着 20 世纪 50 年代人们对传播学认识的不断成熟,许多学者开始从信息传播的角度对广告进行定义。如:

1985 年版《简明大不列颠百科全书》对广告的定义是:“广告是广告主付费,并通过报纸、杂志、电视、广播、张贴广告及直接邮递等传递信息的一种方式,其目的在于对商品、劳务、观念的推销,取得刊登广告者所希望的反应。”该定义认为广告是广告主以付费的方式借助于媒介以期产生预期目的的信息传播。

围绕现代广告发展的趋势,从定义要反映广告的内涵与外延以及其实质要求的角度,我们推荐由我国工商行政管理局人事教育司组织我国广告专家、学者编写的《现代广告专业基础知识》(1993)中的广告定义,即“广告是以付费的方式,通过一定的媒介,向一定的人,传达一定的信息,以期达到一定目的的有责任的信息传播活动。”该定义较为全面地概括和揭示了广告的基本特征,并提出了广告传播的针对性、责任性与系统性。

(2)广告的构成要素

为了较好地理解广告的基本概念,我们对广告的构成要素进行如下分析:

①广告是“广告主付费的媒介信息传播”。广告的行为主体是广告主,广告主需通过购买媒介的时间、空间,才能按照其目的要求发布广告信息,这与新闻报道等传播方式有明显的不同。由于广告的有偿性,广告信息传播需要对媒介进行科学的选择,而不是盲目地使用媒介。

②广告要“向一定的人进行传播”。广告是营销的一种手段,其目的是诱发目标公众对既定目标做出所期望的反应的行为,而不是针对所有的人进行的。因此,广告不能从字面上望文生义笼统地理解为“广而告之”,理解为对所有的人进行广告诉求。

③广告传达“一定的信息”。所谓“一定的信息”包括:一是因为受媒介的时间、空间限制,广告传播的信息需要进行裁剪;二是信息时代,社会公众每天都会面临各种各样的信息选择,而且对于广告这种强制性和功利性的传播方式,人们往往是处在被动或勉强的心态下。作为弱势的广告信息,在较短的时间里,要让受众对广告信息产生印象和记忆,广告中过多的信息量,反而会得不偿失。

④广告是要“达到一定目的”的信息传播。广告主开展广告活动往往有一定的目的,

而且,在不同的阶段由于其营销目标不相同,广告计划的目标需要进行相应的调整,有的放矢才能保证广告活动按照既定的目标来开展,取得预期的效果。

⑤广告是“有责任的”信息传播。广告的责任性首先体现在广告信息的准确性、真实性方面,即广告信息的准确性与真实性是受众接受广告的前提和保障;其次,广告不能够违反法律规定和违背社会的文化与道德规范。

以上广告要素可概括为“有偿的、有针对性的、有责任的信息传播活动”。从现代广告来讲,广告是一个活动过程,广告作品仅仅是这个活动的一个构成要素。这个活动还包括广告主(广告代理公司)、广告费用、广告信息、广告媒介、广告受众等要素,而且广告运动的过程涉及广告调查、广告策划、广告创意、广告表现、媒介传播、广告效果测定等步骤。

1.1.2 广告的分类

广告按照不同的角度和标准可以划分为许多种类,可按广告活动的形式、目的和广告的时间等来划分。

(1)按广告的形式来分类

长期以来,人们对广告的认识,往往从自身的工作角度出发,从广告的形式来分类。按此标准可大体分为:

①按传播媒介分类。通常有报纸广告、电视广告、广播广告、杂志广告、网络广告、电影广告、邮递广告、户外广告等。将户外广告进一步划分,又可细分为:路牌广告、公交(地铁)车身广告、电影贴片广告、招贴广告、民墙广告、灯箱广告、霓虹灯广告、旗帜广告、站台广告、气球广告、灯杆广告、橱窗广告、互联网广告与移动数字媒体广告等。

②按传播范围分类。有在国际性、全国性的媒介上刊登广告,如中央电视台、中央人民广播电台、《人民日报》、搜狐网等;在区域性的媒介上刊登广告,如省级刊物、电台、电视台等;在地方性的媒介上刊登广告,如地、市、县级的有关媒介。

③按传播的对象分类。有针对不同年龄、层次的妇女、男士的广告;针对儿童、老年的广告;针对情侣的广告;等等。

④按传播诉求方式分类。按传播诉求方式可分为理性广告、情感性广告。

(2)按广告活动的营利性目的来分类

按广告是否营利来进行分类可分为两类,一类是以营利为目的,一类是不以营利为目的。前者可称为商业性广告,后者可称为公共服务性广告。

①商业性广告。它又称经济类广告,包括以介绍商品功能、质量、价格、品牌形象的商品广告,以介绍服务信息、特色、品质、品牌的劳务广告。

②公共服务性广告。它包括政府发布的公告、法律法规、个人启事、围绕社会公益宣传倡议文明风气的广告(又称公益广告,如保护妇女、儿童的广告,计划生育广告等)。

(3)按广告活动的时间来分类

广告是营销的重要手段,根据市场营销活动的策略,广告活动可分为战略性广告和战术性广告。

①战略性广告。战略性广告一般指时间在1年以上的长程迟效广告,以配合营销的战略进行的广告,如企业形象广告、品牌形象广告,以上形象的塑造往往需要长时间的积累才能深入人心。

②战术性广告。战术性广告一般指1年内的短期速效广告,以配合营销的战术进行的广告,如打折降价广告、赠品促销广告、医疗信息广告等,以期通过广告迅速引起目标受众的反应。

1.1.3 广告的功能

现代社会随着科学技术的迅猛发展,企业间的竞争异常激烈,大众的生活方式、生活水平发生着日新月异的变化。人们在不断追求物质满足的同时,信息的需求也更加迫切,信息化已经成为影响社会发展的重要因素。"好酒也怕巷子深",广告作为现代社会信息传播的重要手段,在传递商品信息,提高商品知名度,刺激消费需求,树立企业及品牌形象,增强企业竞争力,促进企业发展中起着重要的作用。而消费者,则能够通过广告了解商品信息,转变消费观念,激发购买欲望,增强购买信心,丰富物质文化生活。同时,广告还能不断地促进社会文化建设,倡导社会公益,推动社会文明进步。

从以上广告的作用可以看到,现代社会离不开广告。广告有着多重功能,但在这些功能中有一个共同点即传达信息,广告主通过向目标受众传达既定的信息以期取得期望的反应。就商业广告而言,是针对目标消费者传递产品、企业、品牌的信息,以期达到促进产品销售的目的。广告的基本功能是传达信息,信息的真实性、准确性、时效性和经济性是传达信息的基本原则,现代广告活动要遵守这些原则。

有了对广告基本功能的认识,那么广告的艺术化、培养消费观念、丰富生活、文化承载等功能,只是在广告的传播功能实现以后延伸出来的,不能本末倒置。一些将广告功能异化或扩大化的做法,往往导致广告活动误入歧途。

企业在广告活动中传递的信息主要有以下几种。

①传达产品或服务的功能、品质、特点的信息。这类信息的作用是引导消费,扩大市场份额,提高企业在市场上的竞争力。人们日常生活所必需的吃、喝、穿、用、住、行及教育、医疗、健康、美容、理财甚至交友等,越来越离不开各种形式的广告信息。常见的如各种饮料(包括水)、各种酒类饮品、房地产项目、家庭装修的用品、汽车、特色餐饮等。

②品牌个性和形象的诉求信息。品牌的个性和形象是企业在市场竞争中能够持续发展的核心竞争力。通过品牌个性与形象的塑造,使之与其他同类产品品牌区别开来,增加人们对该品牌的信任,从而更有效地为产品或服务的销售创造条件。

③传达企业形象信息,增强公众对企业的认识、认可。市场竞争表面上是产品或服

务的竞争,而更深层次是企业形象的竞争,公众对企业的认识与认可的程度,也即企业是否在公众中具有良好的社会形象,会直接影响公众对该企业的产品或服务的购买与使用。企业形象不仅仅是一个容易与其他企业区别开来的标志符号,更重要的是企业践行的理念、行为准则等。如中国银行的标志是铜币的造型,它体现出中国历史悠远的文化内涵。中国银行有两则视频广告:《竹林篇》《高山篇》。其中《竹林篇》,叙述的是该银行的气节:竹动,风动,心动,有节,情义不动;而《高山篇》,通过一个老人的回顾,体现智者深谋远虑,谦逊豁达。“止,而后能观”,回顾过去,展望将来,勤于思考与不断进取,表现中国银行的形象。

④塑造企业关爱社会性公益事业或应变突发事件的公关广告。现代企业不仅创造社会财富,更要奉献于社会。现代企业的使命需要企业不断加强与社会公益事业的联系,展现企业的社会使命感。具有社会使命感的企业,才能够更好地根植在社会这块土壤上。所以,现代企业需要增强社会公众(包括个人、其他社会团体、机构)对企业的信任,为企业创造良好的生存发展环境。如农夫山泉为希望工程捐一分钱的广告,联邦快递祝中国北京取得 2008 年奥运会主办城市的祝贺广告等。

1.1.4 广告学的性质与研究对象

广告是商品生产和商品交换的产物,自从人类有了商品生产与商品交换,就有了广告。但人们对广告学的研究,是从 19 世纪末才开始的。到 20 世纪,随着商品经济的飞速发展,广告越来越向专业化和职业化方向发展,广告运作日趋成熟,广告的专家、学者对广告实践活动不断进行总结概括。作为探讨广告理论的第一人,美国心理学家瓦尔特·狄尔斯柯特 1903 年编著了《广告原理》一书,随后美国经济学家席克斯又编著了《广告学大纲》,更系统地对广告学进行探讨与总结。第二次世界大战以后,广告学作为一门独立的学科,它的性质、研究内容与范畴也逐渐成熟完善。

(1)广告学的性质

长期以来 ,关于广告学的性质,一直都有不同的认识和争论。作为应用性极强的学科,一些人认为广告是一门应用艺术,广告用文学、音乐、绘画、色彩、摄影等手段来创作、渲染气氛,提高人们对广告的注意和对广告产品的兴趣,激发购买的欲望。只有艺术表现力、感染性强的广告,才能打动消费者,从而取得广告的成效。而一些人又认为广告学研究广告活动的规律性,广告学在营销学、心理学、传播学、社会学、行为学、美学等学科基础上,揭示广告活动的自身规律,有其独特的研究对象与范畴,艺术只是整个广告活动中对广告信息进行加工处理的一个环节,因此广告是一门应用科学。目前,大多数人认为广告是具有科学性,又具有艺术性的综合性边缘学科。广告学作为一门学科,其本质属性应是市场营销学和传播学。

(2)广告学研究的内容

广告学作为一门应用学科,核心是探讨与揭示广告在市场营销活动中信息传播活动

的规律。围绕这个核心,广告学所研究的内容如下:

①广告的基本理论和原理。广告的基本理论和原理主要包括广告的基本概念、广告的基本功能、广告的任务和作用、广告的历史演变与发展、现代广告观念、广告与市场营销等学科的关系。

②广告活动的过程。广告活动的过程包括广告调查、环境分析、目标对象分析、主体分析、广告战略与策略、目标确定、创意、媒介分析、广告费用预算、广告设计与制作、广告实施与效果控制等环节。

③广告传播。广告以传播的方式实现为营销活动服务的目的,即传播是手段,营销是目的。广告传播研究广告的信息编码(其物化形态为广告作品)、广告传播渠道的选择(广告媒介)、广告信息的到达与接受(广告效果)等内容。

④广告管理与经营。广告活动不仅是经济行为,而且是一种涉及面广、对社会影响极大的文化现象(正面的和负面的效果)。对广告活动的管理是市场法制化管理的重要内容,包括广告组织管理、法律法规、广告业自律和消费者监督等方面。同时,广告业作为第三产业,按照社会经济发展的要求,按照自身的经营发展要求,要加强服务意识,提高经济效益,增强竞争力。

1.2　广告的起源与发展

1.2.1　广告的起源

广告作为传递商品信息的手段,是商品生产和商品交换发展中,人类为了信息交流的需要而产生的一种社会活动,它随着人类商品经济的不断发展,经历了漫长的演变过程。

(1)世界古代广告(远古时期)

几千年前,在最先由原始社会发展到奴隶社会的世界文明的起源地——地中海沿岸、古埃及、古印度、古希腊、中国,有了商品生产与商品交换,人类早期的口头叫卖式的广告开始产生。古代巴比伦商人每逢运载商品的船只到达靠岸时,就雇佣叫卖人进行喊叫,以招徕买主。

公元前3000年左右,在古代巴比伦就有了在黏土上刻下的楔形文字,其中记载了国王修建神殿、宣扬战功和褒扬国王丰功伟绩的信息,以告天下。至今保存在大英博物馆内的公元前1000年古埃及的一则手抄在芦苇的纤维上制成的“广告传单”,是当今人们能够看到的最古老的广告文物,其内容是一名奴隶主悬赏寻找一名逃走的奴隶。具体内容如下:

男奴西姆从善良市民织布师哈布那里逃走，坦诚的善良市民们，请协助把他带回。他身长 5 英尺 2 英寸，面红目褐。有告知其下落者，奉送金环半副，将其带回本店者，愿奉送金环一副。

——能按您的愿望织出最好布料的织布师哈布

这则广告的结构，直到现在仍有参考价值。

公元前 79 年（我国战国时代）古罗马的庞贝镇，因维苏威火山爆发而瞬间被火山岩浆吞没。从发掘出来的遗址能看到 2 000 多年前庞贝镇相当繁荣的城镇化生活状况。画有常春藤招牌的酒店，画着骡子拉磨图案的面包房，这些简明扼要的形象化实物标记，标记着不同的商品与服务类别。为吸引顾客注意，招牌、幌子等广告形式相当普及，反映出那个时代商业已经比较繁荣。

（2）世界近代广告（欧洲文艺复兴至 20 世纪第一次世界大战前）

在国外广告的发展历程上，我国古代印刷术的传入，印刷术和纸张的发明应用，极大地促进了广告的发展，开创了世界近代广告的新纪元。

1445 年德国人古顿伯尔格发明了金属活字印刷，金属活字印刷为人类广告信息的传播方式从口头叫喊、实物标记、手抄张贴传单发展到印刷广告形态奠定了基础。

1609 年德国出现了世界上最早的报纸。1622 年英国创办了第一份英文报纸《新闻周报》，并在 1650 年登载了世界上第一则名副其实的报纸广告，该广告是寻找被盗窃的 12 匹马的悬赏启事。17 世纪中期以后，广告这一名词已经广泛地被使用，经常做广告的商品有咖啡、巧克力、药品、茶等，但是，由于早期的报纸和报纸广告还在起步阶段，报纸的发行量小，受众单一，没有受到人们的充分重视。1728 年美国人本杰明 · 富兰克林创办的《宾夕法尼亚报》，从创刊起就开始向广告客户出售报纸版面，并运用广告插图和广告的编排来吸引读者与广告客户，广告成了报纸的组成部分和重要的经济来源。

19 世纪，以蒸汽机引导的工业大革命，极大地促进了欧美经济的迅猛进步，随着经济高速增长，原有的单一的销售模式已经不能适应大规模的生产要求，以大规模信息传播为特点的报纸业和与信息传播相关的广告业得到迅速发展，并逐渐有了现代广告活动的雏形与运营模式。

①报纸广告迅速发展。19 世纪的报纸发展十分惊人，如英国《泰晤士报》1815 年时发行量为 5 000 份，每天登载广告 100 多条；1844 年报纸发行量已有 23 000 份；到1854年则达到 51 648 份，广告量在此时也达到每天 400 多条。1840 年美国有 1 631 家报社，1851 年创办的《纽约时报》至今已经成为三大较有影响的报纸之一。这个时期的报纸广告表现形式和表现手段有了较大的发展，图文并茂，讲究设计。如英国的沃伦鞋油广告，在广告的设计上，画了一双擦过鞋油的漂亮皮靴，一只猫正吃惊地怒视着长筒上自己的影子，既形象地说明了该鞋油的质量好，又增加了广告的趣味性。

②广告代理业迅速成长。1841 年，被认为是美国第一位广告经纪人的帕默（Volner Palmer），通过向广告主提供报纸资料信息，为广告客户撰写方案等，推销报纸版面，并从报社提取 15%~25%的佣金。1865 年，美国人乔治 · 罗威尔（George Rowell）作为典型的

广告代理者，他预先大量购买上百家的报纸、周刊的版面，然后转卖给广告客户从中赢利。1869 年，美国艾尔父子（N.W.Ayer & Son）在费城建立了以经营广告为主的艾尔父子广告公司，这家公司从 1870 年开始为客户提供市场调查分析，帮助客户制订广告计划，还为客户进行设计、撰写方案等。这个时期，在美国大约建立了 1 200 家广告代理公司，而英国的美瑟—克劳瑟（奥美广告公司的前身）提供了与艾尔父子广告公司相类似的为客户进行全面深入的服务，且拥有 100 人的员工规模。可见，广告活动和广告代理业正在走向成熟，并在社会、经济、文化等方面占据着越来越重要的位置。见图 1.1，刊登在《宾夕法尼亚报》上的广告。

JOHN ELLIOT,
JOHN WHARTON,
NOTICE is hereby given to the PUBLICK,
JOHN JENNINGS,

图 1.1　刊登在《宾夕法尼亚报》上的广告

③广告形式多样化。伴随科学技术的进步，广告的形式也越来越丰富。1853 年，美国纽约的《每日论坛》第一次用照片为一家帽子店做广告；1882 年，英国伦敦安装了世界上第一个灯光广告；1891 年，投产 5 年的可口可乐开始用挂历做广告，创造了世界上最早的挂历广告；1910 年，法国巴黎举办的国际汽车展览会上最早使用了霓虹灯广告；之后，随着巴黎一家时装店安装霓虹灯做成的招牌，霓虹灯成为当时最流行的户外广告。

(3)世界现代广告及发展趋势

人类进入20世纪以来,科学技术的发展极大地推动了社会、经济的发展,广告业伴随着这样的发展迅猛地成长。

1)世界现代广告(第一次世界大战至20世纪80年代)

①广告代理开始提供市场调查服务和为广告主提供策划。科学派广告的代表人物、著名的广告作家霍普金斯认为,广告要寻求最有利于购买者购买产品的理由。他为施利兹啤酒做广告时,把酒厂用蒸汽消毒酒瓶,作为推荐购买施利兹啤酒的理由来进行广告宣传,这是他亲身到酒厂考察后的感受。虽然其他的酒厂也是同样消毒,但是,没有进行这样的宣传。此外,1905年,卡尔金斯在对兰吉列刀片的宣传上,通过报纸、招贴、橱窗、展览、宣传小册子等方式,所进行的对产品全面的宣传说明,被认为是"第一份全国性的广告规划"。

②重视广告策略的运用。随着生产规模的不断扩大,市场的竞争日益激烈,作为企业营销重要的促销手段——广告,在运用上开始重视广告策略的作用。如1927年,美国福特A型汽车上市前几个月,亨利·福特先生经过精心考虑和安排,为制造市场上人们对新车期待的气氛,通过广告间接透露一些新车的消息却又不全部公开,以增加新车上市的悬念和人们的期待。最后,通过广告公布"福特新型A汽车的重大消息"。通过悬念广告策略的运用,引起了人们对事件的高度关注,达到预期的广告目的。

③加强广告法规管理与行业自律。由于广告业的高速成长,不可避免地出现了一些虚假广告,受到社会的指责。1907年,英国颁布了第一部较为完备的广告法;1911年,美国联合广告俱乐部制定了广告道德法规,提出"广告就是真实";《印刷者油墨》杂志发行人聘请律师制定了著名的"印刷油墨法规",此法规于1945年修改后被美国27个州确定为广告法,另外17个州部分采用。1914年起美国国会设立联邦贸易委员会(FTC)管理整个广告业,有权调查被指控为虚假的广告,可以采取禁令、禁止或取缔各种各样不健康的广告的手段。同时,美国商业改进局(BBB)负责监督商业广告的经营,强化政府与社会对广告的监督管理;而广告行业协会通过建立自我约束的条例,规范行业行为,在推动广告业的发展,争取保障行业的合法权益中发挥了重要的作用。

④广告媒介多样化。随着科学技术的发展,新的广告媒介层出不穷。1922年,在美国出现了第一家商业广播电台,1928年开播无线电广播广告,到1930年,美国有一半的家庭拥有收音机;1936年,英国出现最早的电视台,在第二次世界大战中,与广播、报纸一道成为影响力极大的媒体。20世纪60年代,美国拥有电视机的家庭达4 480万户,电视一跃成为最大的广告媒介之一。由于广告媒介的多样化,媒介之间的竞争越来越激烈。

⑤广告理论趋于成熟。随着广告的作用越来越受到社会的重视,1900年,美国学者约格·盖尔在多年调查研究的基础上写成《广告心理学》一书;1903年,美国西北大学校长、心理学家瓦尔特·狄尔斯柯特写成《广告原理》一书,为广告的理论研究奠定了基础。

以后，许多学者从经济学、市场学、社会学、传播学等角度对广告学进行了深入的探索，加深了人们对广告理论的认识，广告学逐渐成为一门应用性学科。

2）世界广告的发展趋势（20 世纪 90 年代以来）

20 世纪 90 年代以来，随着世界东西方冷战的结束，经济全球化进程加快。科学技术日新月异，尤其是计算机和互联网的普及和应用，促进了人类信息的超速发展，随之而来，世界广告的发展趋势“也正发生着划时代的变化”（原国际广告协会主席乔·卡波所说，见《国际广告》2003.6）。具体表现在：

①国际广告本土化，本土广告国际化。随着世界各国经济走向全球化，国际贸易空前发展，广告代理业向国际化发展的扩张进一步加快。在扩张的过程中。国际广告要适应本土社会、文化、法规等环境，创造当地人接受的广告；同时，全球市场的一体化，本土广告要根据国际营销的要求，关注国际市场动态，按国际广告运行的惯例开展广告活动。我们看到，20 世纪 90 年代以来，世界上大的广告公司，如智威汤逊、奥美、BBDO 等基本上实行了国际化的广告经营，并且，在国际化中逐渐发展与本土广告机构的合作。

②广告传播媒体更加多样化。卫星电视、有线电视使观众有机会选择和接触更多的媒体频道，获取更多的信息；而随着计算机的普及和应用，人们越来越多地运用数字化技术来增强广告的表现力，提高广告制作的质量。同时，21 世纪人类步入了高度发达的信息社会，在社会信息化和信息社会化的进程中，随着因特网技术的普及和应用，网络作为现代社会的史无前例的信息传播手段，改变着人们的生活、工作和学习，极大地促进全球信息产业的发展，并且在各国的经济、文化、科技、教育、政治、军事和社会生活等各个领域内发挥着越来越重要的作用。网络广告不仅吸引人的“眼球”，而且，与传统的报纸、杂志、广播、电视媒体相比，计算机网络具有超时空、交互性、速度快、传播广等特点。2003 年全球互联网广告收入仅仅 72 亿美元，而 2013 年就达到 1 180 亿美元。2015 年全球广告投入预计达到 36 278 亿元（5 696.5 亿美元），其中数字广告增幅高达 18.0%，为 10 837 亿元（1 701.7亿美元），占整个广告市场总额的 29. 9%。移动互联网广告已成为数字广告市场的主要推动力，2014 年的增幅达 122.30%，占数字广告总额的 29.4%。（中国传媒大学、中国社会科文献出版社，《全球传媒发展报告（2015）》）

③广告经营观念进入“个性化生活时代”。21 世纪，随着人们的价值观、生活方式、家庭结构发生巨大变化，社会逐渐进入“个性化生活时代”，广告从单向大众化信息传播向与消费者进行“一对一”的沟通发展，广告信息的促销效率得到提高。比如《今日头条》的数聚化，强调大数据技术下构建数字营销平台，进行个性化广告投放。

④广告管理更加科学和严密。与迅速发展的广告业相适应，广告的管理更加科学和严密，通过政府立法或行业自律等手段，增强广告行业的规范化和健康发展。广告业在取得经济效益的同时，更加强调与社会精神文明相结合，在促进人类的文明进步上发挥作用。

1.2.2　中国广告的起源与发展

(1)中国古代广告

我国作为世界上最早的文明古国之一,有着四千多年的文明历史。广告在中国起源很早,甚至比一些西方国家还早几百年。尽管中国经历了从战国时代至清末鸦片战争长达二千多年漫长的封建社会和半封建社会,社会经济形态以自给自足的封建小农经济为主,但在一些相对发达的商品集散地和贸易活动比较频繁的地区,逐渐出现了朴素的、萌芽性的广告形式。

1)口头广告

口头广告又称叫卖,北方称"吆喝",是最原始、最简单的广告形式,至今仍被运用。中国古代杰出诗人屈原在《天问》中生动地描写姜子牙刀剁当当,高声吆喝卖肉:"师望在肆,昌何识？鼓刀扬声,后何喜?"在孟元老所著《东京梦华录》中,有一段北宋首都汴梁(今开封)的市况描述:"是月季春,万花烂漫,牡丹芍药,棣棠木香,种种上市,卖花者经马头竹篮铺排,歌叫之声,清奇可听。"

2)实物广告

据《易·系辞下》记载:"神农氏作,列廛于国,日中为市,致天下之民,聚天下之货,交易而退,各得其所。"在市场上,将交易的物品陈列出去,实际上是一种最简单的广告形式。

3)店铺广告

《论语·子张篇》提到"百工居肆,以成其事",指的是一种前店后厂的形式。为了招徕顾客,商店会采用多种多样的广告形式,如旗幌,主要表示经营的商品类别或不同的服务项目,可称为行业的标记。战国时代《韩非子》中记载有:"宋人有沽酒者,悬帜甚高著"。帜就是用来指示店铺的名称和字号的招牌,起到广告识别作用。从北宋张择端的名画《清明上河图》中可以看到,有的招牌用横匾,有的用竖牌、挂板,有的用文字刻于招牌上,有的图案与文字并用。

4)印刷广告

西汉时,我国已有了麻造纸,宋仁宗庆历年间(1041—1048),毕昇发明了活字印刷。我国现存最早的印刷广告,也是世界上最早的印刷广告是收藏于上海博物馆的北宋时济南刘家针铺的一块广告铜版,见图1.2。

该铜版约四寸见方,中间是白兔抱杵捣药的图案,上方雕刻"济南刘家功夫针铺",左右两边刻着"认门前白兔儿为记",下面写着"收买上等钢条,造功夫细针,不偷工,民便用,若被兴贩,别有加饶,请记白"。

图1.2　我国现存最早的印刷广告

(2)中国近现代广告

1)广告媒体的大量涌现

这一时期指1840年鸦片战争到1949年中华人民共和国成立之前,广告媒介大量涌现是这一时期的主要特征。

首先是报纸广告。1815年8月5日,由英国传教士马六甲在华创办了第一家中文报纸《察世俗每月统传记》,该报刊登的"告帖"是我国近代报刊最早的广告,但由于其报纸的宗旨在于宣传基督教义,没有多少商业气息。

鸦片战争后,中国沦为了半殖民地半封建社会,除了大量涌入的西方国家的商品与资本外,还有西方文化的进入。其中,外国人开始来华创办商业报纸,如香港英文报刊《中国之友》,该报上刊载了商品行情、航运消息等,以后相继有中文报纸《遐迩贯珍》等。这一时期,在上海比较著名的中文报纸有《上海新报》《万国公报》《申报》和《新闻报》等。其中由英国人美查兄弟在1872年创办的《申报》影响最大且时间最长。初期发行量只有600份,1919年时已达30 000份,许多外商都在该报上刊登广告,广告占版面的比例在50%左右。《上海新报》在1861年11月创刊时即宣传其广告的作用:"开店铺者……似不如叙明大略,印入此报,所费固属无多,传阅更觉周密。"(见图1.3)

其次是杂志广告。创刊于1904年的《东方杂志》,由商务印务馆出版,初期是月刊,后改为半月刊,内容涉及政治、经济、军事、文化、宗教等许多方面,是一份大型综合性杂志,它历经44年,直到1948年停刊。在开始的一年里,广告的篇幅为250多页,到1925年增至800多页,广告客户达到近800家。(见图1.4)

1923年1月,美国人E.G.奥斯邦与英文《大陆报》报馆合办了50瓦特的中国无线电广播电台,不久关门停闭。之后,美商新孚洋行、开洛电话材料公司在1924—1929年,相继在上海开办广播电台。1927年3月,国人创办的第一座广播电台"上海新新公司"广播电台开播。到1936年10月,据有关资料记载,国人在上海开办的电台有36家,外国人开办的有4家。1928年8月1日,国民党政府在南京建立中央广播电台并正式开播,此后,又在云南、山东、山西、江西、河南、湖北等地建成了20多座广播电台。广播电台除了播放各类政治、军事、经济、社会等新闻节目以外,还播出层出不穷的其他节目。

20世纪初,户外路牌广告由国人1904年成立的闵泰广告社为英美烟草广告设置开始,由于设计新颖,用五颜六色的油漆绘制而成,因此很引人注目。此外,随着商业的不断繁荣,橱窗广告、霓虹灯广告、公共汽车广告也相继在上海出现。

2)广告机构的形成与广告管理

19世纪下半叶,自从有了报纸后,就出现了以贩卖版面招揽广告的掮客。一种是报社给广告掮客底价,其加价倒卖给客户;一种是按广告定价,提取一定比例的佣金。

20世纪20年代,陆续出现了一些专业的广告公司。如1918年左右,美国人克劳在上海开设的"克劳广告公司";英国人美灵登开设的"美灵登广告公司"。国人开办的广告公司,规模较大的是1926年成立的"华商广告公司"和1930年成立的"联合广告公司"。

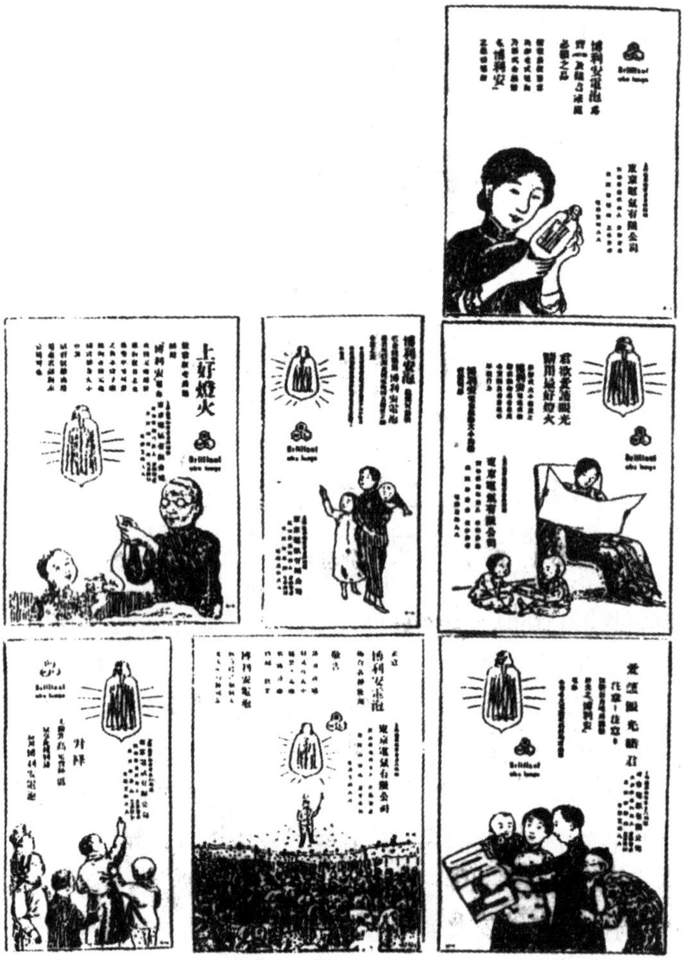

图 1.3 《大公报》1918 年 5 月 1 日刊载的电灯泡广告

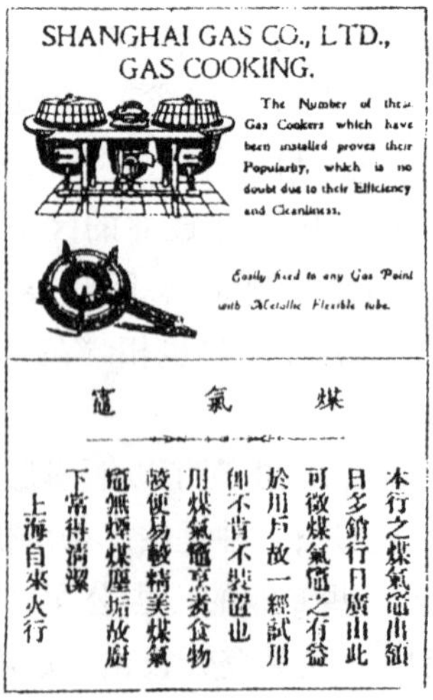

图 1.4 《东方杂志》刊载的煤气灶广告

20世纪30年代上海有广告公司约30家，到抗日战争胜利后增加到90多家，我国其他地方如天津、重庆等地也相继建立有规模不等的广告社或广告公司。

1927年，由上海“维罗”“耀南”等六家广告社组织发起，成立了我国最早的广告同业组织“中华广告公会”，主要目的是维护和争取共同利益，调解同行之间的一些业务矛盾与纠纷。

针对一些有碍社会风化的广告，有些报馆做出不予刊登的规定。当时，全国报业联合会还通过了《劝告禁载有恶影响于社会之广告案》。国民党当局也发布过一些广告管理的法令，但实际上不真实、不道德的广告仍然是大行其道，屡见不鲜。

3）广告学的研究

随着近代广告的发展，对广告的研究与教学工作也开始引起人们的关注，这些工作也相继开展起来。1918年北京大学成立的新闻研究会把广告作为研究和教学的一项内容。1920—1925年，上海圣约翰大学、北京平民大学、厦门大学、燕京大学等设立报学专业，并开设广告学方面的课程。同时，论述广告方面的专著，如1940年陆梅僧的《广告》、1946年吴铁声等人编写的《广告学》、1948年如来生编著的《中国广告事业史》等也出版发行。

（3）当代中国大陆广告业的发展

1949年，中华人民共和国成立以后，由于全国解放，物资匮乏，“皇帝的女儿不愁嫁”，商品根本不用做广告。在社会主义计划经济的思想指导下，随着国家对私营工商业实行利用、限制和改造工作的进展，私营广告业不断萎缩消亡。我国的商业广告活动从发展缓慢到几乎陷入停顿的状态。

十一届三中全会以后，广告活动才开始恢复和发展起来。1979年1月28日（农历正月初一），上海电视台播放“人参桂酒”电视广告；《解放日报》恢复刊登商业广告（图1.5）；3月15日，中央电视台播出西铁城手表的首例外商广告；上海人民广播电台播出春雷药性发乳广告；3月23日，《解放日报》《文汇报》同时首次用整版分别刊登“美能达相机”和“精工手表”广告（图1.6）；4月17日，《人民日报》开始刊登汽车、地质仪器的广告。

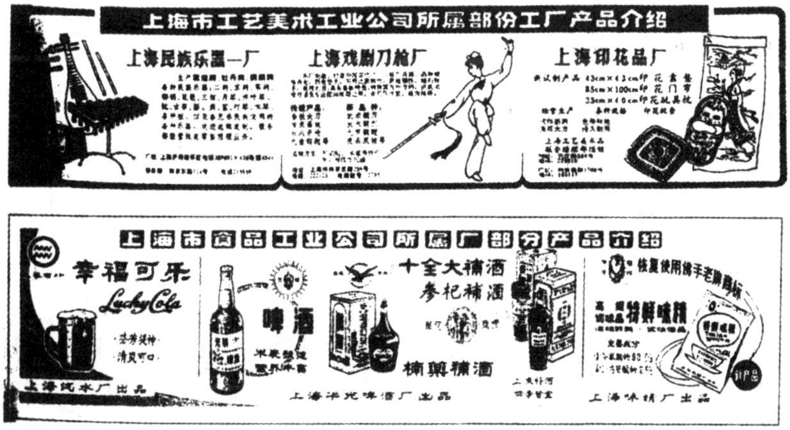

图1.5　刊登在1979年1月28日《解放日报》上的通栏广告

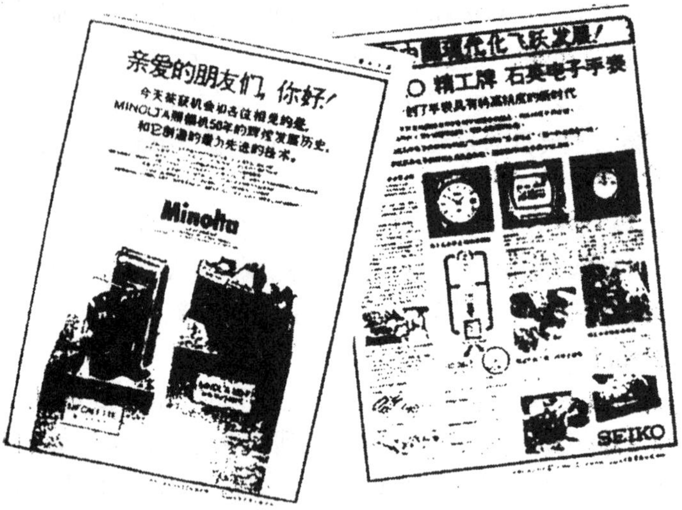

图 1.6　刊登在 1979 年 3 月 23 日《文汇报》和《解放日报》上的整版广告

从 20 世纪开始，我国广告业经过 80 年代的恢复调整，通过 90 年代的高速成长进入了 21 世纪。具体从以下几方面表现出来：

1）广告经营额持续增长

广告经营额的多少往往是衡量一个国家或地区广告业发展状况的重要指标之一。从表 1.1 上可以看出，1979 年到 2013 年，全国广告经营额年均递增 30%左右，成为国内增长最快的行业之一。广告经营额占国民生产总值（GDP）比重从 1979 的 0.004%增长到 2013 年的 0.882%，意味着中国广告业的高速发展，广告在我国经济建设和发展中发挥着越来越重要的作用。截至 2015 年底，全国广告经营额 5 973 亿元，比 2010 年增长了 1.5 倍，跃升为世界第二大广告市场。（《广告产业发展“十三五”规划》）

表 1.1　1979—2013 年中国广告经营状况

年份	GDP /亿元	GDP 增长率 /%	广告经营额 /亿元	广告经营额增长率 /%	广告经营额占 GDP 的比重/%	年份	GDP /亿元	GDP 增长率/%	广告经营额 /亿元	广告经营额增长率 /%	广告经营额占 GDP 的比重/%
1979	4 062.00	—	0.15	—	0.004	1997	78 973.00	10.95	461.96	26.00	0.585
1980	4 545.60	11.91	0.60	400	0.013	1998	84 402.30	6.87	537.83	16.42	0.637
1981	4 891.60	7.60	1.18	196.67	0.024	1999	89 677.10	6.25	622.10	15.70	0.694
1982	5 323.40	8.83	1.50	27.12	0.028	2000	99 214.60	10.64	712.66	14.32	0.718
1983	5 962.70	12.01	2.34	56.05	0.039	2001	109 655.20	10.52	794.89	11.54	0.725
1984	7 208.10	20.89	3.65	56.05	0.051	2002	120 332.70	9.74	903.15	13.62	0.751
1985	9 016.00	25.08	6.05	65.69	0.067	2003	135 822.80	12.87	1 078.68	19.44	0.794
1986	10 275.20	13.97	8.45	39.58	0.083	2004	159 878.30	17.71	1 465.00	17.23	0.916

续表

年份	GDP/亿元	GDP增长率/%	广告经营额/亿元	广告经营额增长率/%	广告经营额占GDP的比重/%	年份	GDP/亿元	GDP增长率/%	广告经营额/亿元	广告经营额增长率/%	广告经营额占GDP的比重/%
1987	12 058.60	17.36	11.12	31.63	0.092	2005	183 867.90	15.00	1 416.35	12.00	0.770
1988	15 042.80	24.75	14.93	34.26	0.099	2006	216 314.40	17.65	1 573.01	11.06	0.727
1989	16 992.30	12.96	19.99	33.90	0.118	2007	265 810.30	22.88	1 740.96	10.68	0.655
1990	18 667.80	9.86	25.02	25.15	0.135	2008	314 045.40	18.15	1 899.56	9.11	0.605
1991	21 781.50	16.68	35.09	40.26	0.162	2009	340 506.90	8.43	2 014.03	7.45	0.599
1992	26 923.50	23.61	67.87	93.41	0.255	2010	397 983.00	16.88	2 340.50	14.67	0.588
1993	35 333.90	31.24	134.09	97.57	0.388	2011	471 564.00	9.20	3 125.60	33.54	0.663
1994	48 197.90	36.41	200.26	49.35	0.429	2012	519 322.00	7.80	4 698.00	50.31	0.905
1995	60 793.70	26.13	273.27	36.45	0.475	2013	568 845.00	9.54	5 019.75	6.85	0.882
1996	71 176.60	17.08	366.64	34.17	0.515						

资料来源：国家广告研究院根据国家统计局、《中国广告年鉴》、《中国统计年鉴》的数据整理。

2）广告公司竞争力在不断提高

1979 年全国广告公司不足 10 家，到 1990 年底，在国家工商管理部门已登记经营广告业务的单位猛增到 10 806 家；1999 年，全国广告经营单位64 882户，广告从业人员58. 75 万人；“十一五”期间，我国广告经营额年均递增 10.6%，2010 年达到 2 341 亿元，广告经营单位达到 24.3 万户，广告从业人员达到 148 万人（国家工商管理局《广告产业发展“十二五”规划》）。2013 年从事广告经营的单位数量和广告从业人员数量达到 44.5 万户和 262.2 万人，相较于 2012 年分别增长了 17.89%和 20.4%。（数据来源：中国广告协会）

我国的广告业从 20 世纪 80 年代恢复调整到 90 年代的高速发展，其主要得益于以市场为导向的竞争环境。20 世纪 80 年代中期，一些专业广告公司就提出了“以创意为中心，以策划为主导，为客户提供全面服务”的经营理念，广告经营逐渐从单一的创作转到为客户进行市场调查、开展咨询、提供策划等全面综合性的服务上。90 年代，广告代理制逐步开始试行、规范、推广，在广告市场上形成了一批具有综合实力和经营特色的广告公司，如中国广告联合总公司、上海广告公司、广东省广告公司、广州白马广告公司等，既有国有公司，也有民营公司，以及国有民营合资的公司。

同时，海外广告公司从 1986 年开始陆续进入中国内地。从 1986 年电通、杨·罗必凯公司与中国国际广告公司合资创办我国第一家中外合资广告公司电扬广告起，国际上大跨国广告公司和集团纷至沓来。迄今为止，在我国各地设立的合资广告公司有几百家，如奥美、达彼斯、盛世长城、智威汤逊、李奥贝纳、麦肯广告等国际一流广告机构，它们以丰富的经验、高水平的作业方式、先进的管理模式、雄厚的资本实力，带动了我国本土广告业的发展。随着我国加入世界贸易组织和经济水平的不断提高,本土广告公司、国际广告公司在我国的广告市场的竞争将会日益激烈。

2000年以来,随着我国加入世界贸易组织,广告市场全面放开,国内的广告公司在经营业态上已经出现两个比较明显的分化。主要表现在以下两个层面上:一是在分工领域,出现了依靠某种专业优势或媒体资源优势,以广告产业链某一环节为主业的公司,如专门的设计、制作公司,专门的媒体依托公司等;二是产业层面上,广告行业集中度正在不断提高,一些拥有资本和规模优势的公司不断收购兼并其他广告公司或拓展分支机构,规模不断扩张,并且通过各种上市的资本途径,借助资本市场的力量来迅速提升其经营规模和竞争优势,如中视金桥、华闻传媒等。

从国家"十二五"广告产业发展规划可以看到,"十二五"期间,广告行业创意、策划、设计、制作水平全面提升,广告业集约化、专业化和国际化水平大幅提高,规模速度与结构质量协调发展,整体实力与竞争力显著增加,到2015年形成一批具有国际竞争力、年经营额在50亿元以上的广告集团10家以上,年经营额超过10亿元的广告企业50户以上,年广告经营额超过亿元的广告企业100户以上。(国家工商管理局《广告产业发展"十二五"规划》)

3)广告传媒产业空前发展

中国传媒产业包括新闻业、报纸产业、期刊产业、出版产业、电视产业、广播产业、电影产业、户外媒介产业、互联网产业、广告业与传媒服务业等十大类。从1980年到2013年中国广告发展状况看,电视、报纸、期刊、广播四大传统媒体广告收入构成了中国广告营业额的半壁江山。但21世纪以来,由于互联网等新兴媒体的突起,传统四大媒体受到前所未有的挑战。表1.2中可以看到报纸、电视、广播、杂志四大传统媒介在我国广告市场成长发展中的影响。

表1.2　1983—2011年四大媒介广告额占当年全国广告额的比例

年份	1983	1984	1985	1986	1987	1988	1989	1990
占比/%	49.59	51.69	56.78	52.38	55.52	59.72	57.85	56.43
年份	1991	1992	1993	1994	1995	1996	1997	1998
占比/%	62.78	63.98	57.33	52.04	51.55	49.86	49.16	48.42
年份	1999	2000	2001	2002	2003	2004	2005	2006
占比/%	46.61	47.98	46.20	50.56	50.80	45.52	47.66	50.72
年份	2007	2008	2009	2010	2011		平均	
占比/%	49.08	49.67	49.43	50.02	48.32		51.99%	

数据来源:国家统计局、国家工商局、中国广告协会。

①报纸媒体:我国在1980年发行报纸共有180种,报业在经历从计划经济向社会主义市场经济转轨的阵痛后,大量晚报、都市报已经迅速地完成了自身的转变,新闻理念、

经营思想、营销策略都在努力贴近市场、贴近生活、贴近读者,实现了快信息、大容量、平民化,以自身的鲜明特色和极强的可读性赢得了大批读者,拥有大量的订户,占有了相当一大批媒体受众。1983—1990年,报纸在中国广告市场的份额始终高居三大传统媒体首位,可谓“报业黄金期”。鼎盛时期的1985年,其市场份额高达35.31%。即使在即将被电视赶超的1990年,报纸广告的市场份额也比电视高出4.64个百分点。但从1991年开始,其占全国广告额的比重逐渐被电视广告超越。2013年,全国共出版报纸1 915种,较2012年降低0.2%;总印数482.4亿份,广告额1 049.92亿元。(数据来源:中国出版网《2013新闻出版产业分析报告》、艾瑞)由于受互联网和移动互联网这些新兴媒介的冲击,报纸广告的经营额近几年来呈下降趋势。(见表1.3)

表1.3　1982—2013年相应年份全国报纸种数、印数及广告额

年　份	种　数	总印数/亿份	广告额/亿元
1982	180		不足0.5
1985		246.8	2.20
1990		211.3	
1995		263.3	64.68
2000	2 007	329.3	127.76
2005	1 931	412.6	256.00
2010	1 939	452.1	1 064.59
2013	1 915	463.9	1 049.92

数据来源:中国广告协会、全国新闻出版统计网、慧聪国际媒体研究中心综合数据。

②广播媒体:我国广播广告的发展是从党的十一届三中全会以后才开始的。1979年3月15日,从上海人民广播电台恢复播出了第一条广告“春蕾药性发乳”开始,随后部分省、市级电台也开始播出或恢复播出广告。广播广告市场份额相对报纸和电视表现较为平稳。我国在1980年广播电台93个,到2012年,广播电台169个,广播电视台2 185个(含县级广播电视台1 992座),全国公共广播节目套数2 831套,付费广播节目套数14套,生产制作广播节目718.82万小时,广播节目综合人口覆盖率为97.5%。表1.4数据显示,我国广播频率数量、节目制作能力和综合覆盖率持续提高,广播媒体的传播力和影响力不断提升。广告是传统广播经营创收的主要来源。2008年以来,受世界经济发展放缓的影响,媒体广告资源总量增长收紧,广播广告却持续保持了高速增长。2008年全国广播广告收入为72.23亿元,比上年增加6.84亿元,同比增长16.91%。2009年全国广播广告收入为81.46亿元,比上年增加9.24亿元,同比增长12.25%。2010年全国广播广告收入99.58亿元,同比增长22.24%。2011年全国广播广告收入123.32亿元,同比增长23.84%。2012年全国广播广告收入136.20亿元,同比增长10.44%。[数据来源:国家新闻出版广电总局发展研究中心.中国广播电影电视发展报告(2013)(广电蓝皮书)]

表 1.4 2007—2012 年全国广播广告额

年份	制作时间/万小时	公共广播节目套数/套	公共节目播出时间/万小时	广告额/亿元
2007			1 127.24	65.39
2008	649.40	2 437	1 162.97	72.23
2009	671.65	2 520	1 226.55	81.46
2010	681.42	2 549	1 266.03	99.58
2011	693.70	2 587	1 305.75	123.32
2012	718.82			136.20

数据来源:《中国广播电影电视发展报告》(2013)。

③期刊杂志:我国的期刊杂志 1980 年有 984 种,中国期刊杂志的出版周期以月刊居多,半月刊、双月刊其次,周刊最少。目前绝大多数期刊杂志是以零售、订阅、赠阅这三种方式接触读者,其中,前两种为读者主动购买。期刊杂志包括时尚类、商业管理类、时政新闻类、生活类、学术与技术类、大众文化类、少儿类等,到 2013 年全国期刊出版品种达 9 877种,总印数 32.72 亿册。

在近 20 年的时间里,期刊总发行量在 25 亿册徘徊,直到 2007 年才上升到 30 亿册。在我国现有的 9 000 多种期刊中,只有 2 000 多种是市场化期刊。从以上数据可以看到,我国的期刊杂志业还处于新旧格局转换、交替的过程中,在经历了改革开放初期的迅猛增长之后,出现了增长缓慢的现象。我国是期刊大国,但这并不等于期刊强国,与欧美发达国家相比,我们的差距仍然很大。

在我国 9 000 多种期刊中,有 1 400 多种是党政部门所办刊物。全国发行量在 25 万册以上的 134 种期刊中,党政部门所办的工作指导类期刊有 46 种,约占 34.3%;教育教学类期刊 23 种,约占 17.1%。而面向市场、由读者自愿选择、自费订阅的期刊只有 65 种,约占 48.5%。全国发行量在 100 万册以上的 24 种期刊中,党政部门所办刊物有 10 种,约占 41.6%;教育教学类刊物有 7 种,约占 29.2%;面向市场的大众阅读刊物只有 7 种,约占 29. 2%。从上述数字中我们看到,在中国期刊业中发行量最大的期刊群体并不一定是市场影响最大的主体。因为这些期刊依托行政权力在系统内发行,或摊派到基层单位,导致这些期刊虽然具有主体地位,但因为远离市场,难以发挥市场的主体作用。表 1.5 反映了 2007—2011 年间期刊发展状况。

表 1.5 2007—2011 年全国期刊种数、印数及广告额

年 份	种 数	总印数/亿册	广告经营额/亿元
2007	9 468	30.41	26.45
2008	9 549	31.05	31.02
2009	9 851	31.53	30.37
2010	9 884	32.15	30.80
2011	9 849	32.85	35.10

数据来源:国家新闻出版统计网、中国期刊产业发展报告 、《中国传媒产业发展报告》综合资料。

化妆品、洗浴用品、个人用品、服装及汽车、文化娱乐休闲等行业占据期刊杂志广告的70%以上的主要份额。

④电视媒体:我国电视事业诞生于20世纪50年代末,1958年5月1日,中国第一座电视台——北京电视台(中央电视台前身)成立。1980年我国有电视台32座,而至2012年年末,全国各类广播电视播出机构共有2 579个,其中电视台183个,教育电视台42个,电视节目1 334套,有线电视用户2.14亿户,有线数字电视用户1.43亿户,电视节目综合人口覆盖率为98.2%,全年电视广告收入1 134.05亿元。年末广播节目综合人口覆盖率为97.5%;2013年底,电视节目综合人口覆盖率98.42%,有线电视用户2.29亿,数字电视用户1.72亿户,中国广电广告额达到1 387亿元。表1.6和1.7反映了广电媒体广告收入及增长状况。

表1.6 2008—2013年全国GDP、广电收入、广电广告额增长数据

年份	GDP/万亿	增长率/%	广电收入/亿元	增长率/%	广电广告额/亿元	增长率/%
2007					519.21	
2008	30.067	9.00	1 452.00	10.30	701.75	16.85
2009	33.535 3	8.70	1 852.85	17.06	781.78	11.40
2010	40.120 2	10.40	2 301.87	24.20	939.97	20.20
2011	47.156 4	9.20	2 717.32	18.00	1 122.90	19.40
2012	51.932 2	7.80	3 268.79	20.20	1 270.25	13.10
2013	56.884 5	7.70	3 734.88	14.30	1 387.01	9.10

数据来源:CNR中央人民广播电台。注:其中电视广告额占到广电广告额的96%~98%。

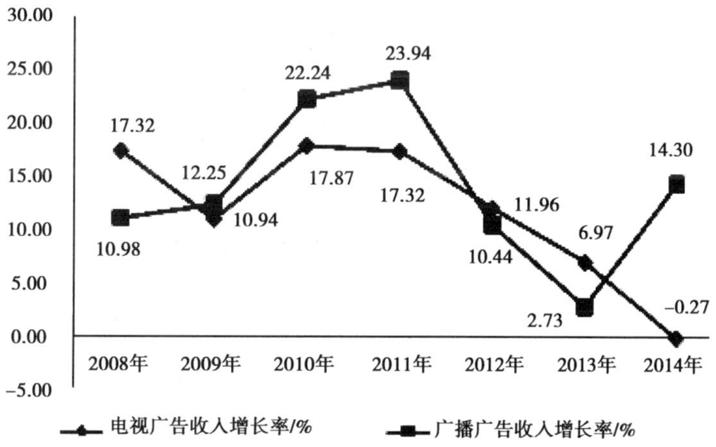

图1.7 2008—2014年广播广告、电视广告收入增长率对比

⑤户外媒体:据《2015—2020年中国户外广告行业市场前瞻与投资战略规划分析报告》统计,20世纪90年代以来,我国户外广告行业取得了突飞猛进的发展,企业对户外广告的投入以年均25%的速度递增。2010年,我国户外广告投放总额达452亿元,2011年

我国户外广告投放总额达515亿元,同比增长14%。见表1.7。

表1.7 2008—2011年中国户外媒体构成、市场规模及增长率

项 目	2011年/亿元	增长率/%	2010年/亿元	增长率/%	2009年/亿元	增长率/%	2008年/亿元
展示牌广告	475 147	9.47	432 993	2.83	384 842	9.41	384 842
电子显示装置广告	442 623	18.65	373 041	58.00	127 897	84.61	127 897
灯箱广告	432 263	5.40	410 124	817	454 838	-16.64	454 838
霓虹灯广告	82 941	7.25	77 332	-20.69	110 592	-11.84	110 592
交通工具广告	420 954	4.81	401 649	2.27	347 918	12.89	347 918
其他形式广告	59 349	69.31	35 054	-19.88	51 753	-15.46	51 153
户外广告媒体合计	2 571 996	16.56	2 206 547	1.98	2 163 796	0.96	22 143 125

数据来源:慧聪国际媒体研究中心。

我国的户外广告整体投放自2004年以来表现出明显上升的特点。其在2008年和2010年的上升尤为明显,分别较上一年上升65%和32%。户外广告的投放量直接与城市的消费能力成正比。从城市等级来看,作为一线城市的北京、上海、广州仍然是户外广告花费的主要流向地。2010年,一线城市户外广告投放增长45%;二线城市户外广告投放增长24%;三线城市户外广告投放变化不大。这说明户外广告花费越来越向一线城市集中。

近年来,我国经济保持了平稳较快增长,在良好的大环境下,户外广告市场也呈现了较快增长。2012年我国户外广告媒体投放量成为仅次于电视的第二大广告投放媒体,整体投放量较2011年有10%~15%的增长。2013年传统户外广告(不含地铁)小幅增长,城市户外广告继续大面积调整,波动期继续。2014年上半年,户外媒体市场依旧竞争激烈,传统户外媒体和新兴形式的数字化户外媒体在竞与合中各自努力寻求成长空间。总体来看,户外媒体市场稳扎稳打,但商业楼宇广告和影院视频广告表现较为突出。2014年户外广告投放总额达到815亿元。

⑥互联网及移动数字媒体:互联网在我国从导入期进入高速发展期,互联网移动数字化所带来的媒体广告价值也日益凸显出来。根据中国互联网络信息中心(CNNIC)在2014年1月26日发布的第33次《中国互联网络发展状况统计报告》,截至2013年12月,我国网民规模达6.18亿人,互联网普及率为45.8%。手机网民规模增长更为迅速,截至2013年12月,我国手机网民规模达5亿人,网民手机上网人群达到81.0%。见图1.8和图1.9统计数据。

艾瑞咨询发布的2013年度中国网络广告核心数据显示,2013年,国内网络广告市场规模达到1 100亿元,见表1.8。

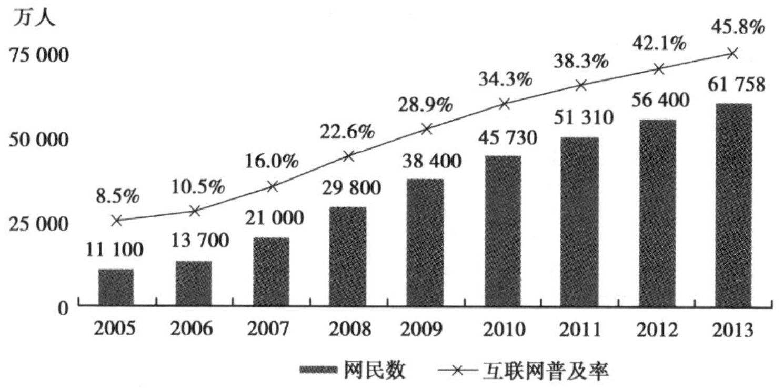

图 1.8　2005—2013 年中国网民规模及互联网普及率

资料来源:CNNIC:《中国互联网络发展状况统计报告》(第 33 次),2014 年。

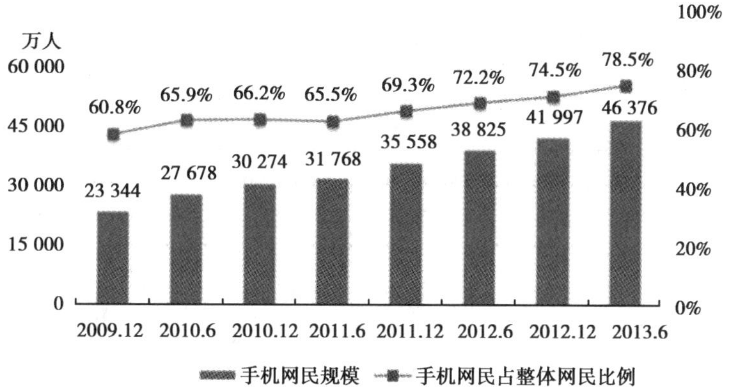

图 1.9　2009—2013 年　中国手机网民规模及其占网民比例

资料来源:CNNIC:《中国互联网络发展状况统计报告》(第 33 次),2014 年。

表 1.8　2003—2013 年中国互联网广告市场规模发展

年　份	2003	2004	2005	2006	2007	2008	2009	2010	2011	2012	2013
市场规模/亿元	13.1	23.4	40.9	60.7	106.0	170.0	207.4	325.5	512.9	753.1	1 100.0
增长率/%		78.63	74.79	48.41	74.63	60.38	22.00	56.94	57.57	46.83	46.06

从中国网络广告收入来看,2013 年中国网络广告市场百度以 317.7 亿元的营收位列第一,淘宝第二,广告营收达到 284.1 亿元,其次是腾讯等互联网公司。表 1.9 统计了 2005—2013 年中国六大互联网公司广告收入情况,统计资料显示,互联网广告门户网站受到搜索引擎和移动互联广告的冲击。

表 1.9　2015—2013 年中国六大互联网公司广告收入

单位:美元

年份	2005	2006	2007	2008	2009	2010	2011	2012	2013
百度	0.381	1.06	2.36	4.60	6.57	12.00	23.02	35.71	51.94
腾讯	0.14	0.34	0.66	1.21	1.41	2.07	3.16	5.38	8.19
淘宝	—	—	0.07	1.16	2.32	5.32	5.80	27.56	46.44
新浪	0.85	1.20	1.69	3.70	2.28	2.91	3.69	4.13	5.27
搜狐	0.71	0.92	1.19	1.76	1.77	2.12	3.42	4.24	4.29
网易	0.30	1.46	0.42	0.60	0.56	0.96	1.26	1.36	1.8

资料来源:中国传媒大学广告学院媒介研究所根据各公司年报资料整理。

如图 1.10 所示,互联网及移动数字媒体快速成长,报纸、电视媒体受到互联网媒体的冲击,呈下降趋势。

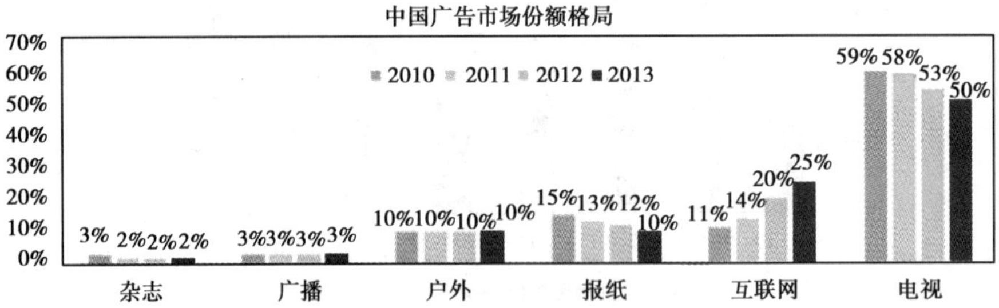

图 1.10　2010—2013 年中国主要传媒媒体市场份额增长及变化

4)广告管理不断完善

1979 年以前,我国没有规范全国广告活动的法律、法规,也没有统一的广告管理机构。1982 年,国务院颁发了《广告管理暂行条例》,明确规定国家工商行政管理机构统一管理全国的广告。《广告管理暂行条例》是我国第一部全国性的广告管理法规,同时在《广告管理暂行条例》的基础上,制定了《广告管理施行细则》。此后,又陆续出台了 12 个单项的广告管理法规,如《食品广告管理办法》《药品卫生广告管理办法》等,各省市相应健全了广告管理机构,并根据当地情况,制定颁布了一批地方性的广告管理法规,使我国的广告进入依法管理的程序。1987 年 10 月 26 日,国务院在对 1982 年颁布的《广告管理暂行条例》进行进一步补充和完善的基础上发布了《广告管理条例》,使广告管理的工作进一步健全。1994 年 10 月 21 日,我国颁布了广告的专门性法规《中华人民共和国广告法》,对广告准则、广告经营、广告活动、广告审查等作出了明确规定。目前,我国已出台的广告专门法规和相关法规近 20 个,各种行政规章条例近百个,基本形成了以广告法为核心的比较系统、完备的广告监督管理体系。国家工商行政管理部门在进行广告法制建设的同时,对广告市场、虚假广告与非法经营广告活动、消费者权益的保护进行管理。

5)广告行业协会建立,广告教育研究较快发展

随着广告业的不断发展,我国于1981年成立了中国对外贸易广告协会;1982年中国广告学会成立;1983年12月,全国性的广告行业组织——中国广告协会成立,按照协会章程规定,下设电视、报纸、广播、广告公司及5个专业学术委员会。1987年全国有25个省、自治区、直辖市和8个计划单列城市成立了广告分会,并于该年以国际广告协会中国分会的名义加入国际广告协会。1994年,中国广告协会、中国对外经济贸易广告协会,都分别制定了行业自律的规则、条例,优化广告市场竞争环境。

20世纪80年代初,随着我国广告业的发展,广告理论研究与广告业的人才培养开始得到重视,出版社先后翻译出版了日本、美国广告方面的著作,并将中国台湾地区大量广告学论著介绍到祖国大陆。《中国广告》《现代广告》《国际广告》等期刊相继创刊。1984年9月,厦门大学新闻传播系率先设立了广告学专业,并招收本科学生;1990年,北京广播学院、深圳大学等也先后成立广告学专业(系)。此后,一些新闻传播类、工商贸易类、艺术类等院校相继设立广告学专业。据不完全统计,经过30年的发展,目前我国高等院校本科、专科层次的广告专业教学点已不下300个,在校学生不下20 000人,广告学研究方向已培养出一批研究生。广告研究与专业人才的培养,为我国广告事业的不断发展创造了良好的条件和基础。

综上所述,我国广告产业经过30多年的发展,产业规模迅速扩大,产业基础得到夯实,广告集约化不断推进,对国民经济的服务能力显著提升;但是随着我国国民经济进入新常态的平稳发展,我国广告产业也面临压力和挑战,广告业规模在国内生产总值中的比重较低,发展质量和效益还处于较低的水平。市场主体小、散、弱导致行业低效服务过剩,发展方式粗放,结构性矛盾突出。传统和新型产业形态缺乏标准引领,产业融合乏力。创新能力不强,拥有自主知识产权少,理论研究和成果应用滞后。从业人员专业服务技能有待提高,专业人才没有形成规模梯次,尤其是高端人才匮乏。公益广告发展长效机制需要进一步建立完善,行业组织作用需要进一步发挥,广告市场秩序需要进一步规范,广告诚信度需要进一步提升。国家和地方支持政策还没有完全落实到位,广告业发展环境还有待继续改善。总之,我国广告业的发展现状与当前我国经济、社会和文化发展的要求还有一定差距,广告业创新发展任重道远。

小　结

广告是现代社会人们进行信息传播的一种常见方式。随着社会的发展和人们对广告活动的认识,在不同的时期,人们从不同的角度对广告的定义进行了阐述。国家工商行政管理局广告司、人事司组织全国广告行业专家、学者提出的定义为:“广告是广告主以付费的方式,通过一定的媒体,向一定的人传递一定的信息,以期达到一定目的、有责任的信息传播活动。”广告信息的传播与其他新闻信息传播、人际信息传播不同,它具有

有偿性，因此，广告信息传播能够按照广告主的意愿进行。同时，广告虽然依靠大众传播媒介来进行传播，但针对性更强，目的性更明确。商业广告以促销为目的，广告传播商品或服务的信息，以期通过建立或改变目标消费者的观念和行为，为广告主在市场上创造一个良好的销售机会。

广告按照表现形式、诉求方式、营利性以及时间等不同的角度有多种分类，对广告不同类型特点的认识了解，有助于对广告活动整体性的全面把握。

广告的基本功能是信息传播。与人际传播相比较，它是借助媒介进行的间接传播。为了达到广告传播的目的，选择什么样的媒体能够经济、有效地将信息传达到目标受众，信息的内容、结构怎样既引起受众的注意又引起共鸣，这些问题是开展广告活动必须明确的基本问题。企业在围绕广告目标开展的广告活动上，主要传递的信息有：传达产品或服务的信息；传达品牌个性形象的信息；传达企业形象的信息；传达企业回报社会的信息。

对广告的研究，是从19世纪末20世纪初开始的。广告学则是随着人类社会经济的发展逐步发展成熟起来的一门综合性学科，它与传播学、营销学、社会学、心理学等多门学科都有着密切的联系，但是，市场营销学和传播学是广告学最基本的学科属性。广告学作为一门独立的学科，它主要研究广告的基本原理、广告活动过程、广告传播、广告经营与管理等内容。

虽然广告学的研究与成熟只有近百年时间，但广告的起源却源远流长。随着人类社会文明进步，世界广告经历了古代广告、近代广告、现代广告、当代广告等历史过程，伴随着商品经济的繁荣、科学技术的进步和传播媒体的发展而成长。中国广告活动在不同的历史时期有着不同的特点，我国当代广告的发展，从20世纪70年代末改革开放开始，经过80年代的恢复阶段、90年代的高速发展，进入2000年后的稳步发展与新的挑战。本土广告公司通过集团化专业化发展不断增强竞争力，广告传媒产业高速发展，已经成为国民经济发展重要的组成部分。广告行业组织与行业管理不断完善，广告人才培养得到提升，广告法规的建设与监督不断深入。我国广告业未来的发展趋势表现在以下几方面：广告产业持续稳定增长；传统传媒产业面临与互联网及移动互联数字化的融合；广告公司竞争力增强；广告传媒空前发展；广告管理与行业自律需要得到提高；广告教育与理论研究不断深入，广告创新能力与专业服务能力需要进一步提升。

思考题

1.如何理解广告的定义？

2.怎样理解广告的活动过程？

3.为什么说广告的基本功能是信息传播？

4.广告有哪几种基本的划分方式？各类广告有哪些主要特点？

5.广告学研究的基本范畴和主要内容有哪些?

6.简述世界广告发展的过程。分析影响广告发展的因素有哪些?

7.简述我国古代广告、近现代广告发展的概况。

8.我国当代互联网广告的发展有哪些特征?

9.试分析比较当前我国广告发展与发达国家广告发展的差距。

10.广告大师奥格威为什么说“当人们看到一则广告时说,这是一则好广告,那么,这则广告可能是失败的广告;只有当人们说,他们想要买广告中的商品时,这才是一则成功的广告。”

[案例讨论]

(摘自《国际广告》1997年1期)

海报标题:哥本哈根真奇妙

艺术制作:维戈·万比

客户:丹麦旅游局

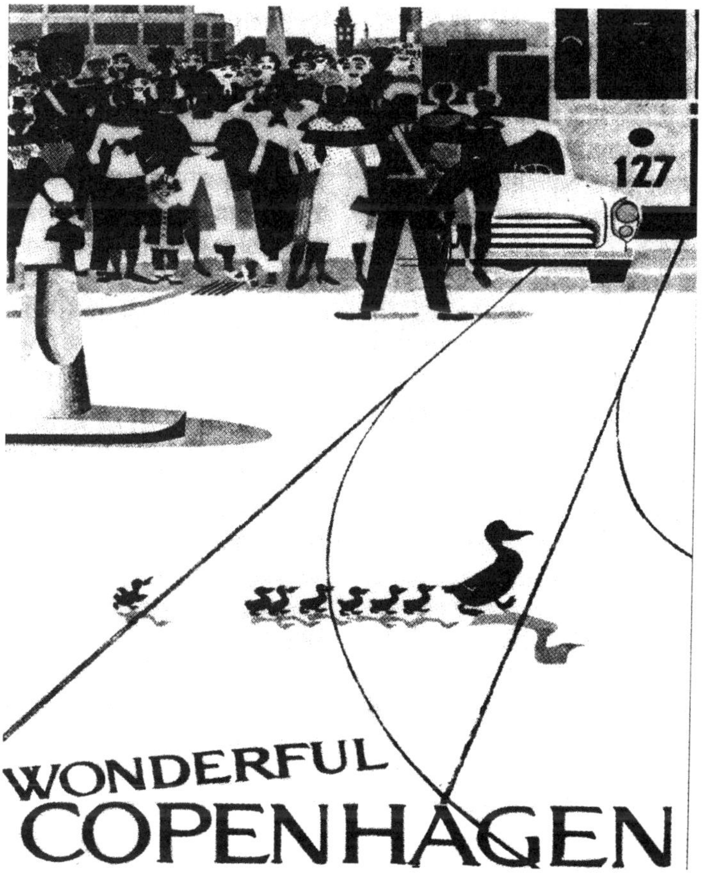

丹麦出了个安徒生，安徒生使丹麦名扬世界。可是，让哥本哈根成为世界旅游热点的却是1952年美国影星丹尼·凯主演的一部把安徒生异化的电影——《哥本哈根真奇妙》。丹尼·凯载歌载舞地把安徒生演得十分滑稽有趣；影片把哥本哈根描绘成人间天堂。《哥本哈根真奇妙》从1952年美国人把它创作出来一直到今天，仍然是吸引成千上万外国人去哥本哈根寻乐的口号。

丹尼·凯的这部电影今天已经没有多少人知道了，但是，以“哥本哈根真奇妙”为标题、体现这个主题的一幅旅游海报（见上图），却频频出现在欧洲大城市的许多旅行社的橱窗里，仍在召唤着想看一看童话般的哥本哈根的游客。

这幅海报最初由丹麦旅游局发表于1953年，海报的作者是丹麦的著名书刊插图艺术家——维戈·万比。

美国著名广告家罗瑟·里夫提出过一个著名的理论——“杰出销售前提”论，意思是一则有促销力的广告必须是抓住了它所推销的商品（产品、服务、旅游点等）所具有的独特销售因素的作品。丹麦人在世界上以幽默、风趣和乐观著称，这幅海报中的鸭子、交警、有轨电车、人物，背景里的建筑和画面的色调，以及人车，统统都为由鸭妈妈统率着的7只小鸭让路的意境，充分、生动、恰当地表达了哥本哈根这个城市的特点。这幅旅游海报的魅力历经60年不衰，其为丹麦人骄傲的秘密正在于它抓住了哥本哈根的独特因素。

还有一个有趣的情况说明了丹麦人对这张海报的重视程度：它被推出16年后，作者于1969年将画面上人物的装束全都改为适应时代变化的1969年新潮衣着，电车和汽车都按时代变化作了更新。说不定有朝一日，画面上的人物还会穿上21世纪的新潮衣服。

问题讨论：

1.该广告的广告主是谁？该广告是以什么媒体进行传播的？
2.该广告传递了哥本哈根这个城市什么样的信息？
3.该广告是以什么样的表现方式传递以上的信息的？
4.因为丹麦人对这则广告如此看重，所以这则广告就成功了，对吗？为什么？
5.从这则广告中你学到了什么？

第2章
广告学原理

【学习目标】

1.明确什么是市场营销？营销活动为什么要做广告？
2.认识到广告活动要运用哪些营销理论；
3.掌握在促销活动中从哪些方面去把握广告的角色；
4.能从传播的角度正确认识广告的活动过程；
5.能从文化的角度正确对待广告。

【教学要点】

1.市场营销与广告的关系和作用；
2.消费行为与广告的促销作用；
3.广告信息传播过程的研究；
4.文化与广告文化的关系。

广告活动作为市场营销活动和信息传播活动,要遵循一定的规律,本章通过对市场营销与广告、广告与消费者行为、广告与传播、广告文化的研究,全面认识广告活动的基本原理。

2.1 市场营销与广告

2.1.1 广告在市场营销中的地位和作用

(1)市场营销的概念

市场营销一词译自英语 Marketing,最早出现在 1902 年的密执安大学学报,五年后,宾夕法尼亚大学开设了市场营销课程。"Marketing"一词有着相当广泛的含义,无论是用"销售"还是用"推销"来表达,都不能恰如其分,所以在非英语国家很难找到统一的翻译名称。日本早期曾译为"市场销售""分销",后来统一使用英语译音。在我国,也曾有过"市场营销""市场行销""市场推销""市场经营"等多种译法。目前,"市场营销"一词已逐渐获得公认,并被广泛使用。

市场营销的定义,虽然有过许多不同的表述,但有一点是比较一致的,那就是认为市场营销是围绕市场而全面开展的企业经营管理活动。例如,1960 年美国市场营销协会定义委员会对市场营销所下的定义:"市场营销是为引导货物和劳动从生产者流转到消费者或用户而进行的一切企业活动。"

这个定义表现出市场营销的两个重要思想:其一,市场营销是"从生产者流转到消费者或用户的活动",所以,必须把消费者作为这个活动过程的中心和目标所在,依据消费者的欲望、需求来考虑流通和销售。其二,市场营销活动不是单向运动,而是一个循环往复的综合系统。生产者向消费者发布信息、向消费者提供商品或劳务,并从中得到相应的利润。同时,生产者也从消费者那里收集信息,形成一个信息反馈系统,组成一个循环结构。一般来说,企业在生产某产品之前,已经开始调研、预测、设计以产品开发为核心的市场营销活动;产品生产出来之后,企业又要开展一系列以销售为目的的市场营销活动;产品的销售并不是营销活动的终点,企业还要进行售后服务、消费反馈等市场营销活动。如此周而复始,循环往复,形成企业市场营销活动的一个综合复杂的系统(见图 2.1)。

目前,人们普遍把市场营销划分为宏观和微观两个部分来理解。从宏观角度出发对市场营销进行定义,其代表是 1985 年美国市场营销协会的表述:"市场营销是个人或组织对商品、劳务或观念的构想、定价、促销和分销的计划执行过程,以实现个人或组织目标的交换。"从微观角度,或者说从企业的角度来看:"市场营销,是指企业为实现一定的

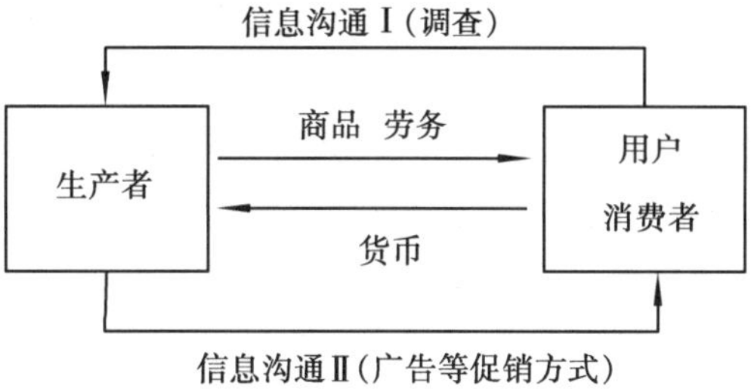

图 2.1　市场营销活动系统图

目标,主动适应和利用外界环境,通过市场达成交易,满足现实或潜在需求的综合性经营活动。”

(2)市场营销理论的演变

自从市场营销概念产生以来,出现了许许多多有关市场营销的学说和理论。其中流传最广、对现代广告影响最大的,是 20 世纪 50 年代末出现的“市场营销管理理论”。这个理论着重从市场营销管理决策的角度来研究企业(卖方)的市场营销问题,带有鲜明的“管理导向”特征。市场营销管理理论的代表人物约翰·霍华德在 1957 年出版的《市场营销管理:分析和决策》一书中,首次提出了“市场营销管理”的概念。他指出,市场营销管理的实质就是企业“对于动态环境的创造性适应”。他认为,在企业生产经营过程中,外界环境即社会、政治和经济环境,对于企业而言是不断变化的,是不可控制的因素;同时,企业在适应外界环境的过程中,也有自己可以控制的因素,比如产品、营销渠道、定价、广告、人员推销、商店地点等。市场营销管理的任务就是运用这些可以控制的手段来实现对环境的最佳适应,外界环境不断地变化,企业也必须采取相应的策略措施来主动适应这种变化。霍华德的理论成为当时市场营销管理的核心思想。以此为基础,1960 年,尤金·麦卡锡在《基础营销学》一书中,提出了更加完整的市场营销管理体系。首先,尤金·麦卡锡把消费者看成一个特定的群体,称为目标市场。企业在市场运作过程中,一方面要考虑各种外部环境,另一方面要制订市场营销策略,组合各种内部的可控因素,通过策略的实施,适应环境,满足目标市场的需要,实现企业的目标。

具体而言,市场营销体系的中心是某个消费者群,即目标市场,而不是全体消费者。针对目标市场,企业可以利用 4 个可控因素,来开展营销策略的实施。这 4 个可控因素即 4P 组合。它们是:

①产品(Product),指企业提供其目标市场的商品或劳务,包括产品的质量、样式、规格、包装、售后服务等。

②价格(Price),指顾客购买产品时的价格,包括折扣、支付期限等。

③分销(Place),指产品进入或到达目标市场的种种活动,包括渠道、区域、场所、运输等。

④促销(Promotion),指企业宣传介绍其产品和说服顾客购买其产品所进行的种种活动,包括广告、宣传、公关、人员推销、销售推广活动等。

4P 组合属于企业可控的因素,所以,企业可以根据目标市场的特点,决定产品、产品价格、销售渠道和促销手法，在市场营销中称这些选择和决定为“营销组合战略决策”。然而，4P 组合不仅受到企业本身资源条件和目标市场的影响和制约，还受到企业外部“市场营销环境”的影响和制约。这些外部市场营销环境，包括人口环境、经济环境、自然环境、技术环境、政治和法律环境、社会和文化环境，等等。这些社会力量是企业的不可控因素，会给企业带来市场机会或造成威胁。美国营销学学者杰瑞·麦卡锡教授认为，市场营销管理的核心是密切监视“外部环境”的动向，善于组合 4P，使企业的“可控因素”与外部“不可控因素”相适应。这是企业经营管理能否成功，企业能否生存和发展的关键。杰瑞·麦卡锡教授的这一思想成为现代市场营销学最基本的核心理论。

20 世纪 80 年代以来，4P 组合理论又有了新的发展，其中最有代表性的是菲利普·科特勒在 1984 年提出的“大市场营销”理论。菲利普·科特勒解释说，在生产过剩、竞争激烈、各国兴起贸易保护的状况下，企业的市场营销战略除了 4P 组合之外，还必须加上两个 P，即“政治力”(political power)和“公共关系”(public relations)，在战略上运用经济的、政治的和公共关系的技巧，以赢得更多参与者的合作。菲利普的“大市场营销”理论与麦卡锡 4P 组合理论相比较，企业能够在更大的范围内进行运作：其一，在对待外部市场环境方面，4P 理论所强调的是如何调整可控的内部因素，千方百计适应不可控制的外部环境；而大市场营销理论认为，企业可以影响外部环境，而不仅仅是依从它和适应它。其二，在企业的市场营销目标方面，4P 组合理论是千方百计调查研究、了解和满足目标消费者的需求；大市场营销理论则强调，为了满足目标者的需求，采取一切市场营销手段，打开或进入一个新的市场，创造或改变目标消费者的需要。其三，在手段方面，前者强调的是 4P 组合，而后者则新增了两个用以改善外部环境因素的手段，即用 6P 组合打开和进入市场。

随着科技的发展，大众媒介由盛而衰，分众倾向日益明显。消费者能够获得更多的信息，开始要求特别的产品、特别的配销系统和特别的沟通渠道。不同的生活形态、种族背景、地域差异、教育、收入、性别以及其他可以显示个人与众不同的因素，造就了成百上千个细分市场。于是，以人数众多、同质性强而差异性弱的目标市场为营销基础的 4P 组合理论开始过时，在新的形势下，诞生了“4C 理论”。这 4C 是：

①消费者(Consumer)：研究消费者的需要，卖消费者确定想要购买的产品，而不是卖自己所能制造的产品，以消费者代替产品(Product)。

②成本(Cost)：了解消费者为满足其需要所愿意支付的成本，以成本代替定价(Price)。

③方便(Convenience)：要考虑如何使消费者方便地购买到产品，以方便代替分销(Place)。

④沟通(Communication)：重要的是沟通而不是促销(Promotion)。

很明显，4C 理论把企业营销的重点放在消费者身上，真正以消费者为中心，使得市场营销活动有了更加广阔的空间。

进入 20 世纪 90 年代，世界各地的营销传播业者以及专家学者，无不以新的角度探索和诠释营销趋势。美国西北大学著名教授舒尔兹(Don Schultz)与人合作出版的《整合营销传播》(IMC——Integrated Marketing Communications)起到了里程碑的作用。美国4A协会对整合营销传播的定义是:“一种作为营销传播计划的概念”。确认一份完整透彻的传播计划有其附加价值存在,这份计划应评估各种不同的传播技能在策略思考中所扮演的角色——例如广告、宣传、公关、人员推销、销售推广活动,等等——并且将之结合,透过天衣无缝的整合以提供清晰、一致的信息,并发挥最大的传播效果。如果把各种营销工具比做具有不同特点、音色各异的乐器,那么“不同的乐器,必要时能够一起合奏,并且演奏出悦耳的和谐之音”的“交响曲”即为所谓的整合营销。

20世纪90年代末,基于90年代初迅速发展起来的因特网(Internet),使得人们可以实现营销学长期梦寐以求的目标,即通过全球网络平台,开展针对每一位消费者的互动营销,此时的消费者不仅是产品或服务的接受者,重要的是他可以参与企业的生产和营销活动。

(3)广告在市场营销中的地位和作用

广告在市场营销中占有不可忽视的地位和作用。在4P组合的基本要素中,企业是通过产品、价格、分销、促销的组合展开市场活动的,而4P组合的每个基本要素又是由许多更小的组合要素构成的。在市场营销组合中,广告与人员推销、宣传、公关、销售推广活动等组合要素处于相同地位,都是促销要素的一个组成部分。广告只有与其他的组合要素相配合,才能发挥其促销的作用,见图2.2。

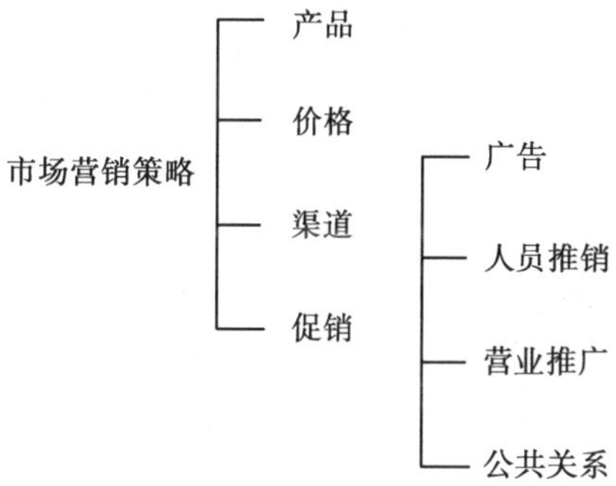

图2.2　广告在市场营销中的位置

在生产力高速发展,科学技术不断进步的今天,商品的种类和数量已经有了惊人的增长,市场竞争越来越激烈,企业也越来越重视市场营销活动,而促销在市场营销活动中日益发挥重要的作用。作为非人员推销的促销手段,广告在企业的市场营销中占据着举足轻重的位置,发挥着无可替代的功能。可以说,广告是企业营销的尖兵,它不但可以满足4P组合理论的内部可控制性,还完全能胜任大市场营销理论所强调的影响外部环境和打开新市场、创造目标消费者需要的功能。在这一点上,广告具有其他依靠人员推销的促销手段所无可比拟的优势。具体说来,广告在营销中的作用主要表现在以下几个方面:

①广告可以增加知名度。知名度是企业营销活动的基础,是广告活动的起点。增加知名度是广告营销功能中最原始的一种功能,可以为企业的营销活动搭建良好的平台。

②广告可以区隔产品身份。产品广告作为企业广告活动中最基本的形式,可以塑造产品个性,增加消费者对产品的识别,在营销活动中,发挥区隔产品身份的作用。

③广告可以帮助产品流通。这也是产品广告的基本功能,它通过向消费者提供有关销售地点、销售热线等信息,促进了产品在零售环节的流通。同时,诚征经销商类的广告又可以推进产品的铺货,帮助企业争取到经销商、代理商,促进产品在中间环节的流通。

④广告可以增加产品使用量。广告通过向消费者介绍新的使用方法、开创新的用途、推广科学的使用频率来增加消费者的使用量,如某品牌润肤霜的广告,由"美丽肌肤,一天一次"到"早晚使用,肌肤会更美",以此来促进消费量的增加,带动产品的销售。

⑤广告可以增加新顾客。产品广告可以吸引消费者进行试用,从而为企业带来新顾客。广告有助于提高产品的试用率,试用率是增加新顾客的基础,而新顾客对于产品和企业来说,意味着销售的增加,利润的增长。

⑥广告可以拉回老顾客。不同的广告有不同的目的,有的广告将目标对准新顾客——未使用者,而有的广告将目标对准流失的老顾客——曾经使用过,但现在不使用的人。针对老顾客流失的不同原因,如被其他新品牌吸引,使用不满意,长期使用产生厌烦等,可以有针对性地制作解决上述问题的广告,以拉回老客户,促进销售量回升。

⑦广告可以增加产品的附加价值。附加价值是经由市场营销活动而增加的,在其有形实态及价值之外附带加上或额外加上的价值。它既可以通过改进配方、更换包装等物质性的革新手段来达成,也可以借助广告这一非物质性变革的手段来实现。消费者有不同的欲望以及不同的满足方式,而满足的方式与消费心理有关,因此,广告可以通过引起消费者对产品特性、功能的注意,或者通过加强消费者对产品主观的、非物质的需求来增加产品的附加价值。对消费者行为的一系列调查已经证明了广告增加心理价值的能力,它反映出人们看待产品满足自己偏好的价值。有些消费者希望做时尚先锋,因此,对于购买名牌服装所付出的额外价钱,他们是乐意接受的。

⑧广告可以增强排他性。商品日趋同质化的今天,广告在塑造产品个性,区隔产品身份的同时,也在培养着消费者对产品和品牌的偏好,增强产品的排他性。这是在激烈的竞争环境中生存的一种必然选择。"广告能增加消费信息,提高产品质量,拓宽可供选择的范围,促进消费者偏好与消费者购买之间的更佳吻合"。通过广告增强排他性,在竞争中突出个性与优点,既保护了自己,又利于在竞争中取胜,扩大市场占有率,提高品牌知名度。

⑨广告可以培养品牌忠诚。维系一个老顾客的费用是开发一个新顾客的费用的15%~25%,因此品牌忠诚的顾客是企业营销的核心和基础。广告通过促进消费者产生对特定产品—品牌的亲近感和信任感,来建立产品—品牌—企业与消费者之间的关系。通过培养、巩固这种关系,促使消费者养成固定的使用习惯,成为自己品牌的忠诚顾客,实现产品持续稳定的销售。

⑩广告可以降低销售成本。广告可以使做广告的企业比不做广告的企业更快地达到生产和分销的规模经济,同时,广告还可以降低寻求消费者的成本。通过帮助产品流通,增加产品使用量,以及增加新顾客、拉回老顾客等营销功能的发挥,广告促进了销售

量的增加。而大量销售带来大量的流通,广告加快了流通的速度,拓宽了流通的范围,提高了分销成本效益,带来了包括销售成本在内的产品成本的降低。

市场营销的实践证明,广告的作用往往是巨大的、决定性的,但不一定总是最有效的,而是有一定层次的。促销的几个要素——广告、宣传、人员推销、销售推广活动具有一个共同点,就是要向消费者或用户介绍、宣传产品或服务的特点,通过信息传播使消费者产生印象、好感、理解以至于引发购买、使用行为。在信息传播活动中,消费者从一无所知到产生行动会有一个心理变化过程。根据心理变化四阶段模式即感知—理解—确信—行动,广告、宣传、人员促销和销售推广活动,这些"促销"的组合要素对消费者的心理作用会产生不同的效果。例如,在"感知阶段",广告的作用最大,但随着阶段的推进,广告的推销作用就会减弱,而人员推销的作用却在逐步加强。同样,促销组合也会因商品类型的不同而有所不同。就生产资料和一般消费品而言,对于前者,人员推销的作用相当重要;而对于后者,广告的效果则会更好。

市场营销的实践表明,广告的作用不能简单地说成"广告无用"或"广告万能",重要的是了解和掌握广告在不同产品、不同目标的市场营销战略中所发挥的不同作用(见图2.3)。

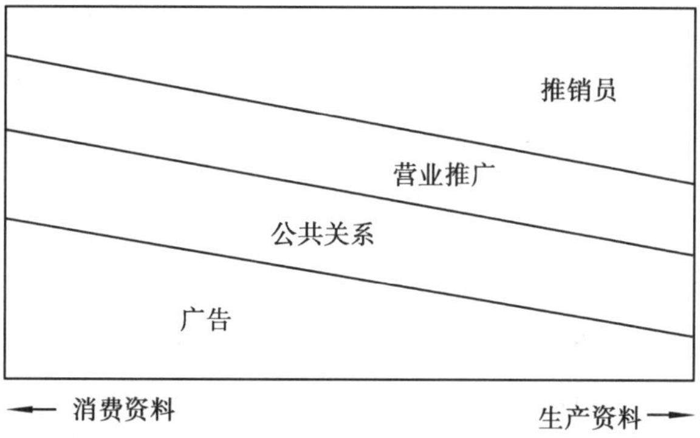

图2.3　促销组合与商品类型

2.1.2　市场营销理论在广告中的运用

(1)市场细分、目标市场与广告对象

在现代广告活动中,市场营销理论的运用相当普遍,尤其在广告活动的前期阶段,利用市场营销的方法,分析环境和确定广告战略,可以说已经成为一种惯例。

1)市场细分

在实践操作中,确定"目标市场"和明确"广告对象"经常采取"市场细分"的方法。所谓市场细分,就是调查、分析不同消费者在需求、资源、地理位置、购买习惯等方面的差别,然后把基本特征相同的消费者归入一类,使整体市场变成若干"细分市场"。最早的市场细分是依据性别、年龄、职业、收入、教育程度等人口统计学的分类指标进行划分的,由于市场情况日益复杂,分析手法不断发展,后来又加入了心理特征、生活态度和生活方式等高级的分类指标。

市场细分,对于确定目标市场和把握广告对象都是非常有益的。但市场细分不是目的,只是手段和过程,真正的目的在于从细分的市场中,找出对于产品销售和广告活动都非常重要的主要用户。主要用户也称重度消费者,是某个产品或服务的主要使用者和消费者。许多消费研究表明,对于某个产品或服务,经常会出现这样一种情况,即大量使用者占少数,少量使用者占多数。例如对饮料市场的调查表明,某品牌的饮料,不购买者占总人数的42%,其使用量为零;少量使用者占总人数的29%,其使用量占总量的9%;大量使用者(主要用户)占总人数的29%,其使用量高达总量的91%。因此,在确定目标市场或把握广告对象时,应考虑寻找和重视主要用户,可以说,抓住主要用户才是市场细分的目的。

2)目标市场与广告对象

企业的某个产品投入市场,一般都希望市场越大越好,甚至希望所有人都成为它的消费者。但实践证明,企业只能根据消费者的需求状况把整个市场划分成许多分市场,然后选择其中适应自己的一个或几个分市场作为营销开发的对象。这种做法,市场营销学称为“目标市场营销”,此观念对广告活动影响很大。以前,人们从“广而告之”的观念出发,片面追求“大而全”,希望广告的受众越多越好,传播范围越大越好,然而,实际的效果并不理想。于是,广告活动借鉴了目标市场营销的观念,产生了做广告首先要明确广告对象的意识。广告是一种信息传播活动,广告活动在确定内容、选择传播媒介时,必须首先明确谁是广告对象。也就是说,在广告活动过程中要解决的“对谁说”“说什么”“如何说”几个问题当中,首先要着重解决广告“对谁说”的问题。

市场营销中所确定的目标市场与广告活动中所寻找出的广告对象之间,既相区别又相联系。在多数时候,目标市场与广告对象是一致的,即产品所瞄准的消费群体也正是广告宣传的对象。但有些时候,目标市场与广告对象并不一致,例如儿童食品、营养保健品等,使用者和购买者往往不是同一个人。广告是针对作为购买者的母亲,还是针对作为使用者的儿童;是针对作为购买者的晚辈,还是针对作为使用者的长辈,这不能一概而论,需要进行深入细致的调查和分析来确定。

此外,对于目标市场的确定,一般是比较抽象、较为宽泛的,而关于广告对象的考虑则要求尽量具体,尤其在广告创意制作阶段,有必要将广告对象明确化、具体化。正如业界经常说的那样,好的广告就像一封好朋友的来信,写信者熟知对方、了解对方,并处处关心对方,因而内容贴切自然、独具魅力。

(2)广告生命周期及再循环

广告是整个营销策略中的重要一环,它本身不但是一个复杂的综合性的活动过程,而且还是一个动态的活动过程。这个过程虽然会随着客观环境的变化而呈现出多变性与复杂性,但是,它的活动过程总是呈现出一些周期性,呈现出一种周而复始的螺旋式上升的历程。这个历程,就是广告的活动周期或广告的生命周期。

广告,特别是商业广告,是以商品性能为基础,以商品的生命周期为依据的。因为,广告主要是以表现商品的特性、促进商品的销售为目的与宗旨,如果广告离开了表现商品的特性这一核心，广告本身也就失去了存在的意义。

1）广告生命周期

①导入期。这是商品生命周期开始的广告阶段。这时新产品刚刚进入市场，产品处于试销阶段，销售额很低，产品本身也不完善，成本居高不下，市场上少有竞争对手。对于这个时期的广告来说，消费者与潜在消费者不知道新产品或知之甚少，没有形成需求的欲望，没有大量购买者。这个时期的广告属于开拓性广告，面对一个对新产品一无所知的市场，它需要打开消费者需求的大门，此时广告费投入量最大、任务最重。这个时期的广告不仅要告知新产品的存在及其特性、功能，更重要的是开发消费者的需要，培养他们对该产品的需求，建立新观念、新习俗。因此，处于导入期的广告是广告生命周期的初始阶段，也是最关键的阶段。广告人必须花费大量人力和物力去调查市场的环境，研究消费者的心理与需求，了解商品或服务的特性，只有这样，才能确定广告的对象和广告的诉求点，创作出有创意、有魅力的广告。

②成长期。进入成长期后，由于商品投入期广告的大量宣传，产品品牌和商标已经被相当数量的消费者所接受，产品销售量开始以较快速度增长，利润也相应提高。此时，有一些厂商开始注意到新产品的魅力，开始有新的竞争厂商加入进来。这一时期应该扩大广告投入费用，利用更多的宣传媒体，采用更加丰富的广告形式，提高刊播频率，扩大该产品在消费者中的影响，使消费者认同自己企业的产品，压制和排挤竞争者的生存空间，努力增加自己的销售额，逐步扩大势力范围，使企业在同类产品的市场竞争中始终处于有利地位。

③成熟期。成熟期的特点：产品品牌形象已经被广大消费者接受，产品销售量大而且稳定；由于利润丰厚，出现了大批的仿制品竞争者。此时应该适当降低广告费用以降低成本，同时应加强广告的质量和创意形式，突出产品的优越性，充分利用统计数字和顾客的赞誉信任等，巩固消费者的使用习惯，强化在消费者心目中的形象；处于老大地位的企业，居高临下，会采取进一步压制和排挤众多竞争企业的策略。同时，企业的经营者应该保持清醒的头脑，要认识到此时市场已经趋于饱和，发展空间有限，销售的高峰也是销售量下降、产品逐渐退出市场的起点。当然，根据产品的特点或不同的经营方式，有些产品的成熟期可能很短，有些则很长。

④衰退期。产品销售量下降幅度逐渐加大，替代产品开始大量进入市场。这个时期就好像一场战役的结束阶段，如何保持已有的胜利或维持骤减的市场销售，并迅速改弦更张，重新发起新的攻势是此阶段的关键问题。此时的广告重点应放在延缓销售量下降，千方百计利用产品的特点和一部分老顾客的怀旧心理，达到预期的销售目标，减缓产品退出市场的过程。

2）广告周期的再循环

随着旧商品在其衰退期的结束，新产品必然取而代之，进入商品的新的循环周期，也就是新产品广告的导入期。商品要更新，广告也需要演变，这样才能符合商品经济发展的需要。随着商品周期的循环，广告也要跟着循环。这时的广告就要为发动新的攻势重新进行策划，造成新的循环：制订新的投入计划，使更多的人需求该商品；开始新的竞争，使更多的人购买新广告推荐的新商品；与原有的顾客保持联系，充分利用这些老顾客对品牌的忠诚度和怀旧的心理，使之成为长期稳定的消费者群。

在观察商品广告的循环周期时，可以看到，由于各种商品的特性不同，消费者的需求心理不同，商品在各个地区销售的时间不同，消费者接受的程度也有所不同。因而，有时同一类商品，在不同的地区和不同的消费者中，可分别进入商品周期的几个不同阶段。至于这些阶段如何把握和确定，要根据市场调查以及销售结果的反馈进行分析，然后才能制订出切实可行的广告计划。因此，在广告策略方面，就要根据这种实际情况制订出面对各个市场的广告计划，无论从创意还是表现手法上，都要适应各个不同市场的需要，以取得良好的广告促销效果。

例如养生堂“农夫山泉”作为国内瓶装水市场的后起之秀，观其成长过程，1995 年在导入期，为了与娃哈哈、乐百氏等品牌相区别开来，通过投放电视广告，诉求来自千岛湖无污染的活性水，以“好水喝出健康来”吸引消费者，在市场上取得了一席之地。1998 年在成长期，为了提高产品的市场占有率，通过“农夫山泉有点甜”的电视广告，采取口感定位，进一步增强人们对农夫山泉品牌的亲近感受，一举使品牌进入国内瓶装水前三甲。而 2002 年以后，随着进入成熟期，通过关注公益事业，开展品牌+公益性的广告，传播关注健康与生命的主题，不断强化市场的占有率。

此外，由于消费者的需求心理不同，同一种商品对不同消费者处在不同商品生命周期阶段，因而广告策划也必须顺应这种状况。在一般消费者心理需求仍处于开始的广告投入期时，一些新商品的领先使用者就可能已经进入商品的成长或成熟期阶段了，这时，不同阶段广告策略的选择就很重要了。一般来说，对商品广告生命周期阶段的判断，就是要根据大多数消费者处于商品生命周期的哪个阶段而定。但是，也要对商品生命周期阶段的演变随时予以足够的重视，以便随时改变新的广告周期阶段的策略。由此可见，广告活动过程是个有规律的周期性的循环过程。随着每一个循环过程的演进，商品得到了更新与发展，广告策略与广告表现方式也得到了更新与完善，这就是广告生命周期的实质。

2.2 广告与消费者行为

2.2.1 消费者行为过程与广告

(1)什么是消费者行为

从理论上讲，消费者为满足其需要必须去选择、获取、使用或处置某种产品或服务，在这个过程中，消费者所表现出来的种种心理活动和外在行为，总称为消费者行为。美国营销协会对消费者行为的定义是:“人类在进行生活中各方面的交换时,表现出来的情感、认知、行为和各种环境因素的相互作用的动态过程。”从这个定义中我们可以看出,消费者行为具有以下几个特点。

1)消费者行为是动态的

无论是个别消费者还是消费者群体,或者是全体社会,总是处在不断的发展变化中,这种变化对于制订营销策略和广告战略都具有重要的意义。消费者行为不但受传统文化的影响,固定的消费者群体有着大致固定的消费观念,而且这些消费者群体还会随着时代的发展而不断改变消费观念。因此,对消费者行为的研究必须注意分析最新的调查结果,而不能过分套用程式化理论。从制订营销策略和广告战略的角度看,消费者行为的动态属性,意味着营销策略和广告战略必须不断适应当前的消费者行为特点,不能用同样的营销策略或广告战略去套用任何时间、任何产品、任何市场与行业;或者说,在某一市场取得成功的策略,在另一市场上可能会遭到失败。因此,营销者必须采取不同的营销策略和广告战略以适应不同的市场、适应动态的消费者行为。

2)消费者行为是综合性的

消费者特定的行为总是在各种不同的人或社会因素的综合影响下发生的,总的来说,它是消费者情感、认知、行为和环境诸因素之间相互作用的结果。这意味着要了解消费者,制订切实有效的营销、广告策略,就必须了解消费者的所想、所感、所为,以及影响消费者这些行为的环境因素。只有对这些因素进行综合的分析,才能深刻地把握消费者行为的真正动机和动力,从而采取、制订相应的营销或广告策略。

3)消费者行为是一个过程

消费者行为不仅仅是购买商品的某一瞬间、某一片刻的事情,它是一个内容丰富、复杂的一个过程。从外在行为来看,消费者行为就包括购买前、购买时和购买后三个阶段,如购买前的信息收集、向朋友咨询了解、购买地点选择、购买决策的制订等;购买中的与销售人员交谈、现场促销活动的鼓动、售点广告(POP广告)的吸引、包装的影响,等等;以及购买后的使用、维护、投诉、包装处理,等等。而完整的消费者行为包含了更为丰富的内容,包括内在的复杂心理过程(认知处理、情感变化、情绪和意志、态度改变等)和上述的外在可观测行为的过程。

4)消费者行为往往有众多的参与者

消费者在进行消费活动的过程中,往往会涉及许多不同的参与者,尤其是在家庭购买或组织购买中,通常会涉及发起者、信息收集者、影响者、决策者、购买者和使用者等不同角色,购买者不一定是使用者的情况十分常见。即使在完全独立自主的购买活动中,消费者行为依然不是完全个人化的,要受到众多参与者的影响。消费者在使用产品时会经常受到周围人的评价,这些人的评价可能对消费者的购买心理产生较大影响,从而介入该消费者的消费行为之中,成为消费行为的参与者。

5)消费者行为本质上是理智行为

消费者的选择权是巨大的。事实上,消费者的每一次消费活动都有其明确的目的性和自觉性。作为具有独立支配权的消费者,他知道自己需要什么,需要多少,并自主地作出购买决定,这种个人决策有时很冲动,或是让人觉得不可思议,但是在购买的时刻,消费者本人有一个清醒的判断标准,即他所得到的大于或等于他所付出的。这种判断可能是错误的、不真实的,或者是非常冲动的,但只要消费者认为符合标准,就会促使他作出购买决定。

6)消费者行为是有意识地尽量逃避风险的行为

对于消费者来说,每一次消费行为都有风险,可能是价格太高——财政风险,或者是功能达不到要求——功能风险,也许是买完某种产品后得不到其他人的肯定——社会风险。这使得消费者在购买时,自然而然地选择他认为综合风险最小的产品或品牌,表现出尽量逃避风险的趋向。例如,我们发现很多消费者常常选购名牌产品,这就是对名牌产品的一种信任,即他认为名牌产品一般具有合理的价格、完备的功能并能得到社会的认可,选择名牌产品就是消费者尽量逃避风险的具体表现。

(2)消费者行为分析

在实际的消费活动中,真正了解和把握消费者的行为是困难的,因为,消费者采取购买行动时,往往带有很大的盲目性。有时,仅仅是因为商场的一次促销活动,就买回一大堆东西。而且,性别、年龄、职业、兴趣、爱好等因素对消费者的消费行为也有很大影响。可以说,消费者的行为经常处在变化之中,很难对之做出准确的预测。

尽管消费者的消费行为复杂而且易变,经济学家和心理学家通过研究,还是找到了一定的规律性,并提出了各种理论和阐释。

将消费者采取消费行为可能受到的影响因素归纳起来,有以下几个方面:

1)经济因素

消费者的购买能力如何,直接决定其购买行为。因此,消费者目前处于什么样的消费状态——是追求基本的需求,还是进入选择需求,表现个性化的阶段;以及市场供求关系如何,商品是否充足,物价水平怎样,这些经济因素是产生消费动机最基本的因素。

2)文化因素

文化是人类在社会发展过程中所创造的物质财富和精神财富的总和,是人类社会历史的发展水平、程度和质量的状态。文化因素对消费者行为有着广泛而又深远的影响。

文化是人类的欲望和行为最基本的决定因素。人在成长过程中,通过家庭和社会,接受一定的文化教育,形成了相应的价值观、信仰、态度、道德和习俗等,并由此产生一定的喜好和行为。文化的变迁,如文化的相互融合,也会影响到消费方式的变化,如我国部分消费者对"洋货"的偏好,外国消费者对中国民族特色商品的喜爱等。文化的认同感,会直接影响到消费者对产品、对广告诉求的接受程度。

每种文化都是由众多的亚文化组成的,亚文化既包括民族、宗教、种族、地域等宏观向度上的区分,也包括性别、年龄、婚姻状况、教育程度、职业等微观向度上的区分。亚文化对于消费者行为的影响更为明显,为细分市场和广告目标、广告内容提供了重要的依据。

3）社会因素

影响消费者行为的社会因素主要有参照群体、家庭、社会角色与地位等一系列因素。

①参照群体。群体是指在追求共同的目标或兴趣中相互依赖的两个或两个以上的人。个人的行为会受到各种群体的影响，对个人的态度和行为有直接或间接影响的群体即为参照群体，它又可以分为直接参照群体和间接参照群体。此外，在参照群体中，还有个人期望归属的群体，即向往群体，如各种明星人物、权威人士等，他们会对消费者个体产生较大的影响，因此广告有时会选择名人出演，从而产生名人效应。与之相反，还有一种是个人讨厌或反对、拒绝认同的群体，即厌恶群体，广告传播要注意目标消费者的厌恶群体，避免引起他们的反感和排斥心理。

参照群体在展示新的行为模式和生活方式，宣扬对产品、企业的态度和看法等方面对消费者产生影响。参照群体还会形成对个人的压力，促使人们行为趋向一致化，在产品、品牌等的实际选择中发挥作用。因此，对消费者行为进行分析，要能准确判断出目标消费者的参照群体，从中发掘观念指导者，有重点地与他们进行沟通和交流，以使参照群体能发挥更大的正面影响。

②家庭。家庭介乎于社会和个人之间，它包容了个人，组成一个消费群体。特别是在我国，家庭在人们生活中占有重要的位置，因此要对现有家庭的模式和家庭对消费的影响进行深入的探讨研究。

一般来说，我国父母和子女一起生活的情况比较多，在传统家庭结构中，往往以多代同堂为荣耀。尽管现代的家庭结构发生了一些变化，但子女成年后仍然与父母共同生活的现象还比较多，而由妻子管理家政财务的情况也比较普遍。此外，家庭生命周期也是影响消费行为的一个重要因素。这些，都要在广告决策时予以认真考虑。

③社会角色与地位。每个人在社会中都扮演着一定角色，拥有相应的地位，这些都会对购买决策和行为产生影响。不同社会角色和地位的人，其消费行为也往往不同。通常，人们会选择与自己的社会角色和地位相吻合的产品及服务，而产品和品牌也有可能成为地位的象征。

社会阶层是影响消费行为的一个重要因素。所谓社会阶层，是指一个社会中具有相对的同质性和持久性的群体。每一阶层的成员都有类似的价值观、兴趣和行为。在消费领域，各种社会阶层对产品和品牌有着不同的喜好，对信息传播和接触的方式也有明显的差别。

4）个人因素

消费者的个人特性，如年龄、性别、受教育程度、职业、经济状况、生活方式、个性和自我观念等，都会对消费行为产生一定的影响。

5）心理因素

心理因素，如消费者的动机、感觉、学习以及信念和态度等也会对消费行为产生影响。

①动机。每个人都因生理上或心理上的紧张状态而有许多需要,当需要累积到足够强度的时候就成为动机,动机能引导和驱使人们去探求满足需要的目标。消费动机的产生比较复杂,对它的深入分析有利于更准确地把握消费者的购买行为。

②感觉。感觉是个人通过选择、组织并解释输入信息来获得对世界有意义的描述的过程。对于相同的事物、同样的情境,人们往往会产生不同的感觉,这主要是因为 3 种感觉过程在起作用。

A.选择性注意。生活中人们会接触到大量的信息刺激,如铺天盖地的广告信息,这会使人应接不暇。据统计,西方发达国家和地区,人们平均每天要接触 1 500 多条广告,但实际上绝大部分信息并没有引起人们的注意,而是被过滤掉了。选择性注意的这种特点要求广告诉求要尽可能引起消费者的注意。

B.选择性理解。引起消费者注意的信息,并不一定就被接受。通常,人们以所受信息刺激是否与自己先前的观念相吻合来决定是否接受它。

C.选择性记忆。对于接触到的信息,人们一般只记住那些符合自己的态度和观念的信息,而忘记与此无关的其他信息。

③学习。学习是指由经验所引起的个人行为的改变,人类的行为大多来源于学习。在广告传播过程中,消费者由于需要,通过主动学习而获取相关的消费信息,从而改变对某些商品的态度,最终产生购买行为,这即是主动学习类型。此外,人们通过实践和学习,形成了自己独特的信念和态度,这些反过来会影响人们的消费行为。因此,对于广告策划来说,研究消费者的信念和态度也是非常重要的。

(3)消费者行为研究在广告活动中的作用

任何一个人既是社会的一分子,又是一名地地道道的消费者。20 世纪科学技术的不断突破和发展,使得整个社会先后进入了机械化时代、电气化时代和信息化时代,世界的物质生产能力得到空前提高。而随着物质财富的日益增长,市场竞争日趋激烈,形成了以买方市场为主体的市场格局,此时的消费者拥有很大的购买选择权,即今天的市场已经进入了“消费者至上”的时代。也就是说,首先,企业生产什么、生产多少的决定权不在企业的手中,也不在政府的手上,而是掌握在消费者手中。企业只有生产出消费者需要的产品,即满足消费者的需求,才能把产品销售出去,从中获得利润。这是现代营销的基本观念。其次,不同消费者对于不同的产品拥有自主的决策权,他们可以根据自己的消费能力、消费习惯和个人爱好,自行安排自己的消费。他们能够选择和处理那些从广告或促销活动中获得的信息,保留自己感兴趣的内容,去除与之无关的部分。由此可见,在“消费者至上”的时代,对消费者行为进行研究具有重要意义,它对于广告活动有很大影响。

从广告受众的广告信息处理模型来看,消费者接触广告以后首先对广告产生知觉,然后认知品牌的属性或者产生对广告的态度,其结果会引起消费者的购买意图,最后在这些购买意图的驱使下去购买产品。(图 2.4)

消费者对广告信息的处理受到各种中介因素的影响,因而对广告反应的效果也是不

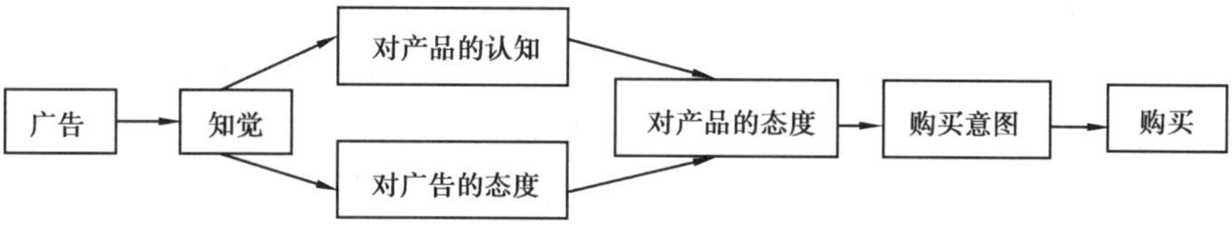

图2.4　广告信息处理模型

一样的。图2.5概括了消费者对广告反应的中介因素与行为及结果因素,这些因素在不同的情况下,会影响广告活动的成效。

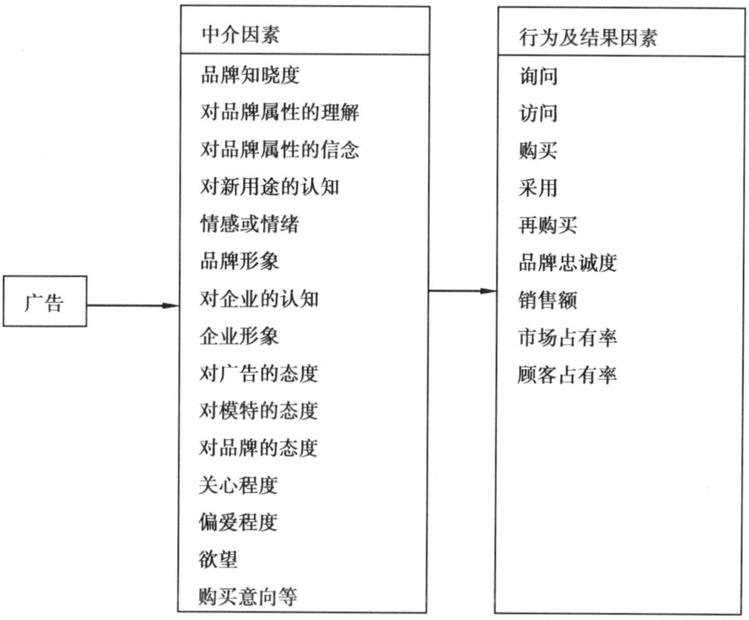

图2.5　广告、中介因素与行为及结果因素

综上分析,消费者行为研究在广告中的作用表现在以下方面:

首先,消费者行为研究是有效开展广告活动的保障。广告活动的目的在于找出恰当的信息,在恰当的时机,通过恰当的媒介来传播,以改变特定消费者对产品、品牌或企业的认知、情感、态度,进而改变消费者对特定产品、品牌的具体选择和购买行为。显然,在变幻莫测的市场环境下,了解并预期消费者行为的变化对制订正确的广告策略具有非常重要的意义。换句话说,广告活动要实现信息传递的有效性,就必须了解其目标对象是谁,目标对象的个性特征是什么,对某产品或品牌的已有认识是什么,有怎样的媒介接触习惯等一系列问题。只有这样,才能使广告活动有的放矢、有目标可循。

其次,消费者行为研究也是社会营销的重要参考。除了企业营销和商业广告活动之外,消费者行为研究在社会营销中也起到重要的作用。社会营销通过制定恰当的营销策略,使人们接受某一观念,促成对个体或社会具有正面影响的行动。社会营销多运用公益广告和公益活动的手段来实现其目标。尽管公益广告、公益活动没有商业利润作为衡量,但他们也要讲求社会目标、社会效益的实现。因此,将消费者行为研究运用于社会营销中,有助于提高公益广告、公益活动的针对性和有效性。例如,关于吸烟对人体的危害,常被作为主题用于公益广告和公益活动中。但是,对于那些已经习惯吸烟的人来说,这个主题的效果并不好。相反,美国一家组织经过研究发现,吸烟者最关心的不是吸烟的危害,而是自己的吸烟行为能不能被他所关心的人接受,于是改进后的广告运用了一些吸烟者情场失意、被同伴奚落或疏远的情节,收到了非常明显的效果。

此外,有关消费者行为的研究,不仅能够在营销与广告活动中发挥重要作用,还有助于政府部门制定相应的法规政策,以创建一个公平的消费环境,保护消费者的利益;可以使消费者的消费行为更加明智,对企业的营销策略有所把握,不至于被过度地操纵。

2.2.2 需要、动机与广告诉求

(1)消费者的需要和特征

需要是个体对内外环境的客观需求的反映,是产生行为的原始动力。人类的需要依据指向的对象,可分为物质需要和精神需要两大类。物质需要是实体性的,诸如衣、食、住、行;而精神需要是非实体性的,如求知、交往、审美、道德等。这两大类需要是相互交叉的。

社会中的每个人都有需要,有一些需要是天生的,另一些需要是后天产生的。天生的需要是生理需要,包括人们对食物、水、空气、衣服、住所和异性的需要。这些因素是维持生命所必需的,所以生理需要被认为是第一性的需要。后天产生的需要是我们对文化或环境作出反应时的需要,包括对尊重、声望、金钱、地位、权利以及学习的需要。由于后天产生的需要是心理上的需要,所以被认为是第二性的需要。它们是由个人主观的心理状态以及在社会中与其他人的关系而产生的。

在消费行为的领域里,消费者的需要特征往往表现出多元性、主导性和动态性。多元性是指消费者在购买某一种商品时,不只追求一个方面的满足,如购买皮鞋会有舒适、美观、耐穿、价格四方面的要求。而在多元性需要中,哪种需要起主导作用呢?也就是消费者在选购商品时首选的标准或关心点,如是价格还是美观?促销策略的制订和广告的诉求点,就要与消费者的主导需求相一致,如果错位,就会导致促销策略的失败。而需要的动态性,表现在随着社会的发展变化,人们的消费需求也会发生变化。

(2)马斯洛的“需求层次论”

人的需求和动机是复杂的,不少心理学家和社会学家对此做了深入的探讨。其中较为流行的观点是美国心理学家马斯洛的“需求层次论”,他把人的需求划分为5个层次,见图2.6。这一理论包括4个方面:

①人类有5种基本需求,这5种需求是生理的、安全的、爱或归属的、尊重的以及自我实现的需求,并且按照由低级到高级的顺序排列着,形成金字塔的形状,最底部就是最基本和最低级的需求。

②上述5种需求是相互联系着的,并且每一种需求相对地形成层次,由低级(生理性

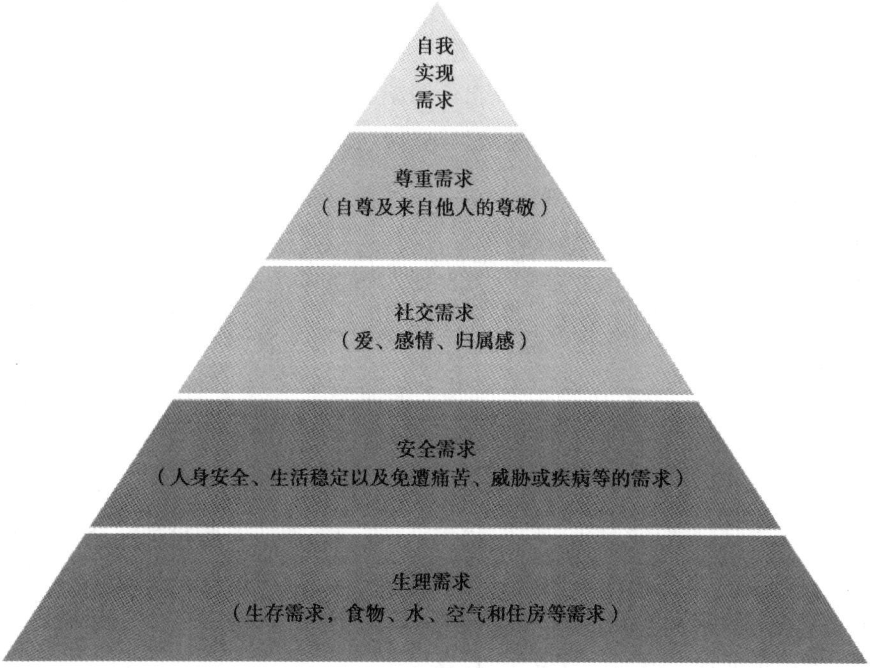

图 2.6　马斯洛“需求五层次”

的）需求向高级（心理和社会性的）需求递进发展；需求的层次越高，越不容易得到满足，也就越能吸引人去追求。

③未满足的需求将支配人的意识，并调动有机体的能量去获得满足；较高级的需求只有在较低级的需求得到满足后才会成为占主导地位的需求。

④已满足的需求不再是活动的推动力，新的需求会取代已满足的需求，成为待满足的需求。

（3）消费者的购买动机

需要是人的身心缺乏某种东西时的一种主观状态，它是一种内驱力，并不能直接推动行为发生。只有当有机体发现了目标以后，需要才会转化为动机。

动机是消费者某种消费行为的主观原因，它可分为内在动机和外在动机两类。内在动机是个体的本能；而外在动机是以外界刺激为诱因。广告就是一种动机的外界刺激的诱因。

人的行为，尤其是复杂的消费行为，往往不是一种动机在起作用，而是多种相互关联的动机同时起作用，它们构成了消费行为的动机体系。

1）动机的构成形式

动机的形式有兴趣、信念和意图 3 种。

兴趣是人积极探索某种事物的认识倾向。兴趣的产生不但取决于客体的特性，也取决于个体的特性。对广告而言，当一个人对广告及广告内容产生兴趣时，他就能积极思考和感知广告中的细节，并进行有意的记忆。兴趣虽然是动机的重要方面，但不是主要的。

信念是行为的稳定而主要的动机，信念的形成来自于个体对客体作出的肯定认知，信念的形成能够推动人们按照自己的观念行动。

意图是动机的初级形式，是对需要的模糊反映，它推动人们进一步明确需要的对象，并产生相应的愿望。

根据上述不同的动机形式，对广告活动有以下几点启示：

①信念是购买动机的核心，广告要成为消费诱因，广告受众对广告内容能够充分理解并对广告产生信任是很重要的。如品牌形象的广告活动要针对目标受众的信念来展开。

②由意向变成购买愿望，依赖于需要对象的明确。因此，广告传播中要有目标消费者对产品或服务需要的信息，而且，广告所推荐的产品或服务是必需和有价值的。否则，受众的意识仍停留在意向状态，难以推动消费者的更高层次的动机。

③外界对象的特点能够引起个体的兴趣，广告如何才能引起目标受众的兴趣呢？新颖性与兴趣存在密切的关系，广告的新颖性直接关系广告受众对广告信息产生的关注程度。所以，广告创意和表现要有原创性和新颖性。兴趣与信念的结合，将会引发购买活动的动机，因此是促销策略和广告策略的“真经”。

2）动机的表现形式

一般来说动机的表现形式可以分为3类：

①感情动机。它包含情绪动机和情感动机两种。凡是由于好奇、高兴、快乐、好胜以及感激等情绪引起的购买动机，都称为情绪动机。这类购买的特点一般具有冲动性、即景性和不确定性。消费者的需求状态有两种可能性：低级的消除痛苦的需求和高级的自我愉悦的需求。这类动机是最为复杂的，广告的主题和诉求点也最难确定。但是，追求愉悦、消除痛苦以及满足好奇都是人的本性，因而广告的激发动机点应从以上几个方面入手，并注意现场环境的刺激作用。

情感动机是人的道德感、美感、集体感等社会因素引起的。例如，人们为了美的追求而购买艺术品，为了友谊而购买鲜花等。这类购买的特点具有稳定性，是人类高级需要的产品，广告的主题应注意把这种高级的动机追求与一般的低级需要区分开来，否则，会产生适得其反的效果。

②理性动机。这是建立在认知基础上的动机，一般与自身的生理、生存和提高生活质量有关，购买经过深思熟虑，一般比较注意商品的功能、价格、质量、技术以及维修等特点。针对理性动机的消费者，广告主题应以信息为主，提供消费者自我分析的资料，诉求点应根据不同的需要状态来选择，激发具体的动机。例如，商品房和个人电脑的购买都是理性动机驱动的行为，由于需求情况不一样，具体的动机也是完全不同的，前者可能是追求生活质量的提高，后者可能是追求个人的发展和自我实现。这里，虽然广告内容都应以信息为主，但诉求点却是不一样的。

③信任动机。信任动机是基于感情和理智的经验，对特定的品牌产生了偏爱和信任，使消费者习惯性地进行购买。这类动机往往也十分微妙，并不能很清楚地说明消费

者的真实且具体的动机。多数情况下，这类商品对消费者的生活和工作的影响不是太大，价格也未必高，消费者往往借助商品特点表现自己的个性。所以，在这种情况下，广告对树立品牌的特定形象是非常重要的，可以说，形象是偏爱的基础，同时，也只有具有形象的产品才能体现人的个性。例如，有的人抽烟、穿衣就偏爱一种牌子，一方面是习惯，另一方面就是为了体现个性。所以，香烟或服饰的品牌也应该有一个具体的形象，这样有利于销售。

2.3　广告与传播

广告活动最基本的功能是传播功能。也就是说，广告是一种典型的传播行为，广告主和广告策划者是广告的传播者，广告信息是广告传播的主要内容，各种刊播广告的媒介是广告的传播媒介，而接触这些媒介广告的受众则是广告传播的受众。广告信息通过各种媒介传播给受众，并对他们产生不同程度的影响和作用的过程，就是一个完整的传播过程。广告与宣传报道、公共关系活动、人员推销活动以及促销活动一道，成为传播产品、服务、观念和树立形象的一种重要手段。因此，了解传播在广告活动中的作用是十分必要的。

2.3.1　传播的概念

(1)广告传播的概念

传播一词源于拉丁文 Communis，本义为“共同的”，也就是说，传播是一种人类活动，是信息发送者与接受者之间思想“达到共同”的过程。因此，从传播的角度来看，广告主与广告代理公司、广告媒介三方的合作，并不意味着广告活动的完成，只有当消费者以广告受众的身份参与进来之后，广告传播才能成为完整的活动。即只有当发送者与接受者双方共享传播的内容，传播的意义才算完整。

在广告传播过程中有一些核心概念：经验、思想、符号与标志，了解这些概念成为理解广告传播的基础。

经验泛指个体的全部生活经历。在信息发送者与接受者之间，共同的经历越多，相互分享的思想越多，交流就越顺畅。如在广告活动中，广告媒介代理和广告公司在谈到POP(店面广告)广告时，由于他们拥有共同的经验，因此他们可以很好地交流。而对于那些不熟悉广告术语的人来说，POP 只是 3 个字母，是非常抽象的东西。经验的范围又称为知觉范围，为了达成有效的传播，广告传播者必须对消费者的经验范围有所了解，在此范围之内，选择和运用字形、图案、色彩、音响等手段进行广告创作。否则，脱离了接受者的经验，广告做得再有创意也不会得到认同，甚至无法获得广告受众的理解。

思想不会直接在传播中交流,只有当思想对于信息发送者和接受者都意味着同样的东西时,思想才能传播。由于信息符号可能对任何两个人都不具备完全相同的意义,因此,当彼此的经验没有重合时,传播常常无法进行。

在广告传播中,字形、图案这类符号至少具有三重含义:指示义含义、内含的含义和背景的含义。随着个人经验范围的变化,社会的发展,符号的含义也会发生变化。一般说来,同一语言的人所理解的指示义含义大体一致,他们从小就从生活中学会了字形、图案等代表的指示义含义。内含的含义是对"符号——物体"关系的个别的、特殊的理解,它比指示义含义更主观、更具有模糊的特点。比如,对广告中的"高档"一词,不同人有着不同的理解,这在很大程度上取决于他们各自的消费观念。受众接受信息时所处的背景也会产生背景的含义。在广告活动中,广告本身的背景特点及其借助的媒介都会影响人们对信息的理解。例如,在西方,人们总是把啤酒与棒球联系起来,所以对播出棒球节目时插播啤酒广告,人们已司空见惯,广告也比较有效。

从静态的角度来理解广告传播的概念,可以认为,广告作品是多种符号的综合。作为传播者,广告人的工作就是制造符号。他们根据自己的经验和调查结果来选择视觉的或听觉的符号,以此向消费者传达广告信息。而广告信息能否引起消费者的兴趣,以及消费者是否会感到广告能给他带来好处等,不仅取决于传播者的水平和能力,更取决于受众的心态、背景、经验、认知能力等。也就是说,传播者的主观意图仅仅是广告传播的一个方面,客观效果如何,更取决于受众接触到广告之后的反应,这就是广告传播的核心概念。

(2)广告传播流程

广告不是静态的展示,而是动态的过程。

从动态的角度来看,任何一种刺激都会引起反应,这就是心理学中所说的刺激反应模式(S—R 模式)。(见图 2.7)

图 2.7　S—R 模式

把这个模式应用于人类的传播活动,将传播视为一种刺激形式,那么必然会有相应的反应(反馈)产生,由此形成一个传播系统。(见图 2.8)

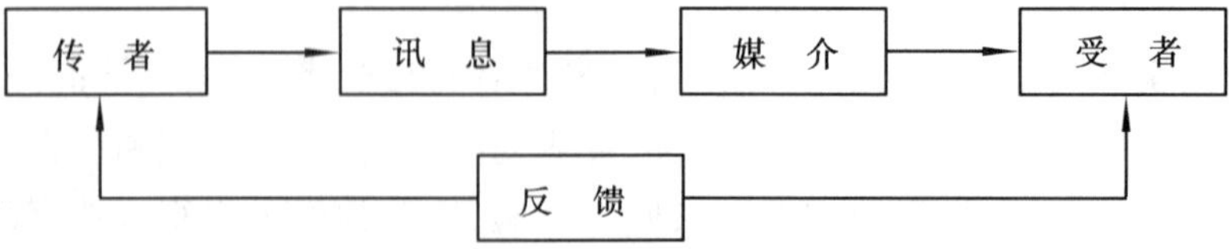

图 2.8　"S—R"模式在传播流程中的运用

传者将信息通过媒介传递给受者。假如你想星期天上午邀请一位朋友打羽毛球,在这个信息传播过程中,你就是传播者,信息内容即"星期天上午到某体育馆打羽毛球",你用来通知朋友的电话就是媒介,你的这位朋友就是受者。最后通过反馈,你可以知道你的朋友是否接受了邀请,这样,当你用电话或信函来邀请朋友打羽毛球时,你就有意无意地在运用基本的传播模式了。如果这个模式的范围扩大,就形成了大众传播。(图2.9)

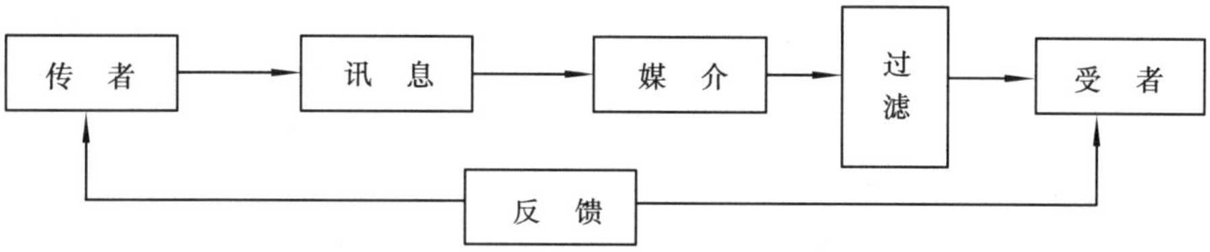

图2.9　大众传播流程

在广告活动中,人们曾经认为,广告播放的频率越高,传播面越大,刺激越强,消费者的反应也就越强烈;然而,事实并非如此,大量的调查表明,人们在传播过程中并不像人们所认为的那样无能为力,只有那些极少接触世面的人才容易被大量的信息所操纵。研究证明,多数人有能力筛选、过滤那些不需要的或无用的信息;此外,传播过程也并非是不受干扰的,在传播过程的每个环节都可能出现"噪声"的干扰。

(3)广告传播流程中的要素

上面我们简单介绍了广告的传播流程,概括地说,其基本构成要素有信源、编码过程、信息、传播渠道、译码过程、受众、反馈和噪声等。信源和受众是传播过程的参与者,信息和传播渠道是参与者借助的传播物体,编码、译码和反馈是传播过程的功能,噪声是妨碍传播效果的因素。

1)信源

信源(又称传播者、发送者或编码者),因为要与另一个人、一小群人或一大群人分享观念或思想,因而处于传播过程的第一环。在广告传播活动中,信源,也就是广告的传播者,主要由广告客户、广告代理公司、广告制作公司、广告设计公司等构成。

每个传播信源都有各自不同的传播环境,广告的信源识别是个特殊的范畴。一般说来,广告制作者和广告代理公司不会被当作真正的信源,即使是广告客户,也常常不被当作信源,而只有他们的品牌、产品名称才被消费者认为是信源。信源越可靠,广告也就越有说服力。

2)编码和信息

为了实施传播,信源必须将观念或思想变成信息,这个变换过程就称为编码。编码需要进行符号创造。而信息,则是信源对某一观念或思想进行编码的具体结果,它是传播,特别是广告传播的核心。实例表明,广告信息的质量比负载广告的媒介或广告背后的资金更重要。每条广告信息都由两方面组成:"说什么"(内容)和"怎么说"(表现方式)。信息的质量主要由编码过程来决定,无论是广告的内容还是表现方式,不同的编码过程会形成不同的信息,使广告的效果大不相同。

3)媒介

媒介是将经过编码的信息传达给受众的渠道。媒介到达预定目标市场的能力是选择媒介的前提,而广告传播中的媒介选择还必须考虑费用、时间与媒介的背景及产品自身的特点等多方面的因素。不同的广告主会根据各自特定的市场营销情况以及企业自身不同的营销战略来选择适合自己的媒介组合。

4)受众与译码

受众是信息传达的目标。正如美国消费行为学家威廉·威尔姆所说:"受众是实际决定传播活动能否成功的人。"当受众将信息译成对他们有意义的形式时,传播才算真正开始。由于受众是传播过程的主动参与者而非被动接受者,因此,传播活动的成功与否,牵涉两个相关的调查领域,即受众行为和消费者行为。

从调查中得知,广告受众带入信息所处背景中的全部生活经验会影响到他们的译码活动。有时,受众是一些头脑清醒、逻辑严密的译码者;有时,他们又沉湎于享乐,不受理智支配,全凭感情行事。在整个译码的过程中,每一种驱使受众译码的因素都是由社会、经济、文化和心理等多种因素组合而成的,即使可以精确地界定和预选受众,他们的译码效果和随之采取的行为也是很难预测和控制的。

5)反馈

反馈是指传者对接受者的信息的反应或回应。反馈能告诉信源,传播实际上完成了多少。反馈可以是即时的,如面对面的人际交流,也可以是延迟的,如信件、广告等。测评反馈的技术虽然还不够完善,但却是广告策划的基础。

6)噪声

噪声是干扰信息传播过程,妨碍传播效果实现的各种因素。噪声可以是物理的,也可以是人为的。它只能尽可能地被减少和避免,但不可以完全消除。通常,噪声分为3类:

①环境噪声,指信源和受众在交换信息时的外部干扰。当你看报纸时,周围人的谈话就是一种环境干扰。

②机械噪声,指交流过程中由机械问题而引起的干扰。如双方正在打电话,突然电话中途掉线没声了。

③心理噪声,指由于信源和受众的编码、译码错误或疑问而引起的干扰。如,表达意思时选错了词,或选用的词有歧义。心理学研究表明,人在进入广告传播时就带着先入为主的自我防御意识。他们知道那"不过是广告",他们可以轻而易举地避开它,完全不接受,或者曲解广告的本意。要克服这种先入为主的心理噪声,广告必须在设计、制作和安排上抓住受众的注意力,减少误解,便于他们记忆。

我们认识了噪声的存在,它可能出现在传播的各个环节。既然在实际广告传播中,我们无法完全彻底地清除噪声的干扰,那我们就应该尽可能避免它。因此,对于广告主和广告公司来说,应该从受众的角度来看待产品与广告,预测传播过程中可能遇到的噪声,并采取相应的对策,使广告传播取得更为理想的效果。

2.3.2 广告传播的功能

传播功能是广告最基本的功能,作为一种独特的传播形式,广告具有4种基本的传播功能:促进功能、劝服功能、增强功能和提示功能。

(1)促进功能

广告的促进功能使消费者从未决定购买状态进入某种购买行为状态。广告的促进功能就是加强消费者现有的需求和欲望,使他们感知和了解广告信息。这种形式的广告最具有信息性,此时,做广告的产品一般正处于其生命周期的导入期,产品正被引入市场。

(2)劝服功能

广告的劝服功能也可以使消费者从未决定购买状态进入某种购买行为状态。广告不仅要加强消费者现有的需求和愿望,使他们感知和了解信息,还要增强他们的感觉和情感,使他们偏好于某一产品。劝服性广告常用于产品生命周期的成长阶段和成熟阶段,这时,市场竞争激烈,消费者已经感知并了解了产品所提供的利益。

(3)增强功能

广告的增强功能和提示功能出现在消费者的购买行为之后。增强性广告用来保证消费者的购买决策,常用来确保对某些产品或服务的少量购买,如保险、汽车、计算机、电信服务等。

(4)提示功能

提示性广告触发消费者的习惯性购买行为,一般用在产品生命周期的成熟阶段和衰退阶段,往往是消费者常买的产品。广告画面一般处理得简单、明了、易认,通常不使用太多的广告语言。

对广告而言,要实施任何一种传播功能,都需要一系列的传播活动。这种"系列的传播活动"实际上就是"说什么"和"怎么说",以及发布策略上的"排列组合"。而这种"排列组合"方式不管如何变化,其传播功能所带来的广告传播效果层次是相对固定的,即广告传播效果层次是由浅入深的,这3个方面为:①认知(感知和理解)层次;②情感体验(喜爱和偏好)层次;③行为(尝试和购买)层次。

2.4　广告文化

2.4.1　文化的概念及特征

(1)文化的概念及内涵

文化(culture)是一个非常广泛和颇具人文意味的概念,给文化下一个准确或精确的定义,也是一件非常困难的事情。文化,就词的释意来说,文就是“记录、表达和评述”,化就是“分析、理解和包容”。文化的特点:有历史、有内容、有故事。文化是一种社会现象,它是由人类长期创造形成的产物,同时又是一种历史现象,是人类社会与历史的积淀物。确切地说,文化是凝结在物质之中又游离于物质之外的,能够被传承的国家或民族的历史、地理、风土人情、传统习俗、生活方式、文学艺术、行为规范、思维方式、价值观念等,它是人类相互之间进行交流的普遍认可的一种能够传承的意识形态,是对客观世界感性上的知识与经验的升华。文化通俗表达是指长时期大群人的一种“公共生活”,而个人生活则只是一种“私生活”。中国文化就是中华民族经过长时期变化蕴积而到今天所成的“公共生活”。中国传统文化包括思想、文字、语言,其次是礼、乐、射、御、书、数,而后是书法、音乐、武术、艺术、民俗、节日、娱乐等。如中国传统文化中“仁义礼智信”的“五常”之道,是讲做人的道德标准和伦理原则,以此道处理人与人的关系,达到沟通、谐和与感通。“忠孝廉耻勇”倡导人的信守,是为人处事的原则。一些人对中西方文化进行对比,认为中国文化是向内的,西方文化是向外的;中国文化是静的,西方文化是动的;中国文化讲心,西方文化讲物;中国文化讲道德,西方文化讲规则。凡此种种,说明文化与人类文明的演变密切相关。文化中有糟粕也有精华,比如中国儒家文化中“君君、臣臣、子子”“君要臣死,臣不得不死”,这和其中几千年的封建专制下,皇权天授(封禅),而个体之生命如草芥有关系。

19 世纪下半叶英国著名学者 E.B.泰勒在《原始文化》中的解释是:“文化是作为社会成员的人类所取得的知识、信念、艺术、道德、法律、惯例及习惯的复合总体”;人类学者林顿将文化定义为:“作为学习的行为和行为结果的结合体,它们的构成要素由特定社会的成员共同拥有并流传。因此,文化是特定社会的成员为适应周围环境而设计自己人生时所产生的独特的生活方式及一种社会性遗产。即若社会是器皿,那么文化就是器皿里的内容。”

一般认为,文化应有广义与狭义之分。广义文化是指人类创造的一切物质财富和精神财富的总和;狭义文化是指人类精神活动所创造的成果,如哲学、宗教、科学、艺术、道德等。由于我们主要关注的是文化对消费者行为的影响,所以我们将文化定义为一定社会经过学习获得的,用以指导消费者行为的信念、价值观和习惯的总和。

(2)文化的特征

为充分理解文化的内涵和外延,弄清文化的特征很有必要。文化概括起来有这样一些特征:

1)文化的习得性

每种文化都是人们通过学习而得到的。学习有两种形式:一是“文化继承”,即学习自己民族(或群体)的文化。正是这种学习,保持了民族(或群体)文化的延续,并且形成了独特的民族(或群体)个性。中华民族由于受几千年传统儒家文化的影响,形成了强烈的民族风格与个性,仁义、中庸、忍让、谦恭的民族文化心态表现在人们的消费行为中就是随大流,重规范,讲传统,重形式等。这同西方人重视个人价值,追求个性消费的生活方式正好形成了鲜明的对比。二是“文化移入”，即学习外来文化。在一个民族(或群体)的文化演进过程中，不可避免地要学习、融进其他民族(或群体)的文化内容，甚至使其成为本民族(或群体)文化的典型特征。例如，中国人现在已经习惯了穿西装，就是学习借鉴西方服装文化的结果。

2)文化的共享性

构成文化的东西，必须能为社会中绝大多数人所共享。显然，共同的语言为之提供了基础，任何执行社会化任务的机构，都为文化的共享起到了作用。在现代社会里，大众媒体在传播文化中更是有着无与伦比的地位，而媒体中的广告，则不时地向受众传递着重要的文化信息：怎样穿着才合适；怎样装饰住宅才体面；拿什么样的食品招待客人才不落伍等。

3)文化的无形性

文化对消费者行为的影响和引导就像一只“看不见的手”。文化对人们行为的影响是自然而然的，因此人们根据一定文化所采取的行为通常被看作是理所当然的。例如，要理解有的社会中，人们每天使用各自喜爱的牙膏刷两次牙是一种文化现象，就要知道另外一些社会中的人根本就不刷牙，或者以非常不同的方式刷牙这种现象。

4)文化的发展性

为了实现满足需要的功能，文化必须不断改变，以使社会得到最好的满足。导致文化变迁的原因很多，诸如技术创新、人口变动、资源短缺、意外灾害，在当代，文化移入也是一大原因。文化的变迁，最明显的表现为风尚演变，这是营销者应当密切关注的。比如在现代，当人们健康意识增强的时候，街头一下子出现了许多跑步者、散步者和步行者，一些厂商便看准时机，迅速推出各种舒适的适于运动的产品，结果大获成功，而反应迟钝的有关厂商则错失机会。

(3)亚文化

亚文化，是指某一文化群体所属次级群体的成员共有的独特信念、价值观和生活习惯。每一亚文化都会坚持其所在的更大社会群体中大多数主要的文化信念、价值观和行为模式，同时，每一文化都包含着能为其成员提供更为具体的认同感和社会化的较小的亚文化。例如企业文化也是由许多亚文化构成的，包括部门文化、职业文化等。同一亚文化群体的成员具有某些共同的信仰、价值观念、爱好和行为习惯。因此，营销人员往往可以根据各亚文化群体所具有的不同需求和消费行为选择不同的亚文化群体作为自己的目标市场。

亚文化有许多不同的分类方法，目前，国内外营销学者普遍接受的是按民族、宗教、地理、性别、年龄等人口统计特点来划分亚文化的分类方法。

1)民族亚文化

大部分国家由不同民族构成，不同的民族，各有其独特的风俗习惯和文化传统。民族亚文化对消费者行为的影响是巨大、深远的。比如我国是一个统一的多民族国家，除汉族外，还有50多个少数民族，其中人口超过百万的就有10多个。各个民族在宗教信仰、崇尚爱好和生活习惯方面都有独特之处,尤其要注意的是他们还有着不同的禁忌。

2)宗教亚文化

不同的宗教群体,具有不同的文化倾向、习俗和禁忌。如我国有佛教、道教、伊斯兰教、基督教等,这些不同宗教的信仰者都有各自的信仰、生活方式和消费习惯。宗教能影响人们行为,也能影响人们的价值观。

宗教因素对于企业营销具有重要意义。宗教可能意味着禁用一些产品,如印度教禁食牛肉,犹太教和伊斯兰教禁食猪肉。这些禁忌往往一方面限制了一部分产品的需求,另一方面又会促进另一些产品特别是替代品的需求。伊斯兰教对含酒精饮料的禁忌,使碳酸饮料和水果饮料成了畅销品;牛奶制品在佛教徒中很受欢迎,因为他们当中很多人是素食主义者。宗教也可能意味着与一定宗教节日有关的高需求、高消费期,如基督教的圣诞节。

3)地理亚文化

地理环境上的差异也会导致人们在消费习俗和消费特点上的不同。长期形成的地域习惯,一般比较稳定。自然地理环境不仅决定着一个地区的产业和贸易发展格局,而且间接影响着一个地区消费者的生活方式、生活水平、购买力的大小和消费结构,从而在不同的地域可能形成不同的商业文化。比如我国历来有南甜、北咸、东辣、西酸的食品调味传统。最简单的区分方法是把全国分成两大部分,即南方和北方。在我们的印象中,南方人聪明机灵,北方人热情直爽;南方人喜欢吃米饭,北方人爱吃面食;等等。

4)性别亚文化

性别亚文化不仅是一种生理的现象,也是一种文化的现象,至少在任何文化中对不同性别都有着不同的规范要求,那么,在某种意义上可以说,不同性别的人有着不同的亚文化。尽管在医学和心理学上,学者们对性别的划分近来有着不同的看法,但在消费者行为研究上,区分为男女两大性别也就可以了。例如,女性消费者一般在消费行为中有着以下特点:第一,利用直观,追求美感;第二,购买中常含情感;第三,注重实用,考虑周全;第四,注重别人的评价。

5)年龄亚文化

不同年龄段的人,实际上也构成一个亚文化。尤其在现代社会,代与代之间的差距(代沟)越来越大,这与从其他角度来看的文化越来越接近和趋同,形成鲜明对照。例如,少年儿童、青年、壮年、中年、老年这5个年龄阶段的消费者各有不同的消费特点。

2.4.2 广告文化的概念及特征

(1)广告是重要的文化现象

广告是经济和文化的结合体,它在推销商品的同时也传播着文化。这种文化带着明显的时代文化的痕迹。早在1927年,戈公振在《中国报学史》中就说过,“广告为商业发展之史乘,亦即文化进步之记录”。无疑,广告在追求商业目的的同时,还蕴藏着某种文化观念和文化价值，而这些文化价值和文化观念对人起着潜移默化的教化功能。成功的广告往往有其深厚的时代文化内涵，它是时代进步文化的一面镜子。

1986年5月，在芝加哥举行的第30届世界广告大会上，美国广告界的知名人士迪诺·贝蒂·范德努特认为："当今的广告活动不仅影响了世界文化，而且广告工作日益成为当代文化整体中的一部分，广告活动是文化的传播者和创造者。"的确，虽然广告活动离不开推销的本质和商业性的目的，但广告的表现形式却是文化性的，它是一定社会文化的产物。

由于广告主、广告人、广告受众是具有一定社会文化习俗的人，因此不同民族社会的哲学观念、思维模式、文化心理、伦理道德、风俗习惯、社会制度乃至宗教信仰等，都不可避免地会对广告产生影响，从而形成了某个民族或国家的广告风格和流派，任何一个社会的广告无不带有该社会文化斧凿的痕迹。反过来考虑，广告本身也是一种文化。广告除了具有商业性外，其内涵还体现了广告主及广告制作者对生活的理解及其价值观念。广告能否被认同、接纳，关键看广告本身能否体现传播对象的共同经验、价值取向。如某品牌的手表广告说："出手不凡的某某表"，它传递的是该手表所代表的身份；而某牌子表的广告则说："把握时间，走向未来"，它体现的是一种对时间的珍惜及节奏感，展现进取向上的精神。尽管这两种广告体现了不同的价值观与诉求方式，但它们都表达了不同人群的追求与观念。由此可以看出，广告在宣传商品或服务的同时，也在自觉不自觉地输出着某种文化意识，改变着人们的思想和价值观念，引导着人们的行为与生活方式，在刺激物质需求的同时也刺激人们的精神需求。广告的生命力在于创新求异，具有现代气息和催化作用的广告宣传必然或多或少地改变着一些传统文化，推动了文化的发展。广告正在成为一种特殊的社会文化现象，它是指广告信息传播过程中整体价值观念的体现与对群体行为模式的引导。

(2)广告文化的特征

1)广告文化与文学结合日益紧密

广告文化性的体现，首先表现在广告的形式上呈现出与文学艺术结合的趋势。现代广告具有极大的包容性，它吸收了几乎所有的文学形式来为其服务。它的文体涉及多种形式：说明体、论说体、诗体、散文体、故事体、歌曲体、相声体、戏曲体……还有各种各样的修辞格式，总之，凡是能够吸引消费者眼球的手段和方法都在被广告人挖空心思地使用。其次，广告文化性体现在推销动机上反映了推销是有不同层次的。推销动机可以分成3个层次，即推销产品、推销服务和推销观念。推销产品是广告最基本、最直接的目的，它主要介绍产品的功能、特点、用途、款式等；推销服务比推销产品更进一层，它不只把产品推销出去，还要考虑消费者在使用产品过程中的满意程度；推销观念是推销中的最高层次，它采用劝服消费者接受一种观念的办法来达到销售目的。比如随着人们生活水平的提高，在饮食上人们追求吃得好，这时菜肴的色、香、味、造型都成了饮食的需要；在穿着上，追求穿得美观、高雅，而服装的款式、色彩、质地成了考虑的主要内容。这些充分说明了人们在追求商业消费的同时，也在追求文化消费。随着推销层次的提高，广告的商业性在逐步减弱,广告的文化性却逐步加强。

2)广告文化对现代社会具有巨大的影响和流行导向作用

改革开放以来,我国封闭多年的国门再次打开,人们接触到更多的新鲜事物,包括外来事物,促进了多元化的文化交流。大量的外来文化、思想、观念涌入中国人的头脑,影响、改变了人们的生活方式,也促进了商业的繁荣。比如把圣诞节引进中国,只是商家的一种促销手段。圣诞节是一种宗教、文化观念,每年的圣诞节对众多商家来说无疑又增添了新的商机,圣诞树及各种圣诞礼物的出售为商家带来了良好的收益。麦当劳、肯德基的快餐文化,使人们看到了我国民族餐饮业在质量、卫生、管理方面的不足。许多有良好创意的广告在创造着大众文化,引导着人们的消费潮流。如儿童用品广告"妈妈,我要喝——娃哈哈果奶";雀巢咖啡"味道好极了";在冬天告诉您"果珍要喝热的"。不少消费者和经销商都有这样的感觉:今天广告宣传什么,消费者就会紧跟着去购买什么,商业繁荣和文化传播是互动的关系。对于广告策划者来说,可以借用中外文化的传播,对人们施加某一方面的影响,激起人们的购买欲,也就带来了经济与商业的更加繁荣。

3)广告文化极大地促进了各地区间的文化交流

广告文化一经产生,或多或少地对人们的社会行为和价值观念起了某些冲击作用。特别是电视广告中五彩缤纷的世界,使农村群众认识了城市的生活方式,产生了各种各样强烈追求现代文化的欲望。开放的传播网络促使封闭的自然文化解体,从而形成了文化民主意识。对广告中宣传的生活方式的模仿,形成了人们心理、文化变迁的动力。随着现代科学技术的发展,个体与整个人类共同分享信息的愿望成为现实。不同文化的人们心理距离在缩小,差异性日渐模糊,共同点日渐增多,人类文化的融通性大大增强。广告信息的跨文化传播越来越多,广告信息的共享度越来越高,这已经成为当今世界广告文化的一个发展动向。

4)广告文化受到当地文化的制约

文化制约着广告的诉求和表现策略,也制约着受众对广告信息的接受和理解。处于某种文化背景中的受众,有其特定的价值观念,在这种价值观念的制约下,受众对于什么是对自己有价值的信息有着鲜明的判断和选择。因此,广告应该以符合受众的价值观念、能够引起受众兴趣的信息为诉求重点。同时,在文化的制约下,受众有其特定的审美观念,因此,广告表现应该与受众的审美观念相契合,而不应该将传播者的审美观念强加给受众。

5)广告文化具有强烈的示范效应

在文化传播日益多样化的今天,名人广告、名人效应被更多地应用于广告活动。现代的通俗文化不断演绎着各种爱情、神奇、未来、情感、困惑等。这一切通过广告的强大传播攻势,就会决定现代的年轻人今天做什么、想什么。在当今信息时代,消费者被形形色色的信息所包围,面对如潮水般涌来的信息,人们总是首先对熟悉的、有权威的、典型的人和事发生兴趣并作出反应。当广告中的文化与产品或品牌代言者相关联,广告信息源的可信度便能有效增强。中国著名篮球明星姚明曾经成为麦当劳的形象大使,这就会带动众多的球迷去模仿他。同样,一个明星在广告中使用了某种化妆品,也同样让追星族兴奋不已,从而带来巨大的消费。今天,广告文化已经和当代的电影、电视剧、网络及网络游戏等一起相互渗透,相互融合,共同促进发展。

小　结

“市场营销是个人或组织对商品、劳务或观念的构想、定价、促销和分销的计划执行过程,以实现个人或组织目标的交换。”从微观角度,或者说从企业的角度来看:“市场营销,是指企业为实现一定的目标,主动适应和利用外界环境,通过市场达成交易,满足现实或潜在需求的综合性经营活动。”

广告在营销中的作用主要表现在增加知名度、区分产品身份、帮助产品流通、增加产品使用量、增加新顾客、拉回老顾客、增加产品的附加价值、增强排他性、培养品牌忠诚、降低销售成本等方面。同时也要认识广告虽然在营销活动中有极大的作用,但是有一定层次和针对不同的产品的市场细分,对于确定“目标市场”和把握“广告对象”都是非常有益的,目的是找出对于产品销售和广告活动都非常重要的“主要用户”。

市场营销中所确定的“目标市场”与广告活动中所寻找出的“广告对象”之间,既相互区别又相互联系。在多数时候,目标市场与广告对象是一致的,即产品所瞄准的消费群体也正是广告宣传的对象;但有些时候,目标市场与广告对象并不一致,“广告对象”的考虑则要求尽量具体。

按照产品生命周期的划分将广告周期分为4个时期,即导入期、成长期、成熟期、衰退期,不同阶段广告的目的和策略是不同的。

消费者行为研究是有效开展广告活动的保障。消费者为满足其需要必须去选择、获取、使用或处置某种产品或服务。在这个过程中,消费者所表现出来的种种心理活动和外在行为,总称为消费者行为。美国营销协会对消费者行为的定义是:“人类在进行生活中各方面的交换时,表现出来的情感、认知、行为和各种环境因素的相互作用的动态过程。”消费者行为具有以下几个特点:消费者行为是动态的;消费者行为是综合性的;消费者行为是一个过程;消费者行为往往有众多的参与者;消费者行为本质上是理智行为;消费者行为是有意识地尽量逃避风险的行为。

消费者采取消费行为可能受到的影响因素归纳起来,有以下几个方面:经济因素、文化因素、社会因素(包括参照群体、家庭、社会地位和角色)、个人因素、心理因素等。

消费者的需求特征往往表现出多元性、主导性和动态性,以及“需求的层次性”。分析消费者的需求特征和购买动机,有针对性地进行广告诉求,有利于增强广告的传播效果。

广告活动最基本的功能是传播功能,是信息发送者与接受者之间思想“达到共同”的过程。经验泛指个体的全部生活经历,在信息发送者与接受者之间,共同的经历越多,相互分享的思想越多,交流就越顺畅。思想不会直接在传播中交流,只有当思想对于信息发送者和接受者都意味着同样的东西时，思想才能传播。

广告传播流程中包括信源、编码、信息、媒介、受众、译码、反馈、噪声等基本要素。

广告具有4种基本的传播功能：促进功能、劝服功能、增强功能和提示功能。

广告文化是广告信息传播过程中整体价值观念的体现与对群体行为模式的引导。广告文化的特征主要体现在时代性、民族性和商品性上。

思考题

1.广告在市场营销中占有什么样的地位？
2.影响消费者消费行为的因素有哪些？
3.目标市场与广告对象有哪些区别和联系？
4.广告传播具有哪些基本功能？
5.文化对广告有哪几方面的影响？
6.广告文化的基本特征有哪些？

[案例讨论]

雀巢咖啡

20世纪80年代，两大速溶咖啡品牌麦斯威尔和雀巢共同进入中国市场。而如今雀巢咖啡在中国市场的销量远高于麦氏咖啡，为什么呢？

一、明确目标客户，洞察客户内心需求

在刚进入中国市场时，两家世界速溶咖啡巨头分别委托不同的公司对上海市场进行了市场调查。麦氏委托调查的结果是中国虽然人均收入不到100元/月，但与西方人一样，向往西方的生活方式，内心追求时尚与品位，随着中国从国门封闭走向开放的全球环境和经济的发展，人们的收入会增加，物质生活会从温饱走向小康，而首先富裕起来的文化人（如教师、医生、律师、公司职员等都市白领）会成为中产精英阶层，其追求时尚休闲的生活会变成现实。因此，把潜在的目标客户定位为知性的文化人。于是有了一句非常文雅的广告语：麦氏咖啡“滴滴香浓，意犹未尽！”

相反,雀巢公司发现,20 世纪 80 年代初上海的市场调查,女大学生最喜欢嫁的职业对象是什么?结果出乎人们意料,女孩子第一希望嫁的人是出租车司机?!因为那时候,出租车在中国刚刚兴起,拥有自行车都是了不起的身份象征,而小轿车更是遥不可及的奢侈品,拥有出租车就象征富裕阶层,出租车司机的收入往往是其他工作收入的十几倍甚至几十倍。而且,他们还发现一个特殊的现象,人们喝完以后会把雀巢咖啡的玻璃罐子用作喝水的工具,甚至成了炫耀其富裕生活的标志。雀巢公司预见 80 年代的中国还出现不了大量的中产精英阶层,而买得起才是关键。因此,其目标消费者绝对不是大学教师、知识分子或都市白领,而是靠市场空隙、敢于冒险、靠政策致富的生意人。这些人有钱以后,会标榜风雅,尝试新鲜事物。

二、广告诉求明确

在今天看来,喝速溶咖啡这样极其平常的生活方式,在中国当时却是代表比较高档的消费并成为炫耀身份的行为。雀巢公司洞察到市场的现实状况,了解到人们需求的真实想法。于是,有了让目标消费者最容易理解的广告语:“雀巢咖啡,味道好极了!”这句广告语的语境,不仅是称赞其味道,而且暗示 20 世纪 80 年代买得起的年轻一族冒险家,雀巢咖啡既是张显品质的生活形象,又标榜炫耀购买的能力。

于是,两个不同的广告所带来的广告效应产生了。“意犹未尽”虽然能够有更多的联想,但这类文化人味道的语言不能一语言中现实客户的心声,尤其以茶为主饮的茶文化大国的中国人,更不容易轻易改弦更张。相反,对城市中年轻一族,一句“味道好极了!”更好记好用。这句话天天都在暗示,习惯成自然,雀巢成了 20 世纪 80 年代后期到 90 年代中期人们标榜生活档次和速溶咖啡的代名词,抢占了速溶咖啡市场第一品牌的位置。这个概念在人们的心目中一旦形成,就很难改变。

三、在成长期和成熟期及时调整目标对象

随着时代的发展,人们的生活水平和生活方式已经有了很大的改变,城市中产精英力量逐渐形成,速溶咖啡成为 20 世纪 90 年代城市白领青年的标志饮料,雀巢咖啡也不断调整其目标对象,将广告对准都市白领一族,在电视广告、杂志广告中推出以下广告语:

每刻精彩瞬间,每杯雀巢咖啡。

香醇体验,随时拥有。

再忙也要和你喝杯咖啡。

雀巢咖啡,与你迎接每一个新日子。

每时每刻,都有雀巢与你相伴。

我的灵感一刻,我的雀巢咖啡。

……

随着速溶咖啡市场的成熟,麦氏咖啡虽然也在不断通过广告进行市场的竞争,但由于错失了营销的机会,在中国市场上始终无法与雀巢咖啡抗衡,屈居于雀巢咖啡之下。而且由于雀巢品牌已经深入人心,随后其品牌延伸到冷饮、奶粉等行业中。

问题讨论：

1.麦氏咖啡失败的原因是什么？

2.雀巢咖啡当前线下开展了哪些营销活动？

3.对周围年轻人群作一个调查，哪些人经常喝速溶咖啡？

4.分析讨论为什么星巴克咖啡能够在后期进入中国市场，取得成功？

5.饮茶是中国人的传统，饮茶不同于喝咖啡，怎样做茶叶的广告？

第3章
广告调查

【学习目标】

1.理解为什么要学习广告调查；
2.正确理解广告调查的含义；
3.掌握广告调查的原则、程序、方法；
4.掌握广告调查分析的两种类型的区别及运用；
5.认识广告调查的基本方法及特点；
6.了解广告调查分析报告的基本内容。

【教学要点】

1.广告调查的含义及作用；
2.广告调查的原则、程序和方法；
3.定性分析与定量分析的差别；
4.广告调查报告的基本内容。

市场调研这门学科是于1911年在美国首先创立的。第二次世界大战后,欧洲、日本也逐渐重视起这门学科。我国的市场调研虽然起步较晚,但随着市场经济的发展,越来越受到广泛重视。在我国,Marketing Research 常被翻译成市场调查、市场调查研究或市场研究,港台地区的一些学者将其翻译成营销研究、行销研究、市场营运调查研究。

现代广告活动已从过去的向大众传递商品、服务信息的一厢情愿的行为,发展为要有明确的广告目标和策略,全面把握广告活动的全过程的行为。广告调查是实现这一目的的基础性工作,因此,全面认识广告活动,需要对广告调查有全面的认识。

3.1 广告调查的定义和作用

3.1.1 广告调查的定义

(1)广告调查的重要意义

广告调查是现代广告所特有的、必不可少的环节,是现代广告科学管理的基础,已引起越来越多广告界人士的重视。

在广告发展的历史上,由于商品经济不够发达,市场大多集中在国内且比较狭小,消费结构与行为比较简单,市场竞争不激烈甚至出现卖方市场,可以选择的媒体较少等原因,广告调查不是必不可少的,凭借广告主或广告创作人员的市场经验和对大众消费者的了解就可以创作出杰出的广告。但是,随着时代的进步和经济的迅速发展,尤其是近些年来的经济全球化、经济一体化趋势愈发明显,市场情况的内涵和产品的结构也变得越来越多样化,仅凭个人或广告公司的经验已很难使广告获得成功。正如美国广告学家丹·舒尔茨所说,“产品、消费者以及市场上形形色色的事物,简直太复杂了,使广告运动计划者在开展广告运动时,不能完全依赖直觉与灵感,成功的广告活动,很少能从广告计划者心中脱颖而出。”

我们今天再也不会出现古希腊、古罗马时期的“全才”,以及20世纪初美国式的“广告英雄”。在20世纪70年代以前,广告资料收集与分析靠一个有丰富经验的广告人,在几个助手帮助下就可以完成。但今天,问题已非如此简单,市场调查已经从现代广告公司独立出来,成为一个专门的部门;广告调查也作为一项专业活动,从整个广告活动中逐渐脱离。从历史的发展角度看,这是广告不断发展的必然结果。

近几年,我国广告界对市场调查已越来越重视。市场环境的巨大变化,以及变化速度之快,使原来很熟悉市场的人也产生了陌生感,在广告界这个问题尤其突出。过去,几个人坐在屋子里就能完成广告的“创意”,如果今天还有人如此做,实际上就是拿着广告主的钱在玩魔术。现在已很少存在前些年“几大件”之热,产品种类简单,供不应求的时代正在过去，随之而来的是买方市场，产品种类繁多，大量的产品功能和特点“同质化”现象不断涌现。如今，从某种意义上讲，广告主与广告人实际上不单只在空间与时间上离市场越来越远，并且在文化及社会阶层上与市场脱离。在这种越来越趋于复杂的社会及市场上，调查研究乃是成功的阶梯。

作为一个企业，以生产为中心的时代已经成为历史，现今，一个企业要生存与发展，必须走在市场前面，即不仅要做到消费者需要什么就生产什么，而且还要主动创造需求。要做到这一点，就必须进行市场调查研究，广告调查就是其中重要的部分。也就是今天对问题的研究应强调“从外向里”，而不是过去的“从里向外”“从窗户看市场”。

现今社会，如果一个企业再不加强对广告的科学管理，就会使企业损失惨重。一则电视广告最少几十万元，多达以千万、数亿元计，一个广告的失败将意味着数目庞大的经济损失。与这个数目相比，广告调查只是极小部分，但它却是使广告走向成功的重要基础和前提。

(2)广告调查的定义

广告调查是指和广告活动有关的部门或单位为了制订广告目标和策略或评价广告效果，而进行的收集相关信息的行为。从广义上讲，广告调查是指广告活动中所有收集、运用各种情报的行为。从狭义上讲，广告调查是指采用科学的方法，按照一定的程序和步骤，有目的、有系统地收集并分析有关消费者或用户的信息、商品自身的信息、企业形象信息、广告效果信息，为制订企业的广告活动的目标和策略提供决策依据的行为。

美国广告学者丹·舒尔兹在其《广告运动策略新论》一书中，将围绕广告运动所作的调查研究分为市场调研与广告调研两种类型。广告的“市场调研”是指围绕广告所推广的产品或服务展开的有关市场、竞争、消费者、经销通路等的情报收集分析与研究；而“广告调研”是指围绕广告信息传播所展开的广告传播调查研究，主要是为了发展广告信息策略、表现策略、媒介策略，以及为评价广告效果而展开的广告受众调查、媒介调查和传播效果的调查等。

市场调查涉及的范围很广，凡是广告所推广的产品或劳务，与广告运动有关的市场因素，都会成为广告市场调查的范围。其中，主要有消费者调查、基本市场调查、产品或劳务调查、竞争状况调查等。通过调查，了解消费者的5W(Who\What\Where\When\Why)：谁、什么、何地、何时、为何。即谁是购买者(使用者)？购买(或使用)什么？何时、何地购买？需求量是多少？为什么购买？购买习惯如何？从而了解整体市场环境与广告运动将要实施的地区的市场状况；产品或劳务在市场上的优劣势(如产品的质量、功能、设计、式样、颜色、包装、价格和品牌等)；销售趋势、市场潜量、整体竞争状况和具体竞争对手的竞争力量等。通过掌握必要的市场情报，为确定广告目标和广告策略提供市场依据。

围绕广告运动所开展的传播调查，主要有受众调查、媒体调查、广告运动效果的测试。将受众调查与消费者调查结合，以确定广告信息策略和广告表现策略，确定广告说什么与怎么说才能与受众实现有效的沟通。媒体调查的主要内容是所展开广告的地区的媒体状况，如媒体分布，覆盖率，各媒体的受众对象、数量与成分结构等，为广告的媒体选择、组合与实施策略提供依据。广告运动效果的测试包括事前、事中、事后的测试。事前测试如广告作品发布前的效果测试，以及广告运动开展前的样本市场广告发布效果的测试，事前及时发现加以纠正，避免广告运动的失误；事中测试主要是对广告运动过程中广告效果的追踪检测，以保障广告运动按照既定的方案运行或及时地进行调整；事后测试则是在广告运动完成后的最后检测与总结，为进一步提高广告运动的水平奠定基础。

正确认识广告调查的含义和类型，能够在广告运动中，有目的、有计划地开展相关的调查研究，分析广告运动中的营销和广告问题，拟订调查方案和计划并加以实施，为广告运动的开展奠定良好的基础。

3.1.2 广告调查的作用

广告调查是广告运动的基础，是广告策划与广告决策的依据，是发展成功广告运动的必要环节。一般说来，广告调查的重要作用，突出体现在以下几方面：

(1)广告调查为开展广告策划，确定广告目标提供依据

任何广告宣传要成功有效，首先必须进行整个广告运动的战略策划，确定正确的广告目标，制订符合实际情况的广告计划。为了使广告战略策划及计划目标建立在可靠的基础上，往往要从广告的市场调查和传播调查着手，比如收集目标消费者的基本情况、消费态度、消费心理、消费行为等方面的情报，以及各类媒介的资料，并根据对所收集信息的分析、判断，才能制订正确的广告策划和广告目标，编制好广告计划，使之能符合实际情况，为广告活动的成功奠定基础。

(2)广告调查为广告创意和设计奠定基础

广告的创意和设计是一种艺术创作活动，艺术效果的成功与否取决于创作素材、表现方式以及它的接受者。高水准的、有效的广告作品往往具有明确的主题，新颖的创意，丰富的材料，高超的艺术手法，要做到这些，就需要对广告素材进行认真的选择，对受众的心理和接受能力进行充分的了解。通过广告调查，可以在广告素材的收集、受众的心理和文化背景分析等方面，为广告创意和设计提供丰富的资料。

(3)广告调查为提高广告传播效果创造条件

广告作为一种传播行为，不仅要求传播面广，而且更要能引起受众的注意，加深受众的印象。任何企业都不可能把大量的资金投入广告活动而不问其效果如何，恰恰相反，诸如广告媒体及广告代理选择是否合理，投入的广告费创造了多少利润，销售量和销售收入增加了多少等问题，是任何企业都必须加以考虑的。对企业来说，在全面开展广告活动之前，预测广告效果，把握广告活动的方向，合理地对广告的费用进行预算是必要的。因此，应当通过广告调查，事先预测广告效果，判断是否能达到预期的目的，检测广告中的产品在目标市场占有的份额和广大消费者所知晓或偏爱的程度，以及是否能起到诱导购买的效果等，及时掌握有关信息，找出原因，采取对策，以便更好地开展广告活动，增强广告传播的效果。

总而言之，广告调查是现代广告的重要标志，是广告活动获得成功与发展的前提。做好广告调查工作，对于实施广告策划，运用广告策略，确定广告目标，制订广告具体实施的计划，都具有极为重要的作用。

3.2　广告调查的原则、程序、方法

3.2.1　广告调查的原则

进行广告调查必须遵循以下基本原则：

(1)真实性原则

广告调查最核心、最本质的东西是真实和实事求是。离开了真实性原则，调查就会出现偏离，与实际情况不符，广告调查也就失去了意义。调研人员自始至终均应保持客观的态度去正视事实，接受调查的结果。应采用科学的方法设计调查方案、采集资料和分析资料，从中提取有效的、有代表性的信息资料。

(2)代表性原则

广告调查的内容是多样的，包含了广告活动所涉及的一切方面；广告调查的对象也是复杂、多变的，因此，进行广告调查，就要充分注意到各种调查对象所具有的代表性。譬如对消费者的调查，涉及不同的群体消费者，他们的心理需求是不同的，甚至是截然相反的。因而，要兼顾不同群体、不同层次的消费者，科学地运用调查方法，得出具有代表性的结论。否则调查结果会因偶然性影响而失去真实性。

(3)多元化原则

广告调查的内容往往是多方面的综合体现，因此，对事物的了解既要准确又要全面。广告调查的思路也要多元化，不能只从一个角度去考虑问题，也不能固守一个模式，而应该拓宽思路、放开思想，从多方面、多角度去进行调查工作，从而得到有价值的结果。例如，美国著名广告人大卫·奥格威在为“海赛威衬衫”做广告策划时，既注意到了男士对衬衫款式和质地的要求，同时又注意到为男士购买衬衫的多为家庭主妇，因此通过对女士心理的调查研究，使得如何吸引男士，同时又吸引女士的伟大创意最终形成，收到了意想不到的极佳效果。

(4)准确性原则

切中要害、极其准确无误的广告调查可能是永远可望而不可即的。但是,我们要通过科学的调查方法,严谨的调查手段,尽可能地使调查结果接近于实际情况,以利于之后的广告策划及广告计划等。毕竟,准确性是衡量广告调查质量高低的一个显著标志,调查结果不仅要有量的保证,而且要有质的保证——调查数据必须准确可靠,否则,调查结果是没有指导意义的。

(5)可操作原则

广告调查所获得的资料,不能是杂乱无章的,必须是通过分析、整理以后能够有效利用的。企业在进行相应的广告策划时,这些资料应是可操作的,而不是模糊不清,使人无所适从的。

(6)效益原则

进行广告调查,不论是从广告主的角度出发,还是从广告公司的角度出发,都应该尽可能地节约费用,即在搞好调查工作的同时,尽可能避免不必要的开支,以最低的费用取得最大的效益。但是,广告调查的准确性与广告调查的费用是矛盾的,这就要求在广告调查的准确性与广告调查费用之间寻求一个平衡点,以便在保证质量的前提下,尽可能地节约广告调查费用。

总之,广告调查应当真求原貌,精求细致,深求程度,新求发现,准求精确,唯有如此,才能“道人所未道”,使广告调查有意义,能为广告运动的开展提供正确的依据。

3.2.2 广告调查的程序

广告调查的程序一般可分为5个步骤,如图3.1所示,即确定调查问题和目标、制订调查计划、收集信息、整理分析资料、提出调查报告。

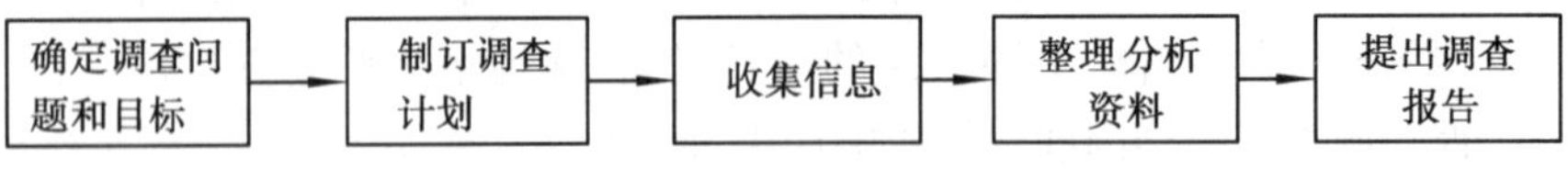

图3.1 广告调查的三个阶段五个步骤

1)确定调查问题和目标

仔细地确定调查问题和目标是广告调查的起点。正如常人所言,良好的开端等于成功的一半。在进行广告调查之前,必须把握住问题和范围,要把具体的调查目标和调查内容确定出来。

从问题来看,是要解决广告策划中的哪些问题,是广告战略问题、广告策略问题,还是广告信息创作或广告决策问题,抑或是广告效果问题。调查的问题必须明确,并要有价值和有一定的范围,切忌笼统不清,以作为搜集材料、组织材料和解释材料的依据。

从内容来看,是进行消费者调查,还是进行产品调查;是进行市场潜力调查,还是进行综合调查,等等。内容应该具体明确。

调查目标的确定是一个由抽象到具体,由一般到特殊的过程。调查者首先应在限定调查的范围,找出企业最需了解或解决的问题的基础上,分析现有的与调查问题有关的资料,如企业销售记录、市场占有率、各种统计资料等,然后明确广告调查需要搜集的资料,如目标市场、市场规模大小、广告创意方向、信息诉求重点等;最后,写出调查问题的说明。例如,某某牌洗衣机在过去6个月中销售额下降15%。这种下降,可能是由于市场上所有洗衣机销售额均下降,或是被另一品牌挤占了部分市场份额。如果是后者,则应调查清楚是哪一个品牌以及原因。

为使广告调查的目标更准确和集中,可事先做一次试验性调查,即由调查组织者与具有访问经验的调查员一起到某一地区,按判断抽样法选定部分调查对象,与他们进行详细的面谈,然后参照面谈记录,进一步修正调查目标。

2)拟订调查计划

广告调查的第二阶段是制订出最为有效的收集所需信息的计划。广告调查计划是广告调查的具体指导方案和行动安排,是围绕广告调查的问题和目标拟订的详细的调查计划。调查计划的主要内容一般有调查目的要求、调查项目、调查对象、调查方式方法、调查时间地点、调查人员分工、经费预算及其他注意事项等。广告调查计划的构成见表3.1。

表3.1　广告调查计划的构成

资料来源	二手资料　一手资料
调查方法	观察、专题讨论、问卷调查、实验
调查手段	问卷、仪器
抽样方案	抽样单位、样本规模、抽样程序
联系方式	电话、邮寄、面访

3)收集信息

收集信息是通过各种方式获取资料,这是成本最高也是最容易出错的阶段,必须由经过严格挑选并培训的调查人员按调查计划规定的进度和方法进行。同时,还要注意在实际调查中进一步修正、补充和完善调查计划。

这里,调查人员的职业素质以及是否经过严格的培训非常重要,它关系到是否按照规定的计划进程进行调查,并直接关系到收集信息的质量和调查结果的准确性。调查人员在进行询问时,适时的强调、提问或有意识的停顿都会使被调查者更好地协助完成调查。

4)整理分析资料

在实施完信息收集以后,就需要对信息进行整理和分析,并从数据中提炼出与调查目标相关的信息。整理和分析资料的过程,也就是对资料进行研究的过程。

整理资料主要包括:编校,即对搜集的资料加以校核,消除其中不符合实际的成分,如不完整的答案,前后矛盾的答案,以及调查员的偏见等。分类,即分门别类,把经过编校的资料进行编辑整理,归入适当的类别,并制成各种统计图表。这些图表应能反映资料的各种计算统计数据,以供资料分析时使用。编制统计图表的工作一般是将数据录入计算机,然后由计算机完成。

分析资料是指通过一定方法和手段,借助于一定的数学模型,采用统计技术,如一元回归分析、多元回归分析、因素分析、判断分析等方法,对资料进行多变数分析,探求影响市场营销的各种因素和变化趋势,得出相应的广告调查结论,作为企业营销和广告活动的依据。

5)提出调查报告

调查报告是将有关广告运动关键问题的主要调查结果报告出来,是广告调查研究情况的书面材料。它的基本内容包括摘要、调查目的、调查范围和方法、调查事实、调查资料的分析、调查结论和建议,以及附录的表格数据、参考资料、分析方法说明等。撰写调查报告力求客观真实、明确具体、重点突出,并遵循调查报告写作的基本格式。它是广告调查工作的最终成果,也是企业制订广告决策的依据。

按照以上的广告调查程序进行调查,其结果可能会受到抽样误差的影响,需要进一步研究。但是,考虑周全的广告调查能够帮助企业作出比“拍脑袋”更客观、更科学的广告决策。

以下速溶咖啡的实例说明在调查过程中,要能够明确调查问题,并能够提出解决问题的建设性方法。

速溶咖啡首次进入美国市场时,家庭主妇们抱怨味道不像是真正的咖啡,但在蒙住眼睛的试饮中,许多家庭主妇并不能分辨出速溶咖啡和真正的咖啡,这说明她们有心理上的抵触。调查人员又设计出两张几乎相同的购物单,唯一区别在于普通咖啡和速溶咖啡。有普通咖啡的购物单交给一组家庭主妇,有速溶咖啡的购物单交给另一组有可比性的家庭主妇。调查员希望从两组家庭推测看到购物单的主人的社会特征和个性特征。她们的解释几乎相同,一个显著的差别是看到有速溶咖啡购物单的家庭中,有相当高的比例说明购物单主人必然是一个“懒惰、浪费、蹩脚的妻子,安排不好家庭计划”的家庭主妇,这些妇女显然把自己对购买速溶咖啡的忧虑和不良印象通过虚构的妇女形象反映出来了。速溶咖啡公司现在通过调查了解到家庭主妇抵触的原因,为此,通过开展相应的广告宣传来改变家庭主妇对使用速溶咖啡的不良印象。

3.2.3　广告调查的常用方法

(1)广告调查方式

按选择样本的方式,广告调查可分为全面调查、抽样调查、专家调查、选点调查等。

1)全面调查

全面调查也称普查,是针对一定内容对所有调查对象全面地、毫无遗漏地进行调查。全面调查主要用于那些不能或不宜通过经常调查来收集全面精确的统计资料的情形。普查有两种方式:一种是组织专门的普查机构和人员,对调查对象进行直接调查;另一种是利用机关、团体、企业内部的统计报表,对其进行汇总。普查方式的优点在于收集的资料全面、准确;其缺点是所需人力多,费用大,时间长,牵涉面广,故只宜用于专用性较强、使用范围较窄的广告产品的调查。

2)抽样调查

抽样调查是一种非全面调查,它是根据概率分布的原则,在调查总体中抽选一定数量的对象作为样本进行调查,以此推断总体情况。抽样调查既节省费用,又能较快地取得调查结果,而且具有一定的代表性和准确率,因此是运用最为普遍的广告调查形式。

抽样调查分为随机抽样调查和非随机抽样调查两种类型。

随时抽样又称为概率抽样,是在广泛的调查对象中不作任何有目的的选择,纯粹用偶然的方法抽取调查样本。由于调查总体中每一单位被抽取为样本的机会均等,因而可以大致代表总体情况。它主要包括如下几种方法:

①简单随机抽样。简单随机抽样即纯随机抽样,是调查人员完全排除有目的的选样,按照随机原则从总体中抽取样本。若调查总体规模小,总体内部各对象差异不大,用此抽样法抽取的样本可以较好地代表总体。在广告调查中常用抽签法或随机数表法抽取样本,随着计算机的普及,也可用随机函数进行抽样。

②分层随机抽样。分层随机抽样是将调查总体中所有对象按其属性特征分为若干层次,然后在各层次中再用简单随机抽样法抽取样本。这种方法适用于调查总体庞大复杂,内部各个调查对象之间差异大的情况,此时运用这种方法既可以增加样本的代表性,又可以提高调查结果的准确性。例如,调查消费者收入时,可以先将调查对象划分为政府机关及事业单位、国有企业工作人员,外资企业职工,私营企业职工,待岗人员等不同层次,然后再抽取样本。

③分群随机抽样。简单来说,就是将调查总体划分为若干群体,这些群体之间没有层次的差别和高低之分,然后在各群体中按照一定的比例进行样本抽取。例如在调查消费者收入时,可以先按他们的居住地点分为若干个群体,然后再对每一个群体抽取样本。

非随机抽样调查是不按随机原则,而是按调查者的主观判断抽取样本。它主要包括以下几种方法:

①任意抽样(又称方便抽样法)。它是根据调查者的方便情况,任意抽取调查对象和确定调查单位的大小。此种方法简便易行,但抽样偏差较大,一般只用于非正式的探测性和试验性调查。

②判断抽样。它是指按照调查者的主观判断选定调查单位。重点调查和典型调查都属于这种方法。重点调查是在调查对象中只选择一部分重点单位进行调查,例如调查时装的需求量,可以重点调查18~40周岁的城镇女性。典型调查是在研究对象中有意识

地选取具有典型意义的单位进行“解剖麻雀”式的调查，或选取若干个具有代表性的单位进行调查，以典型单位组成的总体指标推断整个调查对象的总体指标。在企业的商品结构发生变化时，往往采用典型调查。

③配额抽样。它是先将调查对象分为若干层次，并根据各层次占总体的比例分配抽样数额，然后由调查人员在规定数额范围内主观判断选定调查单位。

3）专家调查

专家调查是以具有一定专业知识的人员为调查对象的有代表性的调查。它通常采用专家会议、专家访问或专家信函的形式，听取专家意见。这里的专家包括企业经营管理人员、广告工作人员、经济广告类教学研究人员、市场工作人员等等。专家调查的优点是方便省时、有代表性，其缺点是结果不够全面。因而在调查中经常和抽样调查同时使用，相互补充。

4）选点调查

选点调查是根据调查目的和内容选择一定的调查对象作为联络点定期联系的调查方式。这种调查可以选定有关企事业单位、商店、用户等，定期进行联系，收集资料；也可以选取某些居民点作为联络点，定期登门调查。这种调查方式方便稳定，但准确率不高。

（2）广告调查方法

广告调查方法主要有访问调查法、观察调查法和实验调查法三大类。

1）访问调查法

访问调查法就是调查者向被调查者提出询问，以获得所需资料的一种调查方法。按其具体访问方式，可细分为面谈调查法、电话调查法、邮寄调查法、置卷调查法和日记调查法等方法。

①面谈调查法。它是通过与被调查者面对面的交谈，获得所需资料的调查方法。面谈调查可以采用个人面谈或小组面谈（座谈讨论）的形式。调查人员在面谈之前应明确所要调查问题的核心和重点，并事先拟订和熟悉调查提纲。询问时可按提纲顺序提问，也可根据调查内容自由交谈，并及时作好调查记录。面谈调查法的优点是调查内容真实可靠，讨论问题深入；其缺点是费人力、财力和时间。

②电话调查法。它是以电话为工具向被调查者提出询问以收集资料的调查方法。运用这种方法，多是按照电话号码簿随机抽样确定调查对象。电话调查所提的问题，要特别简单和易于回答，避免被调查者产生厌烦情绪，从而拒绝回答或敷衍答复。

电话调查与面谈调查相差不多，其优点是比较经济，比面谈花费少；进行较快、简单，在办公室即可实施；可以迅速获得答案；利用电话簿，容易编列被调查者名单。其缺点是不易获得有代表性的调查对象；交谈迅速终了，不能获得完整的资料。

表 3.2 列出了一份视听率电话调查记录表，可作为运用电话调查法的参考。

表 3.2 视听率电话调查记录表

□□□□节目电话调查问卷　　电话号码：	
被调查者姓名：	地址：
(1)请问您现在是否在看电视？	(2)请问您在看哪一台？
是　　否	中央台　　重庆台　　其他
(3)请问有否看过□□这个节目？	(4)请问您是不是常看这个节目？
有　　没有	是　　否
(5)您认为哪个节目好？	(6)请问现在几个人在看电视？
都市观察　　言谈　　对	1人　　2人　　3人　　4人
性别：男　　女	年龄：20~30　31~40　41~50

③邮寄调查法。它是向被调查者邮寄问卷和表格，要求其填妥寄回，以获得所需资料的调查方法。这种方法的优点在于调查区域广，资料真实可靠；缺点是调查时间长，问卷回收率低。

④置卷调查法。它是给被调查者留置问卷和表格，待其填好后定期回收，以获得资料的方法。它是面谈调查法和邮寄调查法的结合和补充，其优点介于两者之间，但也可取长补短。

⑤日记调查法。它是要求被调查者以记日记的方式记录调查内容并定期回收，以获得资料的调查方法。在广告调查中运用此法，一般是用随机抽样的方式选定调查对象，请他们在调查期间如实作好购买、消费、广告等方面情况的记录。调查人员按时访问这些家庭，调查结束后回收日记记录，并付给调查对象一定报酬或赠送纪念品。这种方法获得资料的范围广，资料可靠性高，但缺乏灵活性，调查周期长、速度慢，且难以找到理想的合作者。

表3.3是用于日记调查的个人视听率调查问卷格式，供参考。

表 3.3 日记调查的个人视听率调查问卷格式

时间	电视台	节目	4~12岁	13~19岁		20~34岁		35岁以上		全体
				男	女	男	女	男	女	
:	中央台									
:	浙江台									
:	杭州台									

2)观察调查法

观察调查法是通过现场观察具体事物和现象，收集所需资料的一种调查方法，可分为直接观察和测量观察两种形式。

①直接观察法。它是调查人员直接到现场进行观察的调查方法,如调查人员直接到商店、街道、家庭观察商品、消费、广告等方面的情况。这种调查方法的优点是获得的资料客观真实,缺点是难以把握某种现象的本质,有时需作长时间的观察才能求得结果,并受时间和空间等条件的限制。

②测量观察法。它是运用电子仪器等工具进行观察记录和测量,以获得所需资料的调查方法。这种调查方法通常用电子机械仪器,如照相机、录音机、摄像机等现代化的观察仪器记录所需资料。例如美国调查公司(American Research Bureau,ARB)采用的"ARBITRON",尼尔逊公司(Nielsen A.C.Co.)采用的"Audimeter",日本电通广告公司采用的"电通视听测验器"等,他们将这些仪器装在家庭电视机上,可以将其收看的节目自动记录下来,以获得有关视听率的资料。这种调查的优点在于资料真实可靠,缺点在于所需费用高,时间长。

3)实验调查法

实验调查法是通过现场实验,检验调查内容的效果,以获得所需资料的调查方法。这种方法常用于产品促销、广告效果的检验。如对广告效果的实验,可选择两个条件相近的A地和B地,同时销售同一商品,A地做广告,B地不做广告,实验一段时间,再根据这一商品在两地的实际销售情况,检验广告效果。实验调查法获得的资料真实可靠,但精确度不高,且费时费钱,一般只用于特殊调查项目和内容。

在广告调查中,上述诸种方法,应当紧密结合,相互补充,灵活运用。

以上介绍的广告调查程序和广告调查方法,仅仅局限于收集广告原始资料的实地调查。除此而外,通过文献检索收集广告资料也是广告调查的重要途径之一。

3.3 广告调查的分析与调查报告的撰写

3.3.1 调查分析中的定量与定性分析

在实施广告调查以后,就需要对所收集的信息进行整理和分析。整理和分析信息的过程,也就是对所调研的信息进行研究的过程。

整理信息主要包括:编校,即对搜集的信息加以校核,消除其中不符合实际的成分,如不完整的答案,前后矛盾的答案,以及调查员的偏见等;分类,即把经过编校的信息归入适当的类别,并制成各种统计图和统计表,以供信息分析时使用。编制统计图表的工作可由计算机完成。

定量分析与定性分析,是调查研究中通常使用的两种基本的分析方法。

(1)定量分析

定量分析(Quantitative research)是对一定数量、有代表性的样本,进行封闭式的问卷访问后,对调查的数据进行录入、整理、分析,并撰写报告的方法。定量分析以数学和统计的方法为主,通过大量抽样和样本结果的数理统计,对问题作出客观的判断,故又称为数理统计法或客观判断法。

(2)定性分析

定性分析(Qualitative research)通常是以小样本为基础的无结构式的、探索性的一种调查研究方法,目的是对问题进行定位或对某一调查对象提供比较深层的理解和认识。在寻求处理某一问题的途径时,定性分析常常使用假设的方法或确定研究中应该包括的变量,有些时候,调研项目仅仅包含定性研究和二手资料收集分析两个部分。

无论是定性分析还是定量分析,都不是十全十美的调查分析方法。定量分析往往用来描述事物的现状,而定性分析则用来描述事物的价值。因此,他们有各自的适用范围。有时要将这两种调查分析方式结合使用,以收到更准确、全面、细致的调查结果。定性调查分析在广告文案、创意脚本测试、新产品测试以及问题产品症结讨论等方面运用比较普遍。定量调查分析是对目标市场及消费者的实际发生行为的结果,进行比较准确的抽样和样本数据分析。一般在开展新的调查时,往往以适当的定性研究开始,进行试探性的调查。定性研究的结果虽然不能当作结论,但它可以对问题的细节进行更深和更广的描述,这是定量调查无法做到的。另外,定性研究还常常用于解释定量分析得出的结果。通过表3.4中两种分析方法的比较,我们能够更加深刻地认识定量分析方法与定性分析方法。

表3.4　定性与定量分析比较

比较项目	定性调查分析	定量调查分析
问题的类型	探索性	有限的探索性、描述性
样本规模	较小	较大
执行人员	需要特殊的技巧	不需要太多的技巧
分析类型	主观的、解释的	统计的
硬件条件	录音录像设备、访谈提纲	调查问卷、计算机
重复操作能力	较低	较高
对调查者培训内容	心理学、社会学、社会心理学、消费者行为学、营销学、市场调查	统计学、计算机程序、营销学、市场调查
研究的类型	试探性的	说明性的、描述性的

下面从可口可乐的一则实例来探讨定量分析与定性分析在实际市场决策时发生的问题。

1985 年,可口可乐新配方上市前,通过长达两年半的大范围大规模的品尝测试,证实在新配方与老配方的比较中,60%的被调查者都偏爱新配方;在与百事可乐的比较中,52%的被调查者偏爱新可口可乐。于是,可口可乐的最高当局下决心,一改百年的可口可乐配方不变的规矩,满怀信心地生产新配方可口可乐,并在可口可乐百年大庆之时隆重推出。

初始人们对可口可乐在百年之际的创新举动感到新鲜,各种好评如潮,销售直线上升。但百年庆典的余兴未完,新口感的可口可乐销量骤降,消费者开始抱怨新的口感,甚至上街游行,抗议可口可乐改变配方的行为,这是可口可乐的最高决策者始料未及的,结果可口可乐不得不又恢复原配方。

新口感可口可乐在美国为什么会受到如此大的阻力?其实,是因为可口可乐在美国人心中不只是饮料那么简单,它已经成为人们心目中美国文化的标志之一。从可口可乐新配方的这则实例我们看到,科学的决策需要定量与定性相结合,否则,决策就会失误。因此,在实际调查分析中,需要运用定性分析辅助于定量分析的方法,用以弥补定量分析的不足。在有关消费者和经销商的定性调查中,对于那些既熟悉顾客又熟悉产品的经销商,应该尽可能地增加访谈内容,这样做常常能得到更加实际和具体的信息,这些信息常常与消费者的态度及购买方式有直接联系,能使产品生产者更好地理解有关市场的一些细微变化。

3.3.2 调查报告的撰写

调查报告的撰写是整个调查活动的最后一个阶段。一项市场调查活动的成功与否,调查报告的内容和质量很关键。好的市场调查往往被拙劣的调查报告所抹杀,甚至影响调查结果在决策中的使用。一份优秀的调查报告,必须具备下列 3 个基本条件:

(1)简洁明了

调查报告语言应简洁、有说服力,词汇尽量非专业化。原因是阅读报告的人可能并不完全懂得调查人员已熟悉的技术资料,也不一定有耐心阅读烦琐、生涩的报告。

(2)结构严谨

调查报告必须以严谨的结构、简洁的体裁将调查过程中各个阶段搜集的全部有关资料组织在一起,不能遗漏掉重要的资料,但也不能将一些无关的资料统统地写进报告之中。调查报告应该对调查活动所要解决的问题提出明确的结论或建议。

(3)内容科学

调查报告应该能让读者了解调查过程的全貌,即报告要回答或说明为何进行研究,用什么方法进行研究,得到什么结果。

3.3.3　调查报告的结构

在开始撰写调查报告之前,研究人员对报告的结构和体例要有一个清楚的概念。调查报告尽管因调查的目的、研究人员的风格不同而有所区别,但是其基本结构应该是相同的。

规范的市场调查报告,一般应该包含下列 5 个部分:

(1)扉页、目录或索引

扉页用于介绍市场调查研究课题的基本情况。扉页一般只有一张纸,其内容包括:调查报告的题目或标题,有时可再加一个副标题,文字可长可短,但应将调查内容简洁概括出来;执行该项研究的机构名称;调查项目负责人的姓名及所属机构,并注明报告完稿日期。

目录或索引应当完整地列出报告中各项内容,但不必过分详细,一般只列出各部分的标题名称及页码(参见表 3.5)。

表 3.5　目录例示

一、扉页、目录或索引
1.扉页
2.目录或索引
二、摘要(调研背景、调研情况概述、主要的结论、建议)
三、调查概述
1.调研背景及目的
2.调研内容、方案
四、调研过程陈述
例如:
1.××的知名度调查研究分析
2.××的市场规模调查研究分析
3.××的市场销量调查研究分析
4.消费者关于××概念调查研究分析
5.××与××的广告效果比较调查研究分析
6.消费者的特征调查研究分析
7.消费者的消费心理调查研究分析
8.调查结论及建议
五、附录:访谈提纲、调查问卷、数据分析结果、图表、二手资料

(2)摘要

摘要中首先应简洁、概括地说明调查活动所获得的主要成果。阅读调查报告的人往往对调查过程的复杂细节没有什么兴趣,他们只想知道调查所得到的主要结果、主要结论,以便他们根据调查结果行事。调查结果的摘要要简短,一般不要超过报告内容的1/5。其次,摘要还应包括有关各项非常简要的资料:如本产品与竞争对手的当前市场竞争状况;产品在消费者心目中的优缺点;竞争对手的销售策略和广告策略;本产品广告策略的成败及其原因;影响产品销售的因素;根据调查结果应采取的行动或措施;等等。在阐述上述结论性的资料时,必要的话还应加上简短的解释。

(3)调查概述

调查报告的概述通常包括调查研究背景及目的和调研内容及方案两个部分。在研究背景部分,要说明调查的由来或受委托进行该项调查的原因。说明时,可能要以有关的背景资料为依据,分析企业经营、产品销售、广告活动等方面存在的问题。一般而言,背景资料包括如下几个方面:

①产品在一段时期内销售变化的情况;

②与竞争对手的市场占有情况相比较的资料;

③已有的广告、促销策略实施状况;

④价格、包装策略的运用状况;

⑤消费者对产品、企业广告的反应资料;

⑥产品的销售渠道和分销方法。

背景资料介绍不仅可作为研究目的的铺垫,还可作为研究结论和建议的佐证,通过它与研究结果相结合来说明问题。所以,背景资料的介绍不一定要面面俱到,但必须与调查主题有关。在调查概述中,调查研究目的通常是针对背景分析中存在的问题提出的,它一般是为了获得某些方面的资料或检验某些假设。但不论调查研究目的是什么,研究者都必须对预期获得的结果列出一张清单,如:

①××品牌目前的市场占有率;

②××品牌的市场目标对象及其特点;

③购买或不购买××品牌的原因是什么;

④哪一种包装(或价格)更有利于产品销售;

⑤××产品的消费者行为特点。

(4)调查过程陈述

调查过程陈述是对调查方法、调查过程、调查结果以及所得结论和建议作详细的叙述或阐述,是调查报告的正文。它必须包括研究的全部事实,从研究方法确定直到结论的形成及其论证等一系列内容都应该包括进去,但是无关紧要的或不可靠的资料一定要删除掉,不能拖泥带水。

报告正文的具体构成虽然可能因研究项目不同而异,但基本上都包含研究方法、调查结果、结论和建议3个部分。

1)研究方法

在这一部分中,需要加以叙述的内容包括:调查地区,说明调查活动在什么地区或区域进行,选择这些地区的理由。调查对象,说明从什么样的对象中抽取样本进行研究,通常是指产品的销售推广对象,或潜在的目标市场;样本容量,抽取多少消费者作为样本,或选取多少实验单位,确定样本容量时考虑到什么问题、因素。样本的结构,根据什么样的抽样方法抽取样本,抽取后样本的结构如何,是否具有代表性;资料采集方法,是实地访问,还是电话访问,是观察法,还是实验法等。如果是实验法,还必须对实验设计作出说明:实施过程及问题处理,研究如何实施,遇到什么问题,如何处理。访问员介绍,访问员的能力、素质、经验对调查结果会产生影响,所以对访问员的资格、条件以及训练情况也必须简略地介绍。资料处理方法及工具,指出用什么工具、用什么方法对资料进行简化和统计处理。访问完成情况,说明访问完成率及部分未完成或访问无效的原因。

调查方法的介绍有助于使读者确信调查结果的可靠性,但在描述时要尽量简洁,把方法及采用原因说清楚即可。

2)调查结果

调查结果部分是将调查所得资料报告出来。资料的描述形式通常是表格或图形。在一份调查报告中,常常要用到若干统计表和统计图来呈现资料。仅用图表资料呈现出来还不够,调查人员还必须对图表中数据资料所隐含的趋势、关系或规律加以客观的描述。

在调查结果部分,一般要按有关的研究内容把资料分小部分或分段依次呈现出来,使读者容易把握整个调查结果所包含的内容。调查结果有时可与结论合并成一个部分,这要视调查主题的大小而定。一般而言,如果调查主题小,结果简单,即可直接与结论合并成一部分;如果主题大,内容多,则以分开写为宜。

总之,调查结果部分所包含的内容应反映出调查的目的。如果是为制订广告计划而作的市场调查,应包括如下各项的详细情况:产品的市场销量和市场占有率;消费者对广告的反应;消费者对产品的反应;消费者的媒体接触特点;产品的目标市场结构及其特点;竞争对手的广告策略、特点;价格、包装和广告等因素对销售的影响;等等。

3)结论和建议

在这一部分,调查人员要说明调查结果有什么实际意义。结论的提出可用简洁而明晰的语言对研究前所提出的问题作明确的答复,同时简要地引用有关背景资料和调查结果加以解释、论证。建议则是针对调查获得的结论提出可以采取哪些措施、方案或具体行动步骤,包括媒体策略应如何改变,广告主题应是什么,与竞争者抗衡的办法,广告诉求应以什么为主,应采用何种价格、包装或促销策略更佳,等等。大多数的建议应当是积极的,说明应采取哪些具体的措施以获得成功,或者要处理哪些已经存在的问题,如“应加大广告投放量”“改变理性诉求为感性诉求”等。有时也可以用否定的建议,如“应立即停止某一广告的刊播”。不过,由于否定的建议是消极的,只告诉人不做什么,所以最好尽量避免使用。

(5)附录

附录用来呈现与正文相关的资料,以备读者参考。附录的目的基本上是尽可能多地列入有关资料,这些资料可用来论证、说明或进一步阐述已经包括在正文之内的资料。每个附录都应编号。收入附录中的资料种类常常包括:调查问卷,抽样有关细节的补充说明,原始资料的来源,调查获得的原始数据图表(正文中的图表只是汇总)。

3.3.4 撰写调查报告的注意事项

调查报告是调查活动的成果的体现,调查的成败以及调查结果的实际意义都表现在调查报告上,因此,撰写调查报告时,要特别认真细致。以下是撰写报告时几个值得引起重视的问题:

①要考虑读者的观点、阅历,尽量使报告适合于读者阅读;

②尽可能使报告简明扼要,不要拖泥带水;

③用自然体例写作,使用普通词汇,尽量避免行话、专用术语;

④务必使报告所包括的全部项目都与报告的宗旨有关,剔除一切无关资料;

⑤仔细核对全部数据和统计资料,务必使资料准确无误;

⑥充分利用统计图、统计表来说明和显示资料;

⑦按照每一个项目的重要性来决定其篇幅的长短和强调的程度;

⑧务必使报告打印工整匀称,易于阅读。

小 结

广告调查是指和广告活动有关的部门或单位为了制订广告目标和策略或评价广告效果,而进行的收集相关信息的行为。从广义上讲,广告调查是指广告活动中所有收集、运用各种情报的行为;从狭义上讲,广告调查是指采用科学的方法,按照一定的程序和步骤,有目的、有系统地收集分析有关消费者或用户的信息、商品自身的信息、企业形象信息、广告效果信息,为制订企业的广告活动的目标和策略提供决策依据的行为。

对围绕广告活动所做的调查研究分为市场调研与广告调研两种类型。

广告调查的作用体现在为开展广告策划、确定广告目标提供依据;为广告创意和设计奠定基础;为提高广告传播效果创造条件。

广告调查遵循的原则有真实性原则、代表性原则、多元化原则、准确性原则、可操作原则和效益原则。

广告调查的程序一般可分为5个步骤,即确定调查问题和目标、制订调查计划、收集信息、整理分析资料、提出调查报告。

广告调查方式按选择样本的不同，可分为全面调查、抽样调查、专家调查、选点调查等。其中，抽样调查又分为随机抽样调查和非随机抽样调查两种类型。

广告调查方法主要有访问调查法、观察调查法和实验调查法三大类。

调查分析包括定量分析与定性分析。定量分析是对一定数量、有代表性的样本，进行封闭式的问卷访问后对调查的数据进行录入、整理、分析，并撰写报告的方法；定性分析通常是以小样本为基础的无结构式的、探索性的一种调查研究方法，目的是对问题进行定位或对某一调查对象提供比较深层的理解和认识。定量分析往往用来描述事物的现状，而定性分析则用来描述事物的价值。

调查报告的撰写是整个调查活动的最后一个阶段，其结构一般包括扉页、目录或索引、摘要、调查概述、调查过程陈述（包括结论及建议）、附录几个部分。一份优秀的调查报告，必须具备下列3个基本条件：简洁明了、结构严谨、内容科学。

思考题

1.广告调查的含义及主要作用有哪些？

2.简述广告调查的程序和内容。

3.简述广告调查的常用方法。

4.简述广告调查中定量分析与定性分析的优缺点。

5.完整的市场调查报告包括哪些内容？

6.围绕某项具体的产品或服务，按照市场调查的程序，分组进行市场调查，并撰写调查分析报告。

[案例讨论]

到美国旅游

在美国广告大师大卫·奥格威的广告生涯中，面临对手最多的一次竞争是承揽美国旅行社的广告业务。为了争取到这笔大生意，有137家广告公司进行了角逐。奥格威的奥美广告公司凭借自己的实力和经验，一路过关斩将，最终被美国商务部聘用，负责在英、法、德三国制作“请君莅临美国观光”的广告。他深知此举责任的重大，认为这一广告必须建立在周密的调查研究的基础上。

经过调查，他发现，当时欧洲的生活水平与美国有很大的差距：美国有半数以上的家庭年收入超过5 000美元，英国只有3%的家庭达到这一水平。过去来美国旅游的欧洲人主要是商人和少数高薪阶层，一般平民百姓则不敢问津，他们认为花费太大，这是欧洲人来美国旅游的主要障碍。因此，奥格威决定在广告中直接说明到美国旅游的花费究竟有多大，而不是只提出“比你预想要花的钱少得多”之类的空话。

为了找到一个确切的费用标准，他专门派人到美国各地进行实地考察，了解住宿、饮食、交通等各项费用到底需要多少钱。为了了解纽约旅馆一间客房的最低合理价格，他特地委托了一名撰稿员到旅馆核查床位情况，直到他亲眼看到花上 6 美元住一晚完全可以说得过去为止。经过反复核查计算，奥格威才把最后的费用写进了广告之中——去美国旅游，一周只需要 35 英镑。

当奥格威制作的这一广告登在欧洲报纸上的时候，马上引起了轰动，无数个电话打向美国旅行社设在伦敦、巴黎、法兰克福的办事处，渴望去美国旅游的欧洲人纷纷询问各种具体问题，结果各办事处不得不加班加点工作到深夜。欧洲的各家大报也根据广告提供的信息，派出记者到美国采访，发回大量的专稿特写，介绍美国的旅游业情况。德国最重要的金融报纸《商报》就此报道说：“这是一次介绍真实情况的宣传活动”。在广告刊出 8 个月后，法国去美国旅游的人数增长了 27%，英国为 24%，德国为 18%，这就是市场调查产生的促销效果。

问题讨论：

1.到美国旅游对于当时的欧洲人来说，主要的障碍是什么？

2.能够带动欧洲人去美国旅游的原因，难道就是 6 美元能住一晚上吗？你认为《到美国旅游》广告的核心是什么？

3.针对美国人到中国内地旅游，如果你来做广告，到美国去发布，你将考虑哪些问题？

第4章
广告策划与费用预算

【学习目标】

1.知道广告策划是什么和为什么要学习它；
2.理解广告策划有哪些主要内容和遵循哪些基本原则；
3.全面掌握广告策划的基本程序；
4.广告策划为什么要首先考虑广告目标的建立；
5.明确广告主题策划的含义及广告主题的构成；
6.了解广告费用预算的含义、作用、分类；
7.了解广告费用预算的主要方法。

【教学要点】

1.广告策划的概念及特征；
2.广告的作用；
3.广告的基本功能；
4.广告的种类和特点；
5.广告的趋势。

策划有计谋、谋划、计划、打算等多种含义。按美国哈佛管理丛书的解释:"策划是一种程序,在本质上是一种运用脑力的理性行为。通过找出事物的因果关系,对未来的目标,衡量可采取的途径,作为当前决策的依据。是关于预先做什么、何时做、如何做、谁来做的决策过程。"

在现代广告活动中,应该事先进行广告策划。没有经过策划的广告,往往都是盲目的广告,其实际效果是不确定的。因此,广告策划作为一个现代广告的核心概念,必须对它有一个全面深刻的认识。

4.1 广告策划

"策划"这个概念在人类社会的方方面面早已开始运用,策划是使人从一种不自觉的状况到自觉的行为,反映人们对某一活动的预见性控制。策划在广告活动中的运用,是为了更好地使广告活动的开展达到人们预期的广告目的。那么,广告策划的含义是什么?有哪些基本特征?要把握哪些原则?有哪些基本内容?本节将围绕这几个主要问题展开。

4.1.1 广告策划的含义和内容

广告策划是商品经济发展到一定时期,随着营销环境和传播环境的复杂化,仅凭广告创意已经不能解决其根本问题而产生的。20 世纪 60 年代,英国伦敦波利特广告公司创始人斯坦利·波利特已经意识到这个问题,并率先提出广告策划这一新思想,并逐步得到英国广告界及广告主的重视。广告策划使现代广告走向规范化、科学化。

广告策划,就是对于广告运动的整体战略与策略的运筹规划,即是对广告运动具有指导意义的战略方向的确定,以及实现这一战略所采取的手段和方法的统筹规划。广告策划不是一项具体的广告业务,而是广告决策的形成过程,是对于提出广告决策、实施广告决策、检验广告决策的全过程作预先的考虑与设想。

广告策划是在广告活动开始的最初阶段就进行的,并贯穿于广告活动的始终。它要完成的任务是确定广告对象、广告目标、广告策略等;要解决广告活动的开展"对谁而说""说什么""如何说""说的效果如何"等系列重大问题,这些问题关系到广告的成败。

广告策划可以分成两种:一种是单独性的,即是为一个或几个单一性的广告活动进行策划,也称为单项广告活动策划;另一种是系统性的,即是为企业在某一时期的总体广告活动进行的策划,也称为总体广告活动策划。

不论是单项的广告策划还是总体的广告策划,一般来讲主要都包括 5 个方面的内容:

(1)市场调查的安排

市场调查是进行广告策划的基础。首先,明确调查的问题,然后制订调查的方案,并围绕调查方案进行实施。通过调查,了解市场的实际情况,为广告的策划提供依据。市场调查的安排,能够体现专业广告公司的策划能力和对广告主提供全面服务的能力。

(2)广告定位

针对广告中的商品或服务,围绕市场的需要,在分析市场同类竞争产品或服务后,为突出广告中的商品或服务的个性特色,而进行的策划。通过广告定位,确定广告中的商品或劳务在消费者心中有利的位置。广告定位包括实体定位、观念定位等。

(3)创意

在广告定位确定的基础上,如何根据广告定位进行广告主题的确定,并围绕广告主题进行有独创性的创意诉求和表现,这种创意诉求和表现,能够准确地传递商品或服务的信息,有效地诱导消费者的购买动机、购买欲望以及行为。把握主题进行广告创意是广告策划的中心环节,应当努力做到定位准确、创意新颖。

(4)广告媒介安排

由于广告活动中,通过媒介进行广告发布的费用一般占到整个广告费用的85%左右,媒介的选择和发布时机的安排,直接影响着广告主的投入和广告能否有效地传达到预定的广告受众。在传媒高度发达的今天,更需要采取多种媒介组合策略来实现向受众传递广告信息的目标。

(5)广告效果测评安排

广告效果的测评,是广告策划的一个重要的环节,它是对按照广告策划进行的广告活动的监测控制,通过广告效果的事前、事中、事后测评,把握广告活动按照预定的计划步骤,围绕广告目标开展。同时,为不断提高广告活动的效果奠定基础。

广告策划的要点,在于通过策划工作,能使广告"准确、独特、及时、有效、经济"地传播,以刺激需求、诱导消费,促进销售,开拓市场。

4.1.2　广告策划的特征和原则

(1)广告策划的特征

广告策划是一种优先的、提前的、指导的策略性规划。由于"策划"和"计划"是两个非常容易混淆的概念,在这里,我们通过策划与计划的对比,对广告策划的特征进行一个比较全面的认识。

①计划是对活动相对静态的安排,而策划则是一个动态的过程,策划强调伴随活动的开展,对解决问题的方案不断地进行修正和调整。

②策划是对某一活动从始至终的策略性规划,计划就是根据已制订的策略性规划进行整个活动进程的安排。

③从流程上看,策划在先,计划在后;先有整体的运动规划,才会在此基础上产生具体的步骤安排。

④计划处理的是程序和细节问题,策划虽然也要做程序安排,但其重点是把握全局,把握方向和制订策略,在防止方向性错误的前提下,协调部署各个部分的工作进程。

⑤计划是规定性的,策划是创造性的,它是为实现目标而进行的创造性思考和创造性实践。

通过对策划的介绍,我们要认识到,策划不是随兴而发的"想点子""拍脑袋",它具有整体性、动态性、策略性和创造性的特点,广告策划同样要表现出以上特征。

(2)广告策划的原则

广告策划是围绕一定的广告目标所进行的、对广告战略和对各种广告传播手段,以及各个具体步骤的统筹安排,以达到有效控制广告活动的方向和进程的工作,因此,广告策划必须遵循广告活动的客观规律和基本原则。

1)系统性原则

广告策划是对整个广告活动的统筹规划,因此,是把广告活动作为一个有机整体来考察,从总体与部分之间相互依赖、相互制约的关系中,揭示广告活动的特征和活动规律。系统性原则在实际操作中表现在以下几个方面:

①广告运作的总体战略思想要贯穿在整个策划流程中,不论是广告调查还是广告创意与表现、广告的监测评估,总体的战略思想指导每一个运行步骤,从而保持广告活动的整体性。

②广告内容与表现形式,应相互和谐统一,内容通过恰当的形式予以表现,表现形式要服从表现内容。在广告活动中,围绕广告的策略,会产生多种多样的广告表现形式,可以采用在常规媒体上刊播广告,也可以采用根据展会或围绕某一事件进行广告,如蒙牛牛奶借赞助我国神舟五号载人飞船圆满成功的时机,以此开展非常规的广告方式。

③广告策划要与周围环境相适应,广告既要适应当地当时的环境要求,又要善于利用周围环境中对自己有利的那些因素进行广告策划。

④广告策划要顾及企业营销策略的需要,确保广告的运行与营销的战略与策略相一致,发挥广告在营销活动中的作用。

2)有效性原则

广告策划的目的是通过对广告活动的控制,以保障广告效果的实现。而广告效果是广告信息的传播,达到与目标受众的"思想共同的过程"。广告效果有直接的效果和间接的效果,直接的效果体现在广告中的产品或品牌被消费者接受,并采取购买的行动;间接的效果是产品或品牌被消费者接受,在消费者心中沉淀下来,影响其以后的购买行为或周围相关人员的需求。

3)针对性原则

广告策划的针对性，表现在广告策划要针对广告传播的产品、对象、时间、地点和运用的媒体等方面。不同的产品有不同的市场环境，其营销要求是不同的，因此，广告活动的特点也会不同。广告对象上，若一种只针对年轻女性的化妆品，却在广告中表现出老年女性也非常适用，就会导致产品的性质模糊，使目标消费者无所适从；而时间性在于销售的淡旺季、销售周期，以及销售特点不同，广告活动也必须与之相适应；地点不同，人们的消费习俗、消费心理、消费文化存在着很大的差异，广告运动要与当地的民俗、民风、民情相适应；广告选择的传播媒体不同，媒体的差异，也要求广告策划有针对性地进行创意表现。

4)可行性原则

广告策划的可行性体现在广告代理商的执行能力和广告客户提供的预算支持的条件。广告策划的目的是有目的、有计划地实施广告活动。不同的广告代理商，会产生不同的策划方案；同一策划方案，不同的代理商执行，也会产生不同的广告效果。而广告活动必须量体裁衣，要按照广告主预定的资金和营销的整合能力来考虑，防止广告活动半途而废。此外，广告策划方案还涉及法律道德的可行性，如果广告策划方案侵犯了消费者的权益或竞争者的权益时，就会受到消费者的抵制或有关法律法规的制约。

4.1.3　广告策划的程序和工作流程

(1)广告策划的程序

一个成功的广告策划的产生，往往要经过以下程序：广告环境分析、广告主体分析、广告目标分析、广告创意分析、广告策略分析、广告决策、广告效果的检验，通过以上的程序，使产品或企业的形象能够科学、准确、巧妙地表现出来，与周围的环境和广告对象的要求与感受相适应。广告策划作为一种科学的活动，它的程序可由图 4.1 来表示。以下分别对广告策划程序的内容进行分析。

1)广告环境分析

广告作为营销组合的一个促销要素，与市场营销组合一样，要适应市场环境的要求。企业的外部环境是不可控的，它对于企业的营销活动有着极大的制约作用和导向作用。

广告环境分为可预测的环境系统和不可控的环境系统；也可分为自然环境、国际环境、政治环境、产业环境、企业环境、商品环境，直至广告环境。通过广泛搜集资料和研究资料，最后达到了解市场、了解用户、了解对手、了解自身的目的。

了解市场——了解将要进入或准备扩大的市场的位置在哪里？容纳量有多少？可取得的市场份额有多大？

了解用户——用户包括老用户与新用户。用户是企业竞争的对象，是同类产品的使用者和服务对象。了解用户包括了解现实用户与潜在用户的特征、需求、购买行为习惯

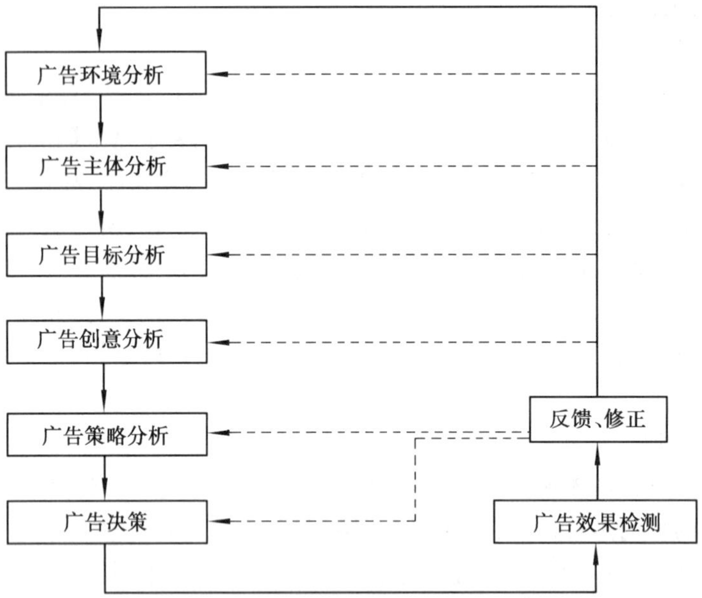

图 4.1　广告策划程序

等问题。

了解对手——对手是指那些与本企业生产相同、相似或可替代产品的企业。了解的内容包括:现实对手的资金情况、技术水平、生产设备、产品性能、服务水平、市场占有率、顾客满意度、企业发展动向等问题,还包括潜在的竞争对手的情况。

了解自身——了解企业自身的经济实力,所处的竞争位置,了解自身的经营目标,以及产品的情况。这包括对企业实力的认识,产品的认识,外部环境对企业的制约与促进方面的认识。在此基础上,才能策划出与企业形象和产品形象相适应的广告运作方案。

2)广告主体的分析

广告主体是指广告要宣传的对象。这个阶段的主要任务是广告定位的确定,因而这一阶段又称为广告定位阶段。广告定位是产品定位的结果,产品定位是确定产品在市场上的位置,而广告定位是在产品定位的基础上,将产品定位在广告中予以体现,是用广告为商品或服务在消费者的心中找到一个位置。如某一产品定位在高档市场上,广告定位就要突出其高档地位,以及给人带来的身份地位的联想,而不能把广告做成价格便宜、老少皆宜。

广告定位主要包括 3 个方面:①确定商品的主销对象;②确定商品的个性内涵;③确定商品的精神意义。

商品的主销对象,是市场上规模较大的、易于识别的顾客群体。明确商品的主销对象,也就是明确广告信息的传递对象。在广阔的市场上,任何一个企业都会意识到,它无法为该市场内所有的顾客提供最佳的商品或服务,因为顾客人数众多、分布广泛,而且他们的购买要求差异很大。一位广告公司的总经理认为:“世界上不存在所有的人都偏好的产品市场,只存在某个人非常喜好的产品市场。”耐克公司分别针对每项体育运动,如田径、篮球、足球、网球等,来制造不同的运动鞋,并继续地对市场的需求进行细分。为了取得竞争优势,企业就要识别自己能够有效服务的最具吸引力的目标对象,例如汽车购买者中,有的只是追求汽车的运输功能,有的强调汽车的工作性能,还有的重视汽车的安全性能。对主销对象的分析有按照消费者的特征,如地理特征、人口特征、心理特征、行为特征进行分析;也有按照消费者追求的利益、使用产品的时机或对品牌的反应来分析。确定商品的主销对象,包括以下内容:①了解广告对象是谁?②了解广告对象的关心点是什么?③是否适合对广告对象做本产品的广告?④针对广告对象,本产品的广告应选择什么角度,确立什么主题?

从商品的个性内涵上,商品的价值是以其功能为前提的,消费者正是因商品所具有的功能可以满足自己的需要而购买商品的。商品的基本功能直接而客观,据此便有了商品的实用价值,但每一个企业并不是只能通过降低成本和价格来突出产品的差别,寻找竞争优势,而应通过商品的个性内涵来突出商品的优势。商品的个性内涵,是企业通过对产品的差别化分析,能够为顾客提供一定的特殊利益而取得竞争优势的要素,包括商品的生产工序、所用原料、产地、用途、外观造型、包装、色彩、商标图形以及商品的知名度,等等。比如手表,其基本功能是计时,而精工牌手表的广告方案是这样推荐其商品的个性内涵的:

十二年不必对时——精工双石英手表

缔造记时分秒精确度的新标志!

另外从商品的精神意义上,我们说没有精神的社会,财富没有任何意义!财富是流动的,每个人都只是财富的暂时保管者,而精神是可以传承的!商品的精神意义,即产品所能够给予人们在精神生活方面带来的某种特殊的利益。人们在追求物质利益的同时,还需要人文关怀与精神上的满足。而赋予商品的精神意义,能够使品牌与消费者建立起持久的心理效应。如一个名叫华泰酒楼的广告:

懂得生活的人
懂得华泰
人间的美
蕴涵于人情
各种情感
交织成生活
懂得生活的人
总不忘温一温人与人的情谊
亲情、友情、萍水人情……
都在华泰暖暖的气氛中!

试想,如果该酒楼仅仅是宣传美味佳肴、名师掌勺,那么这家酒楼定会泯灭于众人中。

3)广告目标分析

广告目标分析主要解决以下4个重要问题:①为什么做广告?②做什么广告?③如何做广告?④达到什么效果?这几个问题是广告活动策划中具有战略意义和导向作用

的问题。前3个问题是具体的和可控的,如让人们了解产品的信息、树立某种形象,加强或改变人们的观念,引导人们的行为等,而后一个问题比较复杂,既有可控的,也有不可控的。有人将广告对目标消费者心理影响的程度分为7级:①注意;②认知;③积极地思维和联想;④正确地理解;⑤观念的加强或改变;⑥强烈的欲望和冲动;⑦付诸行动。广告对人们的心理作用的程度,可以用来衡量广告所达到的传播效果。

4)广告创意分析

广告创意是在广告策划的整个过程中,确立和表达广告主题的创造性主意。广告创意分析包括广告创意的策略、广告主题、广告的表现等问题,由于在第5章有专门介绍,在此不再重述。

5)广告策略分析

广告策略是指广告达到广告目标的手段与方法,包括目标、构想、时机、地区、媒体等。如在广告环境、广告目标、广告主体分析的基础上,确定广告对象、选择广告媒体、广告方式;确定是功能的传播还是品牌的传播;分析广告传播的范围,确定重点与非重点地区的差别与联系;分析广告时机,在什么时候展开?持续多长时间?间隔多长时间?有哪些可以借用的政治、经济、文化的机会?

这一阶段的主要任务是研究如何将广告主题和广告创意付诸实施,以达到预期的广告目标。

6)广告效果分析

广告决策的实施过程中,需要经常对其效果予以检验。效果检验既有阶段性的,又有连续性的;还有事前、事中、事后的检验。广告效果分析使广告策划更科学、更准确。

7)广告策划的改进

在广告效果分析的基础上,适时适度地对广告策划进行调整或充实是十分必要的。如广告对象的选择不准确,广告定位错位,广告的诉求点与广告对象的关心点不吻合;广告主题与广告创意没有很好地表达广告定位,缺乏感染力,或者说主题过时;广告策略的变化,如广告时机、地区、方式、媒体等不够恰当;原来的竞争对手不强,现在发生了变化等,都需要对广告策划进行必要的调整。

当然,我们在对广告策划进行改进时,要注意广告活动需要保持连续性,防止广告宣传的混乱而导致人们认识上的混乱。因此,广告策划的改进需要十分谨慎地进行。

(2)广告策划的工作流程

当一家广告公司接受委托进行广告策划时,一般可以按照以下流程来开展:

1)成立广告策划项目小组

包括业务主管(AE)、策划人员、方案撰写人员、美术设计人员、市场调查人员、媒体联络人员、公关人员等,其中,业务主管、策划人员和美术设计人员是核心。

2)向有关部门下达任务

经过项目组的协商,按照广告主的要求,向有关协作部门下达任务。

3)商讨广告活动的战略战术

广告活动的战略战术包括广告目标确定、广告定位、广告创意、广告策略等问题。

4)撰写广告策划书

广告策划书一般包括广告内外部环境分析、广告目标确定、广告对象确定、广告传播区域确定、广告主题确定、广告创意确定、广告媒介选择、广告费用预算、广告实施的策略、广告效果评估等内容。

5)举行广告策划说明会

广告策划说明会包括向客户递交广告策划书,对广告策划的内容进行解答,并由客户进行审核。

6)对广告活动的实施、监控、反馈及调整

在客户通过广告策划书签署意见并签订合同后,由相关人员按广告策划书的要求,分部门对广告活动进行实施、监控、调整,使广告活动适应变化中的环境。

4.2　广告目标策划

广告策划工作中,广告目标的确定是至关重要的环节,是对整个广告活动定性的环节。广告的目标策划是对广告活动所要达到的效果的预先筹划,是在分析市场、消费者、产品等营销因素后,根据企业目标和营销目标确定的广告活动要达到的最终目的。一般来讲,广告活动的最终目的,无非是创造销售机会、增加企业利润、塑造企业和产品形象,提高企业在市场中的竞争能力。但是,在追求企业利润、创造销售机会这个一般性目标的基础上,在不同的时期,由于企业的现状和面对的市场环境不同,根据营销策略的要求,广告的任务也会不同,广告的目标设定要与之相适应。比如是短时期推销产品还是树立良好的企业形象,是扩大市场区域还是提高市场份额,是维持与巩固现有的市场还是从竞争对手手中争夺市场……这些问题在广告策划中必须首先明确,只有这样制订的广告活动才能有的放矢。

4.2.1　企业目标与广告目标

广告目标的确定不是随机的,而应当是建立在对当前市场营销情况和企业的营销能力的全面分析基础上。企业为了生存与发展,在分析外部环境和自身的具体情况后,制订企业的目标,并按照企业总目标的要求,制订企业相应的营销目标、生产目标、财务目标、人事目标,等等。广告目标是围绕企业促销信息传播的需要而建立的,因此,要服从企业总体目标的要求,并与其他分系统相协调。企业目标与广告目标的关系可用"目标树"来表示(见图4.2)。

从企业"目标树"可以看出,在确定广告目标之前,首先要理清广告目标和企业目标

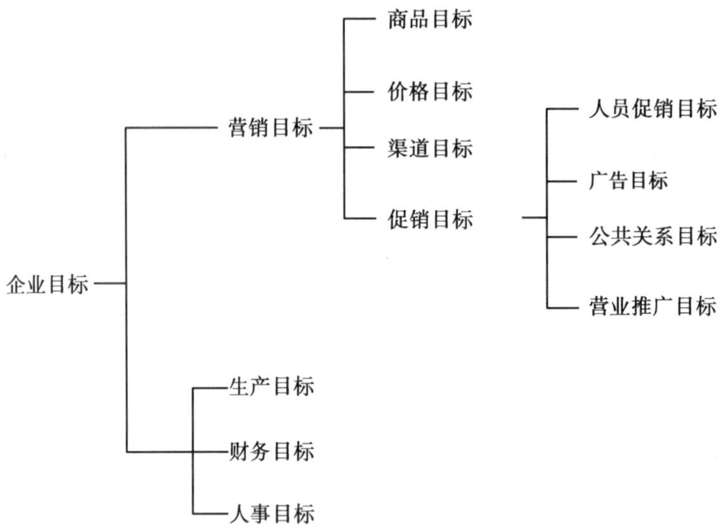

图 4.2　企业目标树

的关系。

4.2.2　广告目标策划的原则

广告目标是广告活动所追求的目的，而且决定了广告活动的方向，是评价广告活动效果的标准。广告目标制订得正确与否，直接关系着广告活动的成败，影响着企业的整个营销活动，从而，影响企业的经济效益和社会效益。广告目标策划要遵循以下基本原则：

(1)可行性原则

可行性是指广告目标的策划中，广告目标的建立要以最终得以实现为前提。这要求在进行广告目标的策划时，必须充分了解企业内外资源与条件，充分考虑到多种可变因素，制订恰当合理的目标。目标既不能过高，也不能过低，要能够激励企业内在的潜力，提高广告代理、广告媒体的服务水平。

(2)统一性原则

广告活动不是孤立的，它必须要围绕企业的总体目标和营销目标的要求来开展。进行广告目标的策划，必须从广告活动与企业营销的各方面因素相协调来考虑，防止广告目标脱离企业实际情况，甚至与企业目标相背离。

(3)具体性原则

从科学制订目标的要求出发，按照数量因素、速度因素、质量因素制订目标，才能保障目标不产生混淆不清或误解。广告目标策划，是在市场调查研究的基础上进行的，通过分析外部环境与内在条件，使广告目标无论在时间上、数量上都制订出具体的标准，如将产品的知名度从多少提高到多少，市场占有率到多少，等等。

(4)集中性原则

广告目标的策划，就是针对性地解决广告传播中的具体问题。面对复杂多变的营销环境，区域上的差异、竞争上的差异、时间上的差异、消费者的差异等，广告所解决的企业传播信息所面对的问题往往很多，面对如此多的问题，企业需要集中人力、财力、物力，解决重要的关键性问题。因此，广告目标的策划，要求策划人员能够分析广告活动中轻重缓急的问题，进行取舍，抓住关键问题，确定广告目标。

4.2.3　广告目标的分类

从不同的角度或不同的方面，按照不同的标准，对广告目标可进行不同的分类。针对企业的发展战略，按时间可将广告目标分为长期目标、中期目标和短期目标。如树立企业形象或产品品牌形象，需要长期的与社会和广告消费者的沟通；扩大和保持市场占有率，提高产品的知名度，可以成为广告活动的中期目标；尽快向消费者传递商品信息，告知商品的存在和直接促进消费者的购买行为等则是广告的短期目标。此外，可根据企业的市场战略，在不同的时期，按市场区域重点不同而分为国际性、全国性、区域性、地方性广告目标。另外，广告目标的分类还可按照目标的重要程度分为主要目标和次要目标；按内容分为商品目标、企业目标、观念目标等。

从广告活动对广告目标对象产生作用的角度来分类，广告目标可以分为行动目标、信息目标和传播目标 3 种。

(1)行动目标

广告活动是针对目标对象而展开的一种劝服性的传播活动，意在对传播对象的行为、观念产生传播者期望的影响。行动目标可又分为直接行动目标和间接行动目标。直接行动目标是指促使广告受众直接反应的目标，如通过传递商品减价信息、新产品上市优惠信息或其他直接促进人们产生行动，达到广告活动的目的。间接行动目标是指广告活动并不要求受众的即时响应，而是希望消费者知道市场上某企业的存在，信任该企业的产品或服务，对企业或产品的信誉、价值、地位产生认同，潜移默化地影响着消费者的购买行为。如品牌形象广告、企业形象广告、赞助广告，等等。

(2)信息目标

信息目标又可分为告知性信息目标、劝导性信息目标和提醒性信息目标 3 种。

告知性信息目标是将产品的特征、功效、用途等与消费者利益直接相关的信息，通过广告告诉消费者，使消费者对产品产生需求和购买，一般在产品的导入期，由于产品尚未被消费者知晓，需要通过广告将产品的信息告知消费者。

劝导性信息目标则是当产品处在市场的成长期或成熟期阶段，通过广告突出产品与众不同的特色或通过广告强化品牌与消费者的情感联系，坚定消费者的购买信心，提升品牌竞争能力。

提醒性信息目标是通过广告不断使消费者意识到某种品牌产品的存在，维持产品的市场占有率，或者减缓出现衰退现象的产品销售下降的速度。

(3)传播目标

根据广告传播活动对消费者行为的影响过程，广告传播目标可细分为感知性传播目标、知识性传播目标和态度性传播目标3种。

感知性传播目标，是为使消费者知道产品及企业的存在，通过广告活动，引起受众对所宣传的产品或企业的关注而制订的广告目标。

知识性传播目标，是通过广告让消费者了解商品的性能、用途，加强消费者对产品的价值和利益的认同，调动消费者对产品的兴趣。

态度性传播目标，是为了让消费者对企业的产品或服务产生积极、肯定的信念，并在广告传播中使消费者形成这种需求信念，或保持已经形成的信念，从而使消费者形成对产品稳定的购买行为。

以上3种广告目标的具体运用可以体现在广告的信息性、说服性与提醒性上，见表4.1。

表4.1　不同广告目标的诉求目的

类　型	诉求目的
广告目标的信息性	介绍有关新产品的信息 推介产品的新用途 价格变动的信息 宣传产品的生产过程 描述可提供的服务 改正错误的印象 减少消费者的顾虑 树立企业的形象
广告目标的说服性	培养品牌偏好 鼓励顾客改用本企业的品牌 改变顾客对产品特性的感知 说服顾客现在购买
广告目标的提醒性	维持消费者对品牌的认知 提醒人们在何处购买 提醒顾客近期可能需要此产品 淡季时保持产品在人们心目中的印象

4.2.4　广告目标的选择

广告目标策划最终要确定切实可行的目标。由于不同的企业，所处的市场环境和自身条件不同，其市场的营销策略不同，广告活动的要求也会不同。在广告策划中，可考虑从如下具体而明确的目标中进行选择：

①传递产品信息，协助新产品进入目标市场；

②扩大产品认知度，巩固和提升产品在市场上的位置；

③扩大或维持产品的市场占有率；

④寻找高素质的经销商，从中择优合作；

⑤广告提前开展，支援和配合人员推销和经销商的工作；

⑥配合营业推广活动，促成消费者的直接购买行为；

⑦消除消费者的购买疑虑，增强消费者的购买信心；

⑧树立企业形象，提高企业信誉；

⑨在重大社会事件中表现企业的参与态度；

⑩维护和提高品牌形象；

⑪增强职工对企业的责任心和自豪感；

⑫配合特定的销售活动，如展销会、售点宣传。

广告目标的确定，是广告策划工作的中心环节，这方面的知识，偏重于理性和抽象。这些理论知识，对实际广告作业有着指导性的作用，同时，我们还要多从成功企业的成功广告活动中，去理解其广告目标决策的过程，并在实践活动中，用创造性的眼光去发现问题和机会，不断提高广告策划的能力。

4.3　广告主题策划

4.3.1　广告主题的含义

所谓广告主题，是广告的中心思想，是表现广告要达到某项目的而要说明的基本观念。广告主题，像一根红线贯穿于广告之中，使组成广告的各要素有机地组合成一则完整的广告作品。

而所谓广告主题策划，是通过分析产品及市场，为广告确定一个诉求重点。无论策划什么广告，广告的主题一定要明确清晰，既要尽量避免抽象地空谈概念和玩弄文字游戏，也要防止求多求全，面面俱到。

国外的一些广告专家认为，主题(concept)即是某种概念，广告主题的策划，就是确定商品的位置，概括商品能够给顾客带来的物质和精神的意义，就是确定广告传播的核心概念。

比如宝马MINI《进西藏》，记录10个人，8台MINI车从川藏线、青藏线、新藏线、滇藏线、喜马拉雅5条进藏线发生的所见所闻，酝酿几代人进藏的情节，生动讲述了在蓝天、白云、雪山、湖泊的环境下，最纯粹、最简单、神秘的西藏文化，力图用进藏的故事，证明MINI并非是一个壳，而是一个能够在艰难的路程中，让你体验无限生活的汽车，广告的主题叫“灵魂之旅——心灵的哈达”(见图4.3)。

图4.3　MINI汽车——心灵的哈达

国内有一家生产休闲食品的企业，委托某广告公司对新推出的青梅产品进行上市推广。广告公司针对年轻时尚白领女性对休闲零食的需求特点，确定的广告主题是“轻松时刻，总有健康新滋味”。他们的想法是，对追求时尚、保健、感性、现实的当代女性白领一族，提供一种健康、时尚、好吃的休闲食品，使她们感到这是她们享受生活和乐趣的最好选择。“轻松时刻，总有健康新滋味”来源于青梅产品，且包含该休闲食品的价值。正是在这一品牌传播核心概念的基础上，提炼出“零约束，清之然”的广告口号。相应针对目标消费者的广告语有“吃零食不发胖，美味零约束”“随时都有好心情，轻松零约束”“在浮躁的都市找到自我，率真零约束”，等等。倡导轻松面对生活与工作、身心健康的主张得到了认同，该青梅品牌也获得了时尚白领女性的青睐。

4.3.2　广告主题的构成要素

广告主题由广告目标、信息个性和消费心理三要素构成。可用下式表示：

广告主题=广告目标+信息个性+消费心理

从该式中我们可以看到，广告主题的构成要素不能理解为简单的叠加，而是三者有机的结合，是各要素相互关系的结果。

(1)广告目标

广告目标是广告活动的方向和目的，广告主题的策划，首先要服从和服务于广告目标，广告主题策划要围绕广告目标有的放矢地来进行，与广告策略相适应。

(2)信息个性

信息个性也称为销售重点(sale point)，在广告策划中，即为诉求重点(appeal point)，是指在广告策划中，对所宣传的商品、服务、企业和观念，要找出其能够调动目标消费者的兴趣、激发目标消费者欲望、说服目标消费者购买的理由，并与其他的商品、服务、企业和观念相区别。

(3)消费心理

消费心理即要求广告主题的策划要符合消费者的心理需要，与目标消费者的个性特点相适应，让消费者通过广告，发现自己、认识自己，引起消费者的心理共鸣，使广告被消费者所接受。国外广告界把这种心理因素称为 Plusa，在商品的推销重点加上 Plusa，才能构成广告主题。Plusa 如同在烹饪中加入的调味品，增加菜肴的色香味，更激发出人们的食欲。

比如，有一种啤酒，不用开瓶器就能打开。怎样把这一产品概念表达出来呢？一种做法是通过一位姑娘纤细的手把啤酒盖打开来表示，将推销重点直接地表达出来。另一种则不同，它找来一位 50 岁左右、其貌不扬的男人，且衣衫不整，右手拿着啤酒，对着镜头说："从今以后不必再用牙齿了！"然后，朝着镜头得意一笑，结果，人们发现他没有门牙！从两种广告表现来讲，由于对广告主题的把握不同，其效果也不同。前者，虽有广告目标和信息个性，但缺乏对消费心理的考虑；后者，则在广告目标、信息个性的基础上，加上消费心理的力量，更容易引起人的共鸣，让人对广告中的啤酒的特点留下印象。

广告主题的 3 个构成要素的关系是：广告目标既是广告主题策划的起点，又是广告主题的最终目标；信息个性是广告主题策划的基础和依据；消费心理则是广告主题的灵魂和生命；广告主题是三要素的统一。

4.3.3　广告主题的选择要求

广告主题的确定，往往需要从多个方案中进行选择、确定，虽然没有一个既定不变的

规定,但在确定广告主题时,要符合以下一般性的要求:

(1)显著

广告主题要能够最大限度地引起人们对主题的注意,因此,在选择时,必须要考虑广告主题是否具备显著性。

(2)易懂

通过易懂的广告主题,能够向消费者准确地传递广告的核心信息,使消费者通过广告获取产品、企业的对满足需求的意义。

(3)刺激

广告主题确定后,广告的表现将围绕它来进行,选择对消费者的购买动机有刺激性的主题,能使广告激发消费者的购买欲望。

(4)统一

为了保持广告信息传播的连续性,增加广告的累积效应,无论从时间上、在各种媒体上,都要保持广告信息的内在统一,而实现这种统一的条件就是要保持广告主题的统一。不统一的广告主题将引起消费者对产品或企业认识的混乱。

(5)独特

广告主题是广告创意的基础,新颖、独特的广告主题,能够给人留下长久的印象。要防止和避免同一产品广告主题同一化或广告信息过多,主题不突出,消费者难以理解等。

4.3.4 广告主题的类型

一般来讲,从可供选择的题材或角度通过多种组合进行广告主题策划,会产生很多有诉求力量的广告创意,下面介绍一些广告主题的题材和角度,作为广告主题策划的参考。

(1)世上只有妈妈好

沃尔沃汽车在世界各地都是以“安全”作为营销的策略,谋求与其他竞争品牌形成差异。其中,有一则广告,画面上有一部 VOLVO-240WAGON 汽车,一个3岁多的小女孩依附在妈妈的身旁,而妈妈则一手扶着小女孩的肩膀,一只手抚摸着身怀六甲的肚皮,面露出满意的微笑。广告标题是:世界上只有一个地方能比沃尔沃汽车更安全地置放您的宝宝。

将沃尔沃汽车“安全”的销售重点与消费者对安全的心理感受相结合,进行沃尔沃汽车的广告主题策划,体现沃尔沃汽车令人安心驾驶的概念。

(2)全都是巧克力

M&M是世界上著名的巧克力品牌,M&M推出针对各种口味人群的新品种巧克力Mars,将它定位成“纯”的概念。有一则广告,用M&M巧克力做成的卡通人物,手捧一张情人卡,一双大大的眼睛边挂着一滴巧克力眼泪。“纯”到最深处都是巧克力,就连眼泪都是。

Mars——M&M巧克力“纯”的概念,其广告主题“全都是巧克力”,将巧克力与情人节、与用心体会的情感相联系,塑造M&M的品牌形象。

以上两例从安全、爱情进行广告主题的策划。此外,常见的还有经济、进取、友谊、地位、便捷、同情、美丽等角度的广告主题。只要从广告主题构成的要素进行思考,就能构思出动人的广告主题。

4.4　广告费用预算

开展广告活动,怎样以最少的投入获取最佳的效果,这是所有广告主都会认真考虑的问题,在广告策划中,进行广告费用预算,正是解决这一问题的有效途径。同时,广告费用预算是广告策划过程中的重要组成部分,任何广告策划和广告决策,都必须建立在广告费用的基础上。否则,广告策划再新颖、再完美,没有足够费用支撑,也将是无意义的。

4.4.1　广告费用预算的含义

(1)广告费用及种类

广告费用,是指在广告活动中支出的总费用,是企业直接或间接地为推进广告活动需付出的经费。直接费用如制作广告和购买媒体付出的刊播费;间接费用如企业广告人员的工资、办公费等。一般广告费用由下列几部分组成:

①广告调查策划费。广告调查策划费主要用于广告的市场调查、效果测评、购买各种相关的资料,以及编制调查报告、策划报告、效果测评报告等分析研究费用。一般情况下,这部分费用占广告费用总额的5%。

②广告设计制作费。广告设计制作费主要用于各类广告作品的设计制作。一般情况下,该项费用占到广告费用总额的5%~15%。

③广告媒体发布费。广告媒体发布费用于购买广告媒体的时间和空间的费用。这是广告费用的主体,占到广告费总额的80%~85%。

④广告机动费。广告机动费主要用于应对临时性事件或意外变故的开支,占总费用

的5%左右。

⑤广告管理费。广告管理费用于企业广告人员的工资、办公等费用,占到总费用的10%左右。

以上是一般情况下广告费用的构成,其中,广告媒体的发布费、广告设计制作费是两项最基本的费用。目前,国际上广泛认可的广告费用支出管理,是美国的《印刷品》杂志,在对几百家广告主进行调查后,列出的广告费用开支表(见表4.2)。

表4.2 广告费用开支表

分类			主要费用项目
白表	必须作为广告费用结算的费用项目	时间空间媒体费及其他广告费	一般报纸、一般杂志、行业报纸、行业杂志、剧场广告、屋外广告、店内广告、新产品、宣传小册子、人名录、直接邮寄广告(DM)、纸报及标签(可用于作为广告的地方,如陈列窗)、商品目录、面向商店和消费者的机关杂志、电影、幻灯、出口广告、特约经销广告、用于通信或陈列的广告复制、广播、电视、用于其他目的的一切印刷品 广告部门有关人员的工资、广告部门办公用易耗品和备用品费、付给代理业和广告制作者以及顾问的手续费和佣金、为广告部门工作的推销员的各项费用、广告部门工作人员的广告业务差旅费(有的公司把此项费用列入特别管理费)
		管理费	有关美术设计、印刷、制版、纸型、电气版、照相、广播、电视等方面的制作费、包装设计(只涉及广告部分)及其他
		制作费及杂费	广告材料的运送费(包括邮费及其他投递费)、陈列窗的装修服务费、涉及白表的各项杂费
灰表	可作为也可不作为广告费用结算的费用项目		样品费、推销表演费、商品展览费、挨户访问劝诱费、房租、水电费、广告部门的存品减价处理费、电话费、广告部门其他经费、推销员推销用的公司杂志费、宣传汽车费、加价费、有关广告的协会和团体费、推销员用于广告的皮包费、工厂和事务所的合同费、推销员使用的商品目录费、研究及调查费、对销售店的协助支付的广告折扣
黑表	绝对不能作为广告费用结算的项目		奉送品费、邀请游览费、商品陈列的目录费、给慈善(宗教)互助组织的捐献品费、纸盒费、商品说明书费、新闻宣传员的酬金、除广告部门外使用的消耗品费、价格表制作费、推销员的名片费、分发给工厂人员的机关杂志费、老顾主和新顾主的接待费、年度报告费、陈列室租费、推销会议费、推销用样本费、工作人员生活福利活动费、娱乐费

(2)广告费用预算的意义

广告费用预算,是指企业根据营销目标和广告目标,经过策划分析,规定在未来一定时期内开展广告活动所需的总费用和分类费用,一般预算期为1年。广告预算是企业营销管理和广告管理的有机组成部分,是企业广告活动的重要环节。其主要的意义是:

①使企业的广告活动更为科学化。对广告的投入与产出进行科学地分析,在此基础上对广告费用进行科学预算和分配,可以减少和避免企业广告费用使用上的主观性和盲目性。

②能够更加有效地对广告活动进行控制。按照实现广告目标的要求,合理确定各项广告费用的使用要求,可以使广告费用的使用更加透明适度,减少偏差和错误,通过对各项广告费用的监督,有效地控制广告活动按照目标进行。

③可以更好地对广告活动进行评估。在广告活动结束以后,通过评估各项广告活动的费用支出与效果,及广告总投入与总体效益,能够更好地帮助企业提高广告活动的水平和质量。

总之,做好广告费用的预算,能够对企业的广告活动产生多方面的积极影响。

4.4.2　影响广告费用预算的因素

广告费用与企业营销活动、广告活动和市场环境密切相关,因而影响广告费用预算的因素是多方面的。具体分析和研究这些因素,对于科学做好广告费用预算有着重要意义。

(1)商品市场生命周期

商品在市场生命周期的位置,直接影响到广告费用的预算。(见图4.4)

图4.4显示了商品生命周期与广告费用投入的关系,从中可以看出,在不同的阶段,由于市场竞争的条件不同,广告宣传的目的也不同,广告费用投入也不同。如商品在导入期,由于消费者对产品缺乏认识,需要通过广告告知潜在消费者有关产品的存在、用途、利益的信息,提高产品的知名度,迅速提升产品的销售量。此时,广告的投入较多,可能超出销售额。在商品成熟期,同类商品在市场中竞争激烈,为了保持和提高市场占有率,塑造品牌的形象,增强和巩固原有消费者的购买习惯,并吸引新的消费者的试用,广告费用或者增加投入,或者保持现有的投入甚至降低投入。增加投入既可能使商品进入新的成长期,也有可能不能如愿以偿;保持甚至降低投入,可能错失增长机会,失去已经占有的市场。因此,在商品成长期,如何把握市场机会,直接影响着整个营销费用的投入,当然,广告费用的投入也在其中。

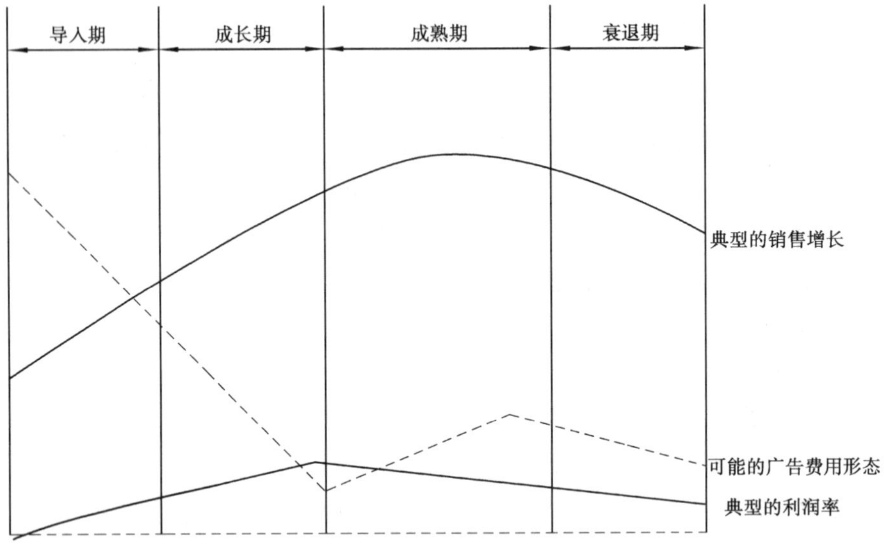

图 4.4　广告费用与商品市场生命周期图

(2)市场竞争对手的情况

一个企业在市场上可能只有一个竞争对手,也可能有多个竞争对手。一个竞争激烈的市场,为了争夺市场,提高市场份额,往往需要投入比正常广告多得多的费用。因此,针对竞争状况和竞争对手的策略,采取相应的市场策略和广告策略,在策略的指导下,进行广告的投入,提高投入的效率。

(3)销售目标的要求

企业预定的销售数量、销售额和销售利润等销售目标,直接影响广告费用的预算。一般来讲,提高销售目标,相应广告费用的投入较多。增加广告投入是企业实现销售目标的一个重要的手段。

(4)市场范围的大小

商品的市场范围主要是指其市场覆盖面。包括产品销售范围的大小、潜在销售范围的大小及其分散的程度。一般情况下,市场范围越大,广告费用的投入会越多;市场范围越小,广告投入就较少。

(5)广告媒介的因素

不同的媒介,其制作和发布费用不同。而同一媒介,其刊播的时间、空间不同,广告费用也不同。广告的刊播费还与媒介的覆盖面、收视率等有关。因此,广告媒介的选择不同,广告费用预算不同。此外,在进行广告费用预算时,还要考虑到媒介发布费的涨价因素,需要增加投入来保持原计划的实施。

(6)企业的财力状况

广告是需要付费的活动,广告主的财力状况直接影响广告费用的投入。企业实力雄厚,广告费用自然就大;企业资金匮乏,广告费用当然就小。一般来讲,企业在进行广告活动的决策时,要遵循“量入而出”的原则。

影响广告费用预算的因素是多方面的。除了上述直接的影响因素外,其他如社会经济、文化发展状况、消费者的习俗等间接因素也将影响广告费用的预算。了解认识对广告费用预算的影响因素,并在实际工作中对各种因素进行充分的考虑,使广告费用预算具有更大的灵活性和适应性,确保广告活动的顺利进行。

4.4.3　广告费用预算的程序和方法

(1)广告费用预算的程序

广告费用预算的基本程序包括以下几个步骤:

①预测。通过对上年度的市场营销活动的分析,尤其是销售状况和广告活动的成效分析,对市场未来发展变化趋势、消费者的需求、市场竞争的变化等进行分析,在企业总体目标、营销目标和广告目标的基础上,制订广告费用预算。

②分配。按照市场营销策略的要求和广告活动的需要,对广告信息的发布进行合理的组合,使各种广告活动相互配合,有主有次。在此基础上,在时间上、各种商品间、区域上、媒介上进行广告费用预算的分配。

③控制。根据广告计划的要求,针对广告费用投入要实现的目标,制订出相应的控制标准,如每个时期、每项开支的记录方法。通过这些标准,合理有效地使用广告费用。

④编制广告广告费用预算书(见表 4.3)。

表 4.3　广告费用预算书

广告费用预算书

委托单位:　　负责人:

预算单位:　　负责人:

广告费用预算项目:　　期限:

广告费用预算总额:　　预算员:　　日期:

项　目	开支内容	费　用	执行时间
市场调研费用 1.文献调查 2.实地调查 3.研究分析			

续表

项　目	开支内容	费　用	执行时间
广告设计费 1.报纸 2.杂志 3.电视 4.广播 5.其他			
广告制作费 1.印刷费 2.摄制费 3.工程费 4.其他			
广告媒体发布费 1.报纸 2.杂志 3.电视 4.广播 5.其他			
服务费 1. 2. 3.			
营业推广及公关费 1.营业推广 (1)方案 A (2)方案 B (3)方案 C 2.公关			
机动费用			
其他杂费开支			
管理费用			
总　　计			

预测是对未来的一种判断,任何科学的预测都会有许多不可预测的因素,因此,在广告费用预算中,有必要适当地保留一定的预备金,用以应付突发事件。

(2)广告费用预算的方法

广告费用预算,是根据企业整体营销活动的要求,按照广告活动的规律,采取相应的方法。每种方法都有它的适应性,这里介绍几种基本的方法:

1)比率法

比率法又可分为:

①销售比率法。即以前一年销售或来年预测的销售为基础,按一定的比率来制订广告费用预算。

②利润比率法。即以前一年销售利润(毛利或纯利)或来年预测的销售利润(毛利或纯利)为基础,按一定的比率来制订广告费用预算。

③销售单位分配法。即以销售单位的数量为基础,按每销售一个单位提取一定的广告费用来制订广告费用预算。

比率法因其将广告费用与销售、销售利润、销售单位直接结合,计算比较简捷、方便,能够直接反映商品的销售状况,保持广告与商品销售的平衡,因而受到企业的普遍采用。但它的不足在于缺乏弹性,不能适应市场环境的变化,可能造成广告费用分配的浪费或短缺。

2)目标任务法

这种方法是根据20世纪60年代美国广告专家科利(Russell Colley)提出的广告目标制订而确立的方法。按照这种方法,要求首先预定要达到的广告目标,然后确定达到这些广告目标所需开展的广告活动和所需的广告费用。这种方法的前提是要把握各种广告活动所能产生的效果,否则,难以确定完成这些目标到底需支出多少费用。如,通过广告提升15%的知名度,到底需要多少媒体、多少暴露频次才能达到呢?这个问题就比较复杂了,而这正是目标任务法必须解决的。

3)实验法

实验法是试用不等的广告费用分别投入大致相同的试验市场,并对各试验市场的传播效果加以追查、比较,据此建立合理的预算标准。运用这种方法,比较精确和有更大的把握,但比较费时,技术性较强,非专门性机构很难使其实用有效。

4)竞争法

即根据掌握的竞争对手的广告费用的情况制订本企业的广告费用。这类方法有两种:

①市场占有率法。这种方法是先计算出竞争对手单位市场占有率的广告费,以此为基数制订本企业的广告费用。计算公式如下:

广告费用=竞争对手广告费用总额/竞争对手市场占有率×本企业期望的市场占有率

如对手的市场占有率为45%,广告费用450万,本企业期望市场占有率30%,那么本企业的广告费用为:

$$450\text{ 万元}/45\% \times 30\% = 300\text{ 万元}$$

②增减百分比法。即以竞争对手今年广告费用的增减百分数作为本企业的广告费增减的参数。计算公式如下:

$$\text{广告费用} = (1 \pm \text{竞争对手广告费增减}) \times \text{上年广告费}$$

如竞争对手今年广告费比去年增加30%,那本企业也至少增加30%。

竞争对抗法进行广告费用预算,适用于竞争激烈的商品和企业。此法比较简便,但要冒一定的风险,需要有雄厚的资金实力作为保障。

5)支出可能法

支出可能法是遵循“量入而出”的经营法则确定广告费用,即对企业各项支出进行统计,在扣除有关费用的基础上,剩余能拿多少钱就拿来多少钱做广告,这种方法对于财力较差的企业较为实用。由于这种方法不是根据企业的营销策略和目标来制订广告费用预算,因此,这种方法很难确定广告的效果。

广告费用预算是广告策划的重要环节,广告活动是否成功,与广告费用预算是否合理密切相关。因此,企业应树立正确的广告费用观念,运用科学合理的方法进行广告费用的预算,使广告费用的使用更合理有效。

小　结

广告策划,就是对于广告的整体战略与策略的运筹规划,即对具有指导意义的战略和实现这一战略所采取的手段和方法的统筹规划。广告策划不是一项具体的广告业务,而是广告决策的形成过程,是对于提出广告决策、实施广告决策、检验广告决策的全过程作预先的考虑与设想。广告策划在广告活动开始的最初阶段,是一种优先的、提前的、指导的活动。它要解决的任务是确定广告对象、广告的目标、广告的策略等,要解决广告活动的开展中“对谁说”“说什么”“如何说”“说的效果如何”等系列重大问题,这些问题关系广告的成败。

广告策划主要包括5个方面的内容:市场调查的安排、广告定位、创意、广告媒介安排、广告效果测评安排。广告策划要遵循系统性、有效性、针对性和可行性原则。

广告策划的程序包括:1.广告环境分析。通过广泛搜集资料和研究资料,最后达到了解市场、了解用户、了解对手、了解自身。2.广告主体的分析。这个阶段的主要任务是进行广告定位。广告定位主要包括3个方面的内容:①确定商品的主销对象;②确定商品的个性内涵;③确定商品的精神意义。3.广告目标分析。广告目标分析主要解决以下4个重要问题:①为什么做广告?②做什么广告?③如何做?④达到什么效果?4.广告创意分析。广告创意分析包括广告创意的策略、广告主题、广告的表现等问题。5.广告策略分析。广告策略是指广告达到广告目标的手段与方法,主要任务是研究如何将广告主题和广告创意付诸实施,以达到预期的广告目标。6.广告效果分析。广告决策的实施过程中,需要对其效果经常予以检验。既有阶段性的,又有连续性,还有事前、事中、事后的检验。7.广告策划的改进。

广告的目标策划是对广告活动所要达到的效果的预先筹划,是在分析市场、消费者、产品等营销因素后,根据企业目标和营销目标确定的广告活动要达到的最终目的。广告目标策划的原则有可行性原则、统一性原则、具体性原则和集中性原则。

广告目标的分类。针对企业的发展战略,按时间不同可将广告目标分为长期目标、中期目标和短期目标;按地区不同分为国际性、全国性、区域性、地方性广告目标;按照目标的重要程度不同分为主要目标和次要目标;按内容不同分为商品目标、企业目标、观念目标;按广告产生的效果的角度,广告目标可以分为行动目标、信息目标、传播目标,其中行动目标又分为直接行动目标和间接行动目标,信息目标分为告知性信息目标、劝导性信息目标和提醒性信息目标,传播目标又分为感知性传播目标、知识性传播目标和态度性传播目标。

广告主题是广告的中心思想,是表现广告要达到某项目的而要说明的基本观念。广告主题的策划,就是确定商品的位置,概括商品能够给顾客带来的物质和精神的意义,确定广告传播的核心概念。广告主题由广告目标、信息个性和消费心理三要素有机构成。广告主题的选择要求其具有显著、易懂、刺激、统一、独特的特点。

广告费用是指在广告活动所支出的总费用。广告费用预算是指企业根据营销目标和广告目标,经过策划分析,规定在未来一定时期内开展广告活动所需的总费用和分类费用。影响广告费用预算的因素包括商品生命周期、销售目标、市场竞争状况、市场范围、广告媒介、企业的财力状况等直接因素以及社会经济、文化发展状况、消费者的习俗等间接因素。广告费用预算的方法,主要有比率法、目标任务法、实验法、竞争法、支出可能法。运用这些方法时要注意其适用性。

思考题

1.简述广告策划的主要内容。

2.广告策划要遵循哪些基本原则?

3.广告策划的一般程序及每个阶段的主要任务是什么?

4.什么是广告目标策划? 广告目标与企业总体目标是什么关系?

5.广告目标的主要分类形式有哪些?

6.简述广告主题策划的含义及构成要素。

7.广告主题的选择有哪些要求?

8.简述广告费用预算的含义及影响广告费用预算的因素有哪些。

9.广告费用预算的主要方法有哪些?

[案例讨论]

青岛啤酒2014年世界杯广告策划

四年一度的世界杯2014年转战巴西,虽然与我们天各一方,但距离丝毫不能阻挡球

青岛啤酒世界杯海报

迷们观战的热情，啤酒商自然也不能放过这个绝好的机会，不失时机地将一杯杯啤酒塞进球迷手中。而在世界杯球赛的外围，各品牌的广告、新品、促销、活动等都令啤酒市场硝烟四起。

对球迷而言，啤酒和足球是永远的黄金搭档，啤酒和足球一样，是生活中为数不多的挥洒激情的舞台。往往在世界杯期间，球迷们海量豪饮、不醉不归。

每年第二、三季度是啤酒的消费旺季，2014 年更是有世界杯的助阵，啤酒企业的业绩值得期待，啤酒股也望提前“开战”，跑赢大盘。

一、市场分析

青岛啤酒股份有限公司（以下简称“青岛啤酒”）的前身是 1903 年 8 月由德国商人和英国商人合资在青岛创建的日耳曼啤酒公司青岛股份公司，它是中国历史悠久的啤酒制造厂商，2008 年北京奥运会官方赞助商，也是与世界杯一直合作的品牌，目前品牌价值 920.16 亿元，居中国啤酒行业首位，位列世界品牌 500 强。2014 年，产品远销美国、英国等世界 90 多个国家，依产量排名，为世界第六大啤酒生产厂商，全年共实现销售营业收入 290.49 亿元，实现归属于上市公司的利润 19.90 亿元。青岛啤酒几乎囊括了中华人民共和国成立以来所举办的啤酒质量评比的所有金奖，并获得“中国最具责任企业”和“中国最受尊敬企业”等诸多荣誉。

百年经典，百年青啤，青岛啤酒在传统工艺的基础上不断创新，青岛啤酒选用优质大麦、大米，上等啤酒花和软硬适度、洁净甘美的水为原料酿制而成。原麦汁浓度为 12 度，酒精含量 3.52%~4.8%。酒液清澈透明、呈淡黄色，泡沫清白、口感细腻。

2014 年世界杯被百威英博收购的哈尔滨啤酒抢占先机，再度赞助世界杯，成为继 2010 年赞助南非世界杯后，中国唯一连续两届赞助世界杯的啤酒品牌。百威英博相关负责人透露，该品牌投入了几千万美元用于哈尔滨啤酒的世界杯营销，是前一年同期推广费的两倍。据了解，此次世界杯，哈尔滨啤酒将围绕世界杯主题开展一系列大型市场活动，包括世界杯主题广告、世界杯纪念包装、世界杯主题大篷车以及消费者活动和在线互动。

相较而言，嘉士伯、喜力等就低调多了。嘉士伯在其冠名的啤酒花园正以“畅饮世界杯”为口号做营销。作为欧冠赞助商的喜力在冠名酒吧前搭起巨大的绿色“球门”招揽球迷进门，虽然欧冠比赛已经结束，却并未着急“改换门庭”，搭上世界杯顺风车。

作为国内啤酒领导品牌，青岛啤酒在广告、促销等各方面，也借助世界杯进行品牌推广的动作。青岛啤酒在线下已经启动“青岛啤酒高校球迷俱乐部竞赛”等活动，在某种程度上是为世界杯作铺垫。

青岛和百威两家企业均于开赛前围绕世界杯推出了新品。青岛啤酒针对球迷的个性化需求，推出了“足球罐”和“足球纪念套装”两款世界杯概念新品。随后，百威啤酒发布了其 FIFA 限量版金罐。

二、广告目标

每个城市的酒吧、火锅店、KTV 等娱乐场所都是啤酒的销售环境。在世界杯临近的期间“酒吧”是最好的销售地点，在酒吧里很多球迷聚在一起看足球，势必会点啤酒来配合足球狂欢。

通过提高品牌的影响力迎合世界杯，在各大酒吧和聚会场所销售青岛啤酒，以达到提升品牌形象竞争力、巩固和扩大市场销售以及促进利润增长。

三、广告策略

1.广告方式

广告主题：青岛啤酒　欢聚这一杯。

青岛啤酒，为球迷搭建一个激情、快乐、分享的欢聚体验平台。

第一，选用电视广告。在体育节目播放，主要是在 CCTV5 频道上打广告，喜欢体育的人都会看 CCTV5 来了解世界体育发生了什么。世界杯的到来更是四年一届的体育盛事，关注的人也会特别多，应在体育栏目滚动播放。

第二，网络视频广告。在电脑上看体育动态的人也很多，优酷、PPTV 第一体育、腾讯视频、新浪体育等网络体育栏目的视频直播的广告也很重要，和电视一样有很好的宣传效果。

第三，网络推手在各个论坛发广告来推广连接到青岛啤酒官网，了解更多精彩内容。

第四，张贴海报，在各个需要啤酒的地方都要看见青岛啤酒的宣传海报，特别是酒吧要随处都可见到青岛啤酒的广告。

第五，现场活动。现场组织活动，有奖竞猜，各种精彩节目吸引消费者。

第六，公交车车体广告及公交车站牌，这是在城市里很容易看见的广告，给线路繁华的公交车都喷上青岛啤酒的宣传广告，在车站站牌处挂大海报。

2.广告定位

使球迷成为主角，反映球迷的心声，让球迷成为表达对获胜球队的预言平台，增强人们对青岛啤酒的认同感。

3.广告表现

“老子明天不上班，不管球赛有好晚……看进攻把球移走，球进咯就干啤酒……老子明天不上班，球迷些欢聚这一杯……”谢帝推出又一神曲《老子明天看球不上班》，在世界杯开幕前一天为球迷看世界杯足球比赛寻找理由，这支与青岛啤酒共同创作的 MV 被众多网友戏称为“世界杯‘罢工’神曲”，用霸气十足的语言和姿态，说出了球迷在世界杯期间的最大心声。

另外,由明星带动,消费者可以通过官网和移动终端参与定制“欢聚这一杯,我的足球预言秀”MV 互动活动,选择自己喜爱的球队,上传自己和朋友的照片,或是选择明星头像,生成一段专属“预言”视频,成为 MV 的主角。

Flash 脚本、海报、舞台、电视、汽车移动。

四、广告执行时间

电视广告,网络广告,网络推广,5 月 1 日—7 月 31 日。现场活动,6 月 13 日—7 月 15 日世界杯期间重要比赛前。海报,6 月 1 日—7 月 31 日。汽车,5 月 1 日—7 月 31 日。

五、广告费用(略)

问题讨论:

1.在群雄竞争的啤酒市场上,为什么大的啤酒品牌十分重视世界杯这个营销推广平台?

2.青岛啤酒为什么要选择“欢聚这一杯”为 2014 年广告活动的主题?

3.青岛啤酒的宣传为什么要做在世界杯开赛前?

4.青岛啤酒在世界杯开赛期间是怎样开展线上和线下的营销推广活动的?

5.为什么青岛啤酒在世界杯开赛期间要推出“世界杯‘罢工’神曲”?

第5章
广告策略

【学习目标】

1.认识广告定位在广告策划中的作用；
2.理解广告定位的含义和对广告定位策略的应用；
3.认识 USP 策略在广告策划中的作用并能够进行运用；
4.理解 CIS 策略的含义、内容和运用；
5.理解品牌形象策略的含义、内容和运用。

【教学要点】

1.广告定位的含义及广告定位策略的运用；
2.USP 策略(独特的销售说辞)的含义和运用；
3.CIS 策略的含义、内容及意义；
4.品牌形象策略的含义和运用。

孙子兵法:“以正合,以奇胜”,即是指战略方向要正确,同时策略与战术要出奇制胜。广告策划主要是明确广告活动的战略与基本的策略,而广告的策略上,往往表现为以下策略。

5.1　广告定位策略

5.1.1　广告定位的含义

(1)广告定位的含义

广告定位这一概念最早是经美国广告专家艾·里斯和杰·屈特两位大师提出并带动流行的。他们认为,广告定位是以产品为出发点,如一种商品、一项服务、一家公司,但定位的对象不是产品,而是针对潜在顾客的思想。也就是说,要为产品在潜在顾客的大脑中确定一个合适的位置。

美国著名营销学者菲利普·科特勒认为:“定位是勾画企业的形象和所提供的价值的行为,它需要向顾客说明本企业的产品与现有的竞争者和潜在的竞争者的产品有什么区别”。

广告大师大卫·奥格威在20世纪80年代初出版的《奥格威谈广告》中认为:“定位是营销专家的热门话题,对于这个名词的定义还没有定论,我自己的定义是‘这种产品要做什么,是给谁用的’”。

(2)广告定位的5个基本要点

虽然人们从不同角度对广告定位进行了定义,但都包含了以下5个基本要点:

①广告的目标是使某一品牌、公司或产品在消费者心目中获得一个据点,一个认定的区域位置,或者占有一席之地。

②广告应将力量集中在一个狭窄的目标上,在消费者的心智上下工夫,是要创造出一个心理的位置。在传播中不被其他声音淹没的办法就是集中力量于一点,换言之,就是要做出某些“牺牲”,放弃某些利益或市场。

这里需要明确的两点是:

a.集中力量于狭窄的目标,但同时必须是意义并不太狭窄的诉求;

b.诉求的目标对象(消费者)并不是狭窄的群体。

③应该运用广告创造出独有的位置,特别是“第一说法、第一事件、第一位置”。因为创造第一,才能在消费者心中造成难以忘怀的,不易混淆的优势效果。

从心理学的角度看,人们容易记住位居第一的事物。历史也证明,最先进入人脑的品牌，平均而言，比第二的品牌在长期的市场占有率方面要高出一倍，因而占据第一就具备了特别的优势。

如果市场上已经有一种强有力的头号品牌，创造第一的方法就是找出公司的品牌在其他方面可以成为第一的优势，因此，要在消费者心目中探求一个还没有被其他人占领的空白地带。

④广告表现出的差异性，并不是指出产品的具体的、特殊的功能利益，而是要显示和实现品牌之间的区别。

⑤有效的定位一旦建立，无论何时何地，只要消费者产生了相关的需求，就会自动地首先想到广告中的这种品牌，达到先入为主的效果。

定位是使产品更具竞争力的营销和广告策略，可称为“定位策略”；它是对产品进行定位的动态过程，可称之为“定位”；它是对产品进行定位的动态过程的表态结果，可称之为“产品定位”。基于上述认识，我们对定位的概念进行如下定义：

定位是在对本产品和竞争产品进行深入分析、对目标消费者的需要进行准确判断的基础上，确定产品与众不同的优势及与此相联系的在消费者心中的独特地位，并将它们传达给目标消费者的动态过程。

广告定位是将定位策略运用到广告传播过程中，通过广告使产品的价值被消费者认识，并处于消费者的心智的有利位置。

广告定位的最终结果就是要在消费者心目中占据无法取代的位置，让品牌形象深置于消费者脑海，一旦有相关需求，消费者就会开启记忆之门、联想之门，自然而然地想到它。例如，在竞争激烈的汽车市场上，各类汽车以其独特的市场定位赢得消费者，沃尔沃汽车的“安全”、劳斯莱斯的“尊贵”、丰田的“质优”、大众的“价值体验”，无不以确定一个明确的市场位置而取得市场的认同，占有有利的竞争位置。由此可见，广告活动的价值，在于找准广告中的商品的诉求点，有效地进入消费者的心智，促使人们采取购买行为。

5.1.2 广告定位的产生及意义

(1)广告定位的产生

20 世纪 60 年代后期，随着高新技术的不断开发利用，商品更新换代速度加快，市场竞争更加激烈。据统计，20 世纪 70 年代，美国食品工业有 70%是 10 年前没有的，而药品有一半是 5 年之内开发出来的。由于市场竞争激烈，广告活动仅强调商品的特点、顾客的利益和品牌印象，已不足以吸引消费者，与此同时，铺天盖地的广告也引起人们的反感和摒弃。如何从心理上说服消费者，便成为重要的课题。1969 年，美国广告专家艾·里斯和杰·屈特在美国营销杂志《广告时代》和《工业营销》上发表了一系列文章，首次提出了广告定位这一概念，此举在广告界引起热烈反响，甚至掀起了一场思想论战。20 世纪 70 年代，广告定位观念日趋成熟，发展成较为完善的理论。1979 年，两位大师合作出版了第一本确定广告定位理论的专著《广告攻心战略——品牌定位》。他们在书中宣称提出了一种新的传播沟通方法。他们还声称："'定位'(positioning)是一种观念，它改变了广告的本质"，"定位已经改变了现今所玩的广告游戏的方法"。到20世纪80年代，经过10年的发展和完善，定位论超过了USP理论和品牌形象论，被奉为经典。

(2)广告定位的意义

广告定位理论的提出是广告史上的一次革命，具有划时代的意义。它的影响至少表现在两个方面：

1)观念的创新

广告定位论突破了以往广告传播由内向外看的传统限制(即从传播者的角度出发)，也就是说从产品(公司)出发。定位论强调由外向内看，从传播对象(消费者)的角度出发，是要在传播对象(消费者)心目中占据一个有利的位置。

2)方法的创新

里斯和屈特认为这是一个传播过多的社会，信息庞杂，相互干扰的程度很高。他们批评以往的传播沟通方法不理想，需要找到一种新的方法，实现更好的传播效果。他们认为，广告定位是解决问题的有效答案，因为它能有效地实现区隔，使传达的信息不被淹没，在激烈的竞争中脱颖而出。

关于广告定位理论，广告大师大卫·奥格威说：广告主打算做广告，第一件事要确定其商品在市场中的位置，"唯有正确的位置，才是有效销售最重要的步骤"。

5.1.3 广告定位策略的运用

企业及其产品如何在激烈的竞争中脱颖而出，获得成功？这个问题的答案要从消费者的角度出发去研究。从战略上看，高明的竞争战略是"攻心为上，攻城为下"，脱颖而出，就要击中消费者的心，在其心中占据地位。

(1)领导者定位策略

一般来讲，最先进入人们大脑的品牌有着很多优势，第一品牌的市场占有率往往会比第二品牌多一倍，而第二品牌又比第三品牌多一倍，而且这种关系在没有重大原因的情况下很难改变。因此，同类产品中，谁能够在市场上位于领导者的位置十分重要。广告领导者定位策略，就是要通过广告活动的开展，使品牌成为消费者心目中的"白马王子"，并始终保持"白马王子"的地位，让消费者成为它的忠实粉丝。像饮料行业中的可口可乐，广告中无论怎么演绎，始终向市场传递"只有可口可乐才是真正的可乐"，其言外之意不言而喻地向消费者传达其可乐老大的地位。

(2)比附定位策略

广告中采用比附定位是将本品牌与其他参照品牌进行对比,但它不是诋毁对方,而是寻找市场领导者类似的点,借以突出自身品牌的优势,或者是利用人们对弱势者关注的心理,有意强调尚不足的地方,以引起人们的关注。如最经典的是20世纪60年代,艾维斯出租汽车公司的广告,其广告标题是"艾维斯在出租车行业中仅居第二,但我们更加努力!",这一广告公开承认赫兹公司是同业中的领导者,但自己又巧妙地将自己与领导者联系起来,并有不断努力的决心。

比附定位策略主要适用于以下情况:一是竞争对手是领导者,实力雄厚,已经有良好稳固的市场基础,无法与之正面竞争。二是依附竞争者可以利用竞争者的信息,传递自身的品牌,争取市场的位置。

(3)空隙定位策略

空隙定位策略,其主旨是寻找消费者心智中的空隙,进行填补的定位策略。尽管人们的心智中已经充满了各种产品的信息,但是由于消费者需求的差异,市场总有空隙。比如当一些汽车品牌在宣传中强调高大上时,德国大众汽车生产的金龟车,却在广告中充分展现其小巧灵的特点,犹如驼驼和羊的寓言故事。而安全,一直是沃尔沃汽车的产品定位和广告诉求的重点。虽然偶尔也会加入感性、性能等附加价值,但也只是为了加深受众对"安全"定位的印象,丰富"安全"定位的内涵。

5.2 USP法则

5.2.1 USP法则的含义

USP(unique selling proposition)法则,即独特的销售主张理论,这一有着广泛影响的广告创意策略理论的核心是:每一种产品都应该发展一个自己的独特的销售主张或主题,并通过足量的重复传递给受众。它的定义分为3个部分:

(1)"一个主张"

产品的销售主题或主张应包括一个产品的具体好处和效用。即是说,每一则广告必须向消费者"说一个主张",必须让消费者明白,购买广告中的产品可以获得什么具体利益。

(2)独具一格

广告所强调的主张必须是独一无二的,没有被其他竞争者宣传过,甚至是其他品牌做不到的或无法提供的。

(3)强劲的销售力

广告所强调的这一独特主张必须是强有力的,必须聚集在一个点上。这一主张必须能够吸引消费者的兴趣,推动产品的销售,必须是能够影响消费者购买决策的重要承诺。简单地说,USP 要求强调产品具体的特殊功效和利益,这些是竞争对手无法提供的,因此有着强劲的销售力。

5.2.2 USP 法则的产生

USP 法则是美国著名广告大师、美国杰出撰文家称号的第一位得主、广告科学的代表人物罗瑟·雷斯在其著作《实效的广告——USP》一书中提出来的。他针对当时广告界过分迷信"原创性"和排斥法则的弊端,尖锐地批评广告缺乏理论基础,倡导"广告迈向专业化",强调广告的原则和实效。

雷斯所提出的 USP 法则,是在前人经验和自己实践的基础上总结出来的。实际上,在他之前和同时代的不少杰出的广告人,也表明了近似的观点,并加以运用。例如:"科学派"广告的鼻祖——霍普金斯,在为喜力滋啤酒做广告时,为了找出打动消费者的广告词,亲自跑到啤酒厂观看酿酒过程。最后他选择了一个细节加以发挥,作为广告主题——"喜力滋啤酒瓶是经过蒸气消毒的"。虽然每一家啤酒厂都对啤酒瓶进行蒸气消毒,但霍普金斯却认定,实际作业倒是其次,重要的是别人从来没有这么说过,而喜力滋第一个提出来,使消费者感到喜力滋啤酒清洁卫生、质量可靠。

雷斯的 USP 理论曾经成为美国 20 世纪 50 年代最为风行的广告理论,而且对当代具有重大的影响。在现阶段,将 USP 与形象塑造有机地结合起来,是广告动作的重要策略。世界十大广告公司之一的达彼思广告公司,在 20 世纪 90 年代对 USP 进行的定义是:"USP 的创造力在于揭示一个品牌的精髓,并强有力地、有说服力地证实它的独特性,使之变得所向披靡、势不可挡。"

5.2.3 USP 法则的运用

(1)寻找商品的独具性

USP 法则的首要之点就是寻找商品的独具性,前提是产品必须与竞争对手有着明显的实质性差异。第一个发现产品的独特的销售主张,并通过广告迅速传播到消费者心中,便可以轻易地占领市场。如今,虽然随着科学技术的发展,商品同质化程度越来越高,是不可否认的一种现实趋势,商品的差异性正逐渐减小,但依照USP法则仍可能找到一个独特的诉求点。

①产品的生产商主动地改进产品,创造产品的独特性。因为,无论是产品的本质、外形、名称或包装的改进,都可以为USP的运用创造条件。

②可以向消费者说明产品过去没有被提到过的特性。例如香皂广告,一直只盯着清洁、滋润皮肤为诉求点,而"舒肤佳"以杀菌为独特销售主张,迅速打开市场。

③可以将同类产品共有但谁都没有说出的属性作为独特性。洗洁用品向来被看成是消费者低关心的"软性商品",消费者完全凭感觉购买,不像汽车、房地产之类的"硬性"商品,消费者在购买之前会仔细研究商品信息,理性地进行购买决策。因此,一般认为"软性"商品应注重情感诉求的形象策略,但宝洁公司却依仗USP法则,使它的系列洗洁用品占领了中国的高档洗洁用品市场。请看它的各个品牌的独特销售主张:

海飞丝:去头屑;

飘柔:洗发、护发二合一,令头发飘逸柔顺;

潘婷:含有维他命原B_5,兼含护发素,令头发健康、加倍亮泽。

(2)具有销售力

在运用USP法则时还要使广告具有销售力。广告大师伯恩·巴克曾说:"广告界中的任何人如说他的目的不是销售,则他不是无知就是骗子。"

(3)独特的销售主张

广告要从消费者的角度而非广告主的角度提出独特销售主张。USP主要是利用"独特主张"来给消费者一个心理或物质层面的独特利益。但大多数广告主所认定的利益,并不是消费者真正的利益,只能称作销售要点。因此,只有对市场进行充分地调查研究,才能了解消费者的真正利益,从而提出有效的、独特的销售主张。

(4)真实可靠

USP提出的利益要真实可靠,并由理论层面予以支持,尤其是对汽车、房地产等硬性商品,更需要充分详尽的USP支持。过犹不及,USP提出的利益要恰到好处,提出的USP中的利益过大,消费者认为不可信;过小,则激发不了消费者的购买欲望。

(5)与品牌形象相结合

USP法则最好与品牌形象相结合。USP独具说辞,给产品一个独特的说法,实际上也就树立了产品的形象。利益是主观性的,USP提供给消费者的不仅仅是物质利益,更重要的是精神利益。

当然,使用USP要有长远的眼光,注意与品牌形象相结合,切勿急功近利。雷斯就曾说过:“我们深信太暴露的 USP 太极端,太丰富的品牌形象却没有传达诉求点则是另一种极端”,“当你必须面临两难抉择时,最好还是把感觉融入诉求中去”。广告是科学与艺术的结合,利用科学找出所要传达的正确信息,艺术巧妙地表现信息。

汽车广告“说什么”,是个很难“一言以蔽之”的问题,比如,劳斯莱斯说“尊贵”,奔驰说“豪华”,宝马说“驾驶乐趣”,马自达说“装备精良”,沃尔沃说“安全”,绅宝说“飞行科技”,尼桑说“美观”……真是江南三月,杂花生树,群莺乱舞,让人眼花缭乱。其实,前述一些名牌汽车的广告主题还只是基本的,各种汽车的“说辞”都随着时间、空间及产品的状况而不断地变化着。

汽车广告“说什么”,似乎无规则可循。但是,汽车广告“说什么”这个问题又是广告人必须面对和回答的问题。怎么回答?任何事物,都要放在一定的时空背景上,才能对之建立合乎实际的概念。比如说,有人问:“荞麦叶面每平方厘米有多少个气孔?”你就无法笼统地回答。因为,当荞麦种在温带时,每平方厘米叶面有 82 个气孔,而种在沙漠地区时,气孔就多达 341 个。同理,汽车广告“说什么”的问题,也要放在一定的时空背景上,才能给出较正确的“说法”。

奥美广告公司创作的 March 系列汽车广告完全从“说形象”入手,第一支广告没有展示汽车的实体,而是以圆滚滚的线条取而代之。这些线描的汽车,像一只只肥胖的小猪,在画面上动起来,煞是奇特,这种从未见过的车型格外引人注目。第二、三支广告片在塑造 March 的个性上下功夫,以“喜欢陪你做特别的事”为口号,把 March 塑造成“March 不仅是 March,是朋友,也是情人”。第四支广告片才与一般的汽车广告相似,除展示汽车实体之外,还突出了产品 USP——三合一铝合金引擎。

March 的平面广告与电视广告走的是同一路线,几则广告都着力塑造 March 的多样化性格,频频使出幽默、怪诞的招数。它的车体肥胖,广告语却以攻为守:“哪个死胖子在叫我胖子?”尤其是一则广告中的十条“March 语录”,尽是些“伟人感冒也流鼻涕”,“对部下别太臭屁”,“不懂歌剧别泄气”之类看似语无伦次的货色,其怪诞程度比本田的“狗会思考吗”毫不逊色。不过,语录的第十条就“言归正传”了——瘦条的女人固然有魅力,肥胖的杨贵妃却照样可爱。这就把自己的胖车型看成“正宗标记”了!

大胆而颇具创新意味的系列广告攻势,造成了 March 的热销势头。上市半年,这车就卖出一万多辆。

从 March 汽车品牌的系列广告中,我们不难把握 USP 的要点:

第一,March 的“诱惑”效应是同类品牌没有提出的,是表现本品牌特色的销售主张。

第二,独特的销售主张必须使目标受众感兴趣,并且能使他们产生共鸣。

第三,品牌的 USP 确定后,其执行应持续一段时间。而在广告表现上则应以 USP 为前提,以精彩的创意抓住消费者的心,巩固和拓展品牌的市场占有率。

5.3　CIS 理论

5.3.1　企业形象识别——CIS 的含义

(1)CIS 的含义

企业形象识别策略近年来受到了更多企业的关注,很多企业开始采用企业形象识别策略,由此产生了巨大的营销效果。

所谓"企业形象识别",是从英语"Corporate Identity"一词翻译而来的。营销理论认为,企业形象识别,就是将企业经营活动以及支配此经营活动的经营理念,通过媒体的传播来强化社会认同的符号系统。也就是说,它将企业的经营理念、管理色彩、产品促销、商标设计等内容融为一体,运用整体性传播手段来塑造良好的企业形象,以赢得社会公众的信赖和肯定,从而达到销售目的的一种经营策略。

(2)CIS 的主要内涵

一个完整的企业形象识别系统由3个方面构成,即企业的理念识别——MI(Mind Identity),行为识别——BI(Behavior Identity)和视觉识别——VI(Visual Identity)。(见图5.1)

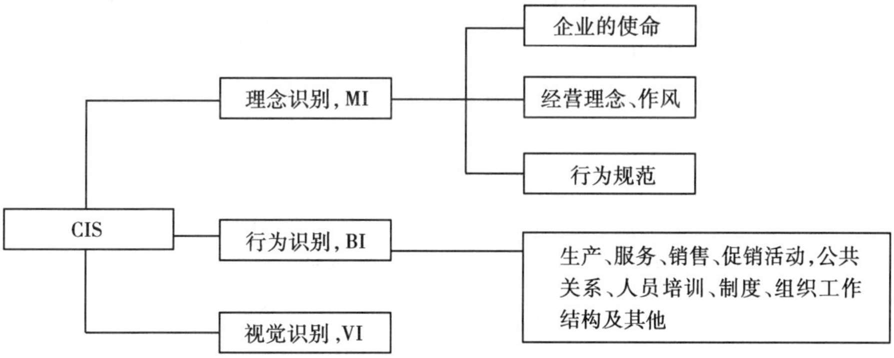

图5.1　CIS 的基本内容

①理念识别——MI。有人把它称为企业的心,它是企业的经营管理的指导思想或观念,它主要涉及企业的经营使命、经营观念、经营规范等内容。现代营销理论认为,理念识别是企业形象识别系统中的核心内容,是企业 CIS 中两个其他部分的指南,CIS 活动的特点就是要将企业的经营理念贯穿于行业的行为和视觉识别之中。

②行为识别——BI。行为识别是指企业在其经营理念指导下所表现出来的较为统一的行为特征,是 MI 的动态表现,它涉及企业的内部活动和外部活动两方面。内部活动

主要是指企业的管理活动,外部活动主要是指企业的经营或公益活动。社会公众或消费者对一个企业的评价,不仅要听它说得怎样,还要看它在干什么,干得怎样,因此,企业的行为识别是整个 CIS 中十分重要的方面。

③视觉识别——VI。视觉识别也被称为企业的表情,它是由企业的广告、商标、厂牌、色彩、建筑物、服饰等一系列具体"语言"所表达的较为统一而独特的企业形象。

④CIS 构成要素的关系如图 5.2 所示,MI 是主导因素,赋予 BI 与 VI 精神内涵,并通过 BI 与 VI 向大众传播企业理念与企业文化。若 BI 没有 MI 的支持,企业员工的行为往往会陷入不自觉中。若 VI 不能从 MI 的角度去表达,则缺乏精神内涵的视觉效应。

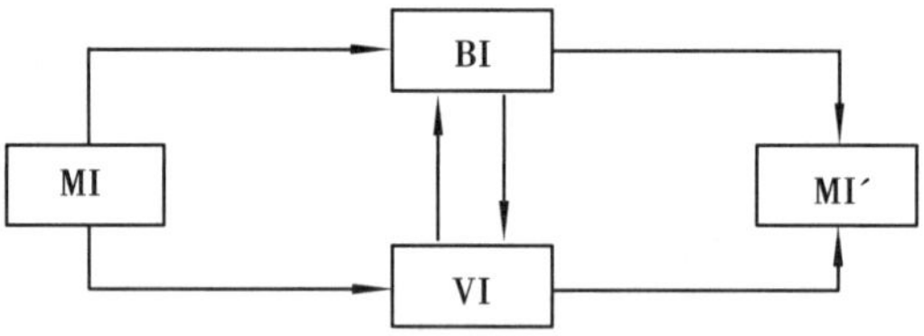

图 5.2　CIS 要素的关系

5.3.2　CIS 的产生

(1)CIS 的产生

CIS 的产生和运用起源于美国。20 世纪 50 年代中期,IBM 公司为了在世界各地扩大影响,设计了自己的标准字,使得带有横隐形条纹的 IBM 3 个英文字母成为该公司具有鲜明特征的企业标志。IBM 的成功,使得很多美国企业也纷纷采用 CIS 策略。

CIS 策略之所以在美国产生并获得成功,主要是因为社会生活的现代化造成的。由于整个社会节奏的加快,使得人们不可能仔细地评价观赏商店的橱窗和商品,很多商店都是一晃而过,因此只有那些简洁而富有特点的标记,才会引起人们的注意,留下深刻印象。

此外,20 世纪五六十年代还有很多原因,使得 CIS 活动越来越普遍。比如连锁店的出现以及国际品牌的兴起,使得统一的企业标志成为连接不同地区分销店的共同特征;在美国,任何一种语言文字被人们理解接受的程度远不如一个图案标记,所以,有特征的标志传播速度更快;美国是一个竞争社会,如何在生产优良商品的同时,又能利用独树一帜的标记,增强商品的指认性,也成为商品成功销售的重要推动力;在疆土广阔的美国,要使人能看到远处的东西,唯一的办法只能是采用醒目、简洁和有特点的标记。

(2)CIS 的发展

20 世纪六七十年代,CIS 策略从美国逐渐导入日本,日本企业在实施 CIS 策略的过程中渐渐注意到,单单在企业标志的视觉效果上动脑筋,似乎还无法完全达到预期的目标。因为他们在实践中感到,要树立企业良好的形象,不仅要提高消费者对企业的认知度,更主要的是要让广大消费者对企业产生好感和信任,只有这样才能真正产生购买行为。所以，作为企业，不仅要在视觉识别上下功夫，还必须通过树立正确的经营理念和积极开展各种识别活动，以及提供可靠的商品和优质的服务，才能真正达到这一目的。于是，日本的 CIS 策划者对 CIS 策划的指导思想进行了创造性的补充和完善。日本企业特别注重企业理念，他们认为只有树立了明确的理念，才能更好地实施 CIS 策略，才能使企业形象更具统一性和独立性，才能更易被社会公众和广大消费者所认可。

日本式的企业形象识别策略确实进一步强化了其本身的效果。首先，它是促使企业内部产生精神功能的有效手段。随着企业规模的不断扩大，分工进一步细化，员工感觉自己好像是机器的一部分，容易在心理上产生失落感，通过强调企业统一的理念和识别活动，来唤起员工的归属感。其次，系统化了的企业形象识别策略，更加有助于企业的发展。在现代社会中，企业新产品开发速度加快，多元化战略的实施，使企业的经营领域不断扩展，这样，如果企业再按传统的强调"产品形象"的策略进行宣传，不仅成本高，也不容易被消费者接受，而通过 CIS 策略，宣传强化企业形象，却能起到事半功倍的作用。再次，系统的 CIS 策略，也是现代环境保护运动的要求。

5.3.3　CIS 策略的运用

就一般规律而言，实施 CIS 策略大体上要经历以下 4 个阶段：

(1)调查现状

企业形象不是凭空树立起来的，企业的主观愿望与企业形象的实际状况是有距离的，因此企业形象现状调查就是要弄清两者之间的差距，去发现其中存在的问题，思考如何去改进。目前常见的问题大致有：

①随着企业多元化经营的发展，企业形象的一贯性、统一性逐渐丧失；

②与其他公司合并后必须重新塑造形象；

③企业名称陈旧老化，易被误认、误解；

④企业名称与商品和服务的形象不符；

⑤与同行业其他企业比较，自身的活动性似乎较差，在形象竞争力上处于不利地位；

⑥企业知名度过低；

⑦企业形象因某种事故受损；

⑧企业形象不好，员工士气低落；

⑨缺少能代表全公司的统一性的标志；

⑩某种特定商品的形象，成为其他商品的销售障碍。

(2)市场定位

市场定位和企业形象的树立有着十分密切的关系。市场定位就是指在目标市场上，本企业的产品和服务与竞争对手相比应处在什么位置。

(3)途径选择

提高企业形象的核心内容是提高企业在消费者或社会公众中的知名度和美誉度,一般来说有4条途径可以选择:

①低知名度、低美誉度;

②高知名度、低美誉度;

③低知名度、高美誉度;

④高知名度、高美誉度。

(4)实施运作

①组织落实。为了保证实施运作工作的落实,首先要做到组织落实,它是实现CIS策略的最基本保证。

②确立企业理念。企业要指定明确的企业理念和企业目标,并把它们用文字表述出来,成为企业成员和社会公众共同的概念。

③建立视觉识别系统。这是将企业的理念视觉化。

④活动识别的展开。围绕树立企业形象,根据设定的CIS策略方案展开一系列CIS活动,包括员工教育、员工行为以及企业行动等。

以下是麦当劳连锁快餐的实例:

麦当劳——成功的CIS典范

麦当劳连锁店别具一格,黄色的M形标志吸引了众多行人的关注。然而,它成功的精华,还在于它明确的企业理念和坚决执行企业理念的行为。麦当劳的社会目标是适应现代社会生活节奏加快和对时间价值的重视。它奉行“质量、服务、清洁和价值”的经营理念,管理严格。具体表现在:

质量管理上,坚持不卖品质不达标的食品,即超过限时的汉堡包和法式油炸薯条就不再出售,确保食品的味道正宗。此外,在脂肪含量上控制在16%至19%之间,对土豆的产地也有特别的规定。

服务上,强调并坚持环境的温馨和服务人员的微笑服务,让顾客感受到像家一样。清洁作为职工的一条行为规范,执行“与其背靠着墙休息,不如起身打扫”的原则。对于清洁卫生,每天定时检查,总部派出监察员进行巡视,并将检查情况报告总部。日常行为中还规定分店经理要“走动管理”,其座椅不得有靠背等。

上述的理念和行为要求,贯穿在所有的麦当劳连锁店中是十分难得的。在广告表现中能够看到,连在摇篮中幼小的婴儿,都会因看见麦当劳金黄色的M标志而露出甜滋滋的微笑。

5.4　品牌形象策略

5.4.1　品牌形象的含义

(1)品牌的含义

根据美国营销协会(American Marketing Association)的定义:“品牌是一个名称、术语、符号、标志或设计,或所有这些内容之组合。目的是识别和区分一个企业或一组企业与其竞争者的商品或服务。”

品牌的定义揭示了品牌的基本功能——识别功能。此功能是由“名称、术语、符号、标志或设计,或所有这些内容之组合”构成的,品牌的基本功能是由这一识别系统所演绎而来的“识别”与“区别”。这一识别系统只是构成品牌的一个最基本的部分,其功能仅在于使此企业品牌区别于彼企业品牌。图5.3列举了一些知名品牌的标志。

图5.3　一些知名品牌标志

一个企业单纯依赖品牌的识别功能无法在市场中竞争,企业需要建立整体品牌系统的竞争优势,如图5.4所示。

人们对品牌形象的认识,刚开始是着眼于影响品牌形象的各种因素上,如品牌属性、名称、包装、价格、声誉等。

(2)品牌含义的进一步认识

品牌形象是一个综合性的概念,是营销活动渴望建立的,受形象感知主体主观感受及感知方式、感知前景等影响,在心理上形成的一个联想性的集合体。品牌形象是一种资产,它应具有独特个性。我们认为:

①广告的主要目标是建立并维持一个品牌的良好形象。

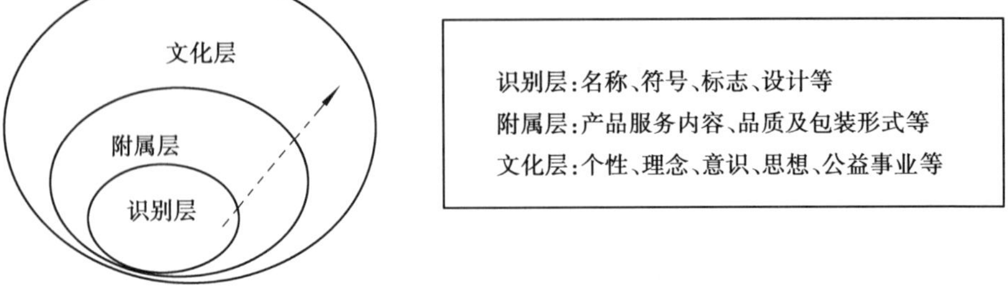

图 5.4　品牌识别系统图

②每一条广告都是对其品牌形象的长期投资,必要时还要不惜牺牲短期利益来尽量维持一个品牌的长远形象。

③随着产品之间差异性的减少,同质性的增大,决定竞争胜负的关键集中在消费者对于品牌乃至企业本身特殊性质的印象上。因此,描绘品牌的形象比强调产品的具体功能特征更为重要。

④根据马斯洛的需求层次论,消费者购买行为追求的是“实质利益+心理利益”,人们不仅注重产品给消费者带来的具体效用,更注重产品后面的企业形象和产品声誉。因此,广告应重视运用形象来满足消费者的心理需求。

5.4.2　品牌形象的构成内容和要素

(1)品牌形象的构成内容

良好的品牌形象是企业在市场竞争中的有力武器,深深地吸引着消费者。品牌形象内容主要由两方面构成:一是有形的内容;二是无形的内容。

品牌形象的有形内容又称为“品牌的功能性”,即与品牌产品或服务相联系的特征。从消费者和用户角度讲,“品牌的功能性”就是品牌产品或服务能满足其功能性需求的能力。例如,洗衣机具有减轻家庭负担的能力;照相机具有留住人们美好的瞬间的能力等。品牌形象的这一有形内容是最基本的,是生成形象的基础。品牌形象的有形内容把产品或服务提供给消费者的功能性满足与品牌形象紧紧联系起来,使人们一接触品牌,便可以马上将其功能性特征与品牌形象有机结合起来,形成感性的认识。

品牌形象的无形内容主要指品牌的独特魅力,是营销者赋予品牌的,并为消费者感知、接受的个性特征。随着社会经济的发展,商品日益丰富,人们的消费水平、消费需求也不断提高,人们对商品的要求不仅包括了商品本身的功能等有形表现,也把要求转向商品带来的无形感受和精神寄托。在这里,品牌形象的无形内容主要反映了人们的情感,显示了人们的身份、地位、心理等个性化要求。

(2)品牌形象的构成要素

按其表现形式的不同,品牌形象可分为内在形象和外在形象。内在形象主要包括产品形象及文化形象;外在形象则包括品牌标识系统形象与品牌在市场、消费者中表现的信誉。

产品形象是品牌形象的基础,是和品牌的功能性特征相联系的形象。潜在消费者对品牌的认知首先是通过对其产品功能的认知来体现的。一个品牌不是虚无的,而是因其能满足消费者的物质的或心理的需求,这种满足和其产品息息相关。奔驰牌轿车豪华高贵的品牌形象首先来自于其安全、舒适、质量一流的品质。当潜在消费者对产品评价很高,产生较强的信赖时,他们会把这种信赖转移到抽象的品牌上,对其品牌产生较高的评价,从而形成良好的品牌形象。

品牌文化形象是指社会公众、用户对品牌所体现的品牌文化或企业整体文化的认知和评价。企业文化是企业经营理念、价值观、道德规范、行为准则等企业行为的集中体现,也体现一个企业的精神风貌,对其消费群和员工产生着潜移默化的熏陶作用。品牌文化和企业的环境形象、员工形象、企业家形象等一起构成完整的企业文化。品牌背后是文化,每个成功品牌的背后都有其深厚的文化土壤,都有一个传达真善美的故事。"麦当劳"3个字所包含的不仅仅是香脆的薯条、美味的汉堡包和清新爽口的冰淇淋,也不仅仅是其舒适的环境、细致的服务,更在于它所代表的美国快餐文化,它所体现的现代生活方式。

品牌标识系统是指消费者及社会公众对品牌标识系统的认知与评价。品牌标识系统包括品牌名、商标图案、标志字、标准色以及包装装潢等产品和品牌的外观。社会公众对品牌的最初评价来自于其视觉形象,是精致的还是粗糙的,温暖明朗的还是高贵神秘的……通过品牌标识系统把品牌形象传递给消费者是最直接和快速的途径。尤其是在现代社会,产品极大丰富,新产品的推出也令人目不暇接,一个品牌只有先抓住消费者的视线,才可能进一步抓住他们的钱包和心。走入商场,琳琅满目的商品和色彩各异、图案鲜明的外观令人赏心悦目,不讲究品牌外观形象的时代已经过去了。

品牌信誉是指消费者及社会公众对一个品牌信任度的认知和评价,究其实质来源于产品的信誉。品牌信誉的建立需要企业各方面的共同努力,产品、服务、技术一样都不能少,并注重按合同规定的交货期交货以及及时结转应付账款等。"奔驰"车的消费者在购车一月后撞坏了车上的一个零件,奔驰公司重新为其更换了零件并分文不收,他们说:易撞坏的零件不是奔驰车的零件。是什么让这些名牌企业"小题大做"? 答案是品牌信誉。品牌信誉是维护顾客品牌忠诚度的法宝,是品牌维持其魅力的重要武器。

5.4.3 品牌形象策略

形象是一种感觉,就像一个人具有独特的外貌、仪容仪表、气质风度那样,你可能说不出他到底哪儿与众不同,但就是感觉到他独特的魅力。品牌形象也是如此,但这种感觉绝不是华丽而空洞的,它通过产品、服务或者商标、包装等视觉系统散发出来,无处不在。它是一种气氛、一种精神、一种风格,需要企业去挖掘、去表现。企业可以从以下几个角度赋予品牌以鲜明的个性:

(1)情感导入策略

品牌不是冷冰冰的牌子，它具有思想、个性和表现力，是沟通企业和消费者的桥梁。情感是人心目中最柔软的东西，以情动人、以情诱之是品牌经营者的不二法宝。

1967年，日本宝物玩具公司推出了一种名为"丽卡娃娃"的玩具，他们给丽卡娃娃设计了一个人性化的背景：香山丽卡，5月3日出生，血型O，小学五年级女生，父亲是法国的一个乐团指挥，母亲是时装设计师，有一个孪生妹妹，等等。然后，公司通过各种途径，如制作以丽卡娃娃为主角的电视节目、漫画等，让日本的小朋友们熟悉了丽卡娃娃，把她当成好朋友。同时，公司还设计了"丽卡娃娃热线电话""丽卡娃娃之友"俱乐部，出版了各种以丽卡娃娃为主角的书籍、杂志等，营造出丽卡娃娃就在人们身边的感觉，使丽卡娃娃成为一个有思想、有情感的可爱女孩，与小朋友一起游戏、一起生活。

丽卡娃娃成功了，成为日本一代儿童的好朋友，并行销几十年而不衰。情感导入策略的奥秘在于与消费者进行情感沟通，使之在不知不觉中被吸引、被感动，成为企业永远的朋友。

(2)专业权威形象策略

宝洁公司在推出其新品牌洗发水"沙宣"时使用了这一策略。广告中，国际专业美发师沙宣以其娴熟专业的手法为几名靓丽的模特打理出飘逸的长短发式，潇洒无比，令人信服。专业权威形象策略是一种极具扩张性、竞争性和飞跃性的形象策略，一般为那些在某一行业占据领先地位的企业所采用，以突出该品牌的权威度，提高消费者的信任度。化妆品牌"羽西"以美容专家靳羽西的名字命名，并由她本人担任形象代言人进行宣传，所采用的也是这一策略。

(3)心理定位策略

美国市场营销专家菲利普·科特勒认为，人们的消费行为变化分为3个阶段：第一个是量的消费阶段；第二个是质的消费阶段；第三个是感性消费阶段。在现代社会，随着商品的极大丰富和消费者品位的提高，消费者日益看重商品对于自己情感、心理上的满足，而不仅仅是量和质的满足。消费心理的变化表明企业应顺应消费者心理，以恰当的心理定位唤起消费者心灵的共鸣，树立独特的品牌形象。

日用消费品行业和人们的消费心理密切相关，心理定位策略也是日用消费品企业常采用的一种方法。例如宝洁公司同时推出飘柔、潘婷、海飞丝3个洗发水品牌，但3个品牌具有不同的个性特点：飘柔强调一头乌黑亮丽的长发，柔顺飘逸，美丽动人；潘婷则强调对头发光泽的维护，端庄典雅，秀而不妖；海飞丝则从去头皮屑入手，强调头发的清爽干净。3个品牌既相互竞争，又相互补充，利用消费者对洗发水的不同心理需求进行形象定位，从而各放异彩。

(4)文化导入策略

品牌形象所具有的感性色彩决定了文化是品牌构成中的一个重要因素。品牌本身就是一种文化，凝聚着深厚的文化积累，在品牌中注入文化因素，使品牌形象更为丰满、更有品位、更加独具特色。许多知名品牌背后都有一个动人的故事，例如“红豆”品牌，它借用了一首人尽皆知缠绵悱恻的古诗——《相思》中的意境，令人联想翩翩：“红豆生南国，春来发几枝。愿君多采撷，此物最相思。”一首名诗，道尽了绵绵相思，诉尽了无数情意，其丰富的文化内涵和缠绵的意境使得“红豆”这一品牌也具有了丰富的内涵，大大提高了其品牌形象。还有许多具有民族特色的品牌，一些中华“老字号”，如“狗不理”包子，“瑞福祥”的绸子等，正是其品牌中的文化内涵使其百年流传下来依然光彩夺目。

小　结

广告定位这一概念最早是经美国广告专家艾·里斯和杰·屈特两位大师提出，含义是要为产品在潜在顾客的大脑中确定一个合适的位置。

定位是对本产品和竞争产品进行深入分析、对目标消费者的需要进行准确判断的基础上，确定产品与众不同的优势及与此相联系的在消费者心中的独特地位，并将它们传达给目标消费者的动态过程。

广告定位是将定位策略运用到广告传播过程中，通过广告使产品的价值被消费者认识，并处于消费者的心智的有利位置。

广告定位产生的背景是为了如何从心理上说服消费者。

广告定位策略有：①通过有效的广告定位创造差异；②把广告定位看成是基本的营销战略要素；③通过有效的定位制订各种营销策略；④定位是进入未来顾客的心智。

USP(unique selling proposition)法则，即独特的销售主张理论，这一有着广泛影响的广告创意策略理论的核心是：每一种产品都应该发展一个自己的独特的销售主张或主题，并通过足量的重复传递给受众。

“USP”产生的背景是倡导“广告迈向专业化”，强调广告的原则和实效。

USP 法则的运用：①寻找商品的独特性；②具有销售力；③独特的销售主张；④真实可靠；⑤与品牌形象相结合。

CIS 策略是将企业的经营理念、管理色彩、产品促销、商标设计等内容融为一体，运用整体性传播手段来塑造良好的企业形象，以赢得社会公众的信赖和肯定，从而达到销售目的的一种经营策略。

CIS 的主要内涵包括理念识别(MI)、行为识别(BI)和视觉识别(VI)3 个部分。

CIS 产生的原因是企业要适应信息迅速增长的时代。有特征的标志传播速度更快、更能够被识别。同时，通过 CIS 策略，可以增强企业的凝聚力，展现企业的精神面貌。

实施 CIS 策略大体上要经历以下 4 个阶段：①调查现状；②市场定位；③途径选择；④实施运作。

根据美国营销协会(American Marketing Association)的定义:“品牌是一个名称、术语、符号、标志、设计,或所有这些内容之组合。目的是识别和区分一个企业或一组企业与其竞争者的商品或服务。”品牌的基本功能是由这一识别系统所演绎而来的“识别”与“区别”。

品牌形象内容主要由两方面构成:一是有形的内容;二是无形的内容。

品牌形象的构成按其表现形式,可分为内在形象和外在形象。内在形象主要包括产品形象及文化形象;外在形象则包括品牌标识系统形象与品牌在市场、消费者中体现的信誉。

品牌形象策略有:①情感导入策略;②专业权威形象策略;③心理定位策略;④文化导入策略。

思考题

1.产品定位与广告定位的关系是什么?
2.广告定位的目的和策略有哪些?
3.USP 法则的含义和意义是什么?
4.怎样运用 USP 法则?
5.CIS 策略的含义和基本构成是什么?
6.如何进行 CIS 策略?
7.品牌和品牌的基本功能是什么?
8.品牌形象的构成和策略是什么?

[案例讨论]

五粮液旗下金六福白酒广告

金六福酒:五粮液酒厂系列品牌。金六福酒作为中高档酒,1998 年第一瓶酒从生产线上下来,销售量快速上升,达到一年 30 亿元的销售额,成为竞争激烈的白酒市场的佼佼者。“金”代表权力富贵和地位;“六”为六六大顺;“福”为福气多多。五星级金六福,设计新颖,其开盒时“开门见福”,取酒时“揭福”,酒瓶如古钱袋,寓意吉祥,处处让人心情开朗。

金六福酒融汇了中国传统的民族特色和精湛的酿造工艺。与五粮液酒同工艺、同原料,具有香气悠久、味醇厚、入口甘美、入喉爽静、酒体丰满谐调的独特风格。

一、企业的营销目标与产品的广告目标

金六福企业诞生于 1996 年,与白酒龙头企业五粮液集团合作,通过代理品牌、创造品牌到拥有品牌,在白酒市场上打造“福文化”的产品概念,抢占白酒中端市场。通过多年的发展,以其上乘的品质和新颖的包装,受到消费者的青睐。金六福不断地提升“福文化”的范围,它不仅象征着个人的福,而且还是全中国人的福、民族的福。

二、以文化为背景塑造品牌形象

古往今来，关于白酒的诗句可谓多如牛毛："人生得意须尽欢，莫使金樽空对月"；"酒逢知己千杯少"；等等。这些国人几乎都已耳熟能详的诗句，无不折射出白酒在中国几千年文明中曾有的重要地位。无疑，白酒业是我国历史悠久的传统民族工业，酒是中华五千年的文化产物，它积淀了历史，积淀了品牌。但随着近年来白酒市场竞争的日益加剧以及人们消费品位的日益升迁，如何在白酒市场争得一席之地，取得市场的地位，是每个白酒企业都在追求的目标。寻找白酒新的生机使其焕发更美的光彩，成为白酒业人士的"头等大事"。其中，泸州老窖、全兴、青酒等，运用文化提升了品牌的内在价值，白酒品牌通过挖掘文化内涵来提升品牌价值得到市场的认可。

金六福定位为中高档白酒品牌，它的目标消费人群是那些富裕起来已经不缺温饱的中高档收入者。富裕起来的中国人的好日子体现在中国人的节假日，体现在亲朋好友的聚会，而"好日子离不开金六福"，金六福意味着吉祥、如意、喜庆和福气，是寿（寿比南山的"寿"），是富（荣华富贵的"富"），是康宁（安康和宁静的"康宁"），是好德（品行和德行），是佳和合（家和才能万事兴），是子念慈（儿女的孝顺）。所谓金酒一开，六福将至，体现了中国人的美好愿望。金六福酒围绕这一概念，借助节假日等机会，运用一系列主题传播——"中秋团圆·金六福酒""春节回家·金六福酒""我有喜事·金六福酒"，更使金六福酒逐步成为中国人节庆消费中必不可少的白酒。由于金六福白酒在广告中不断演绎，金六福成为"中国人的福酒"。

三、与体育结缘，通过事件营销提升品牌形象

2001年由于中国男足世界杯出线，引起国人关注，媒体将米卢誉为中国足球的神奇教练和好运福星，米卢的"好运"和"福星"的大众形象与金六福公司的品牌文化定位不谋而合，金六福公司力邀其担当福星酒的形象代言人。一身红色唐装的米卢端起福星酒，笑眯眯地向观众说："喝福星酒，运气就是这么好。"此外，申办奥运会的成功后，金六福开展了体育营销策略，成为中国奥运会合作伙伴，成为第28届奥运会中国代表团庆功白酒、第24届大学生运动会中国代表团唯一庆功白酒、第14届亚运会中国代表团唯一庆功白酒、第19届冬季奥运会中国代表团唯一庆功白酒等。

金六福在20世纪末到21世纪初，在白酒市场上出尽风头，一枝独秀。但是，随着白酒市场进入高度品牌化竞争，金六福作为后起之秀，怎样将较高的知名度转化为美誉度，后继力量已经显示不足。

问题讨论：

1.金六福酒为什么能够在白热化的白酒市场竞争中取得一席之地？

2.金六福酒主要的广告策略有哪些？

3.广告切入准确后，往往通过不断地吆喝，能够迅速提升产品的知名度，但怎样维系品牌的美誉度，促进品牌的持续发展呢？请与雀巢品牌的营销进行对比。

第6章 广告创意

【学习目标】

1.正确认识广告创意的含义和特征；
2.广告创意中自觉遵循广告创意的基本原则；
3.了解广告创意的过程；
4.正确运用广告创意的方法；
5.把握广告创意与广告表现的关系；
6.了解广告表现的基本类型；
7.知道如何评价广告创意与广告作品。

【教学要点】

1.广告创意的含义；
2.广告创意的原则、特征和过程；
3.广告创意的基本方法；
4.广告表现的含义及与广告创意的关系；
5.广告表现的基本类型；
6.广告创意和广告作品的评价标准。

广告创意是表现广告主题的新颖构思、意境或主题，它是一种创造性的思维活动。进行广告创意时要遵循目标原则、关注原则、简洁原则、合规原则和情感原则。广告创意是一项艰苦的高智力的脑力劳动，是建立在大量科学数据之上的艺术创造活动。

6.1　广告创意概述

6.1.1　广告创意的含义

广告创意是指使广告达到广告目的的创造性主意。在商业广告中是指使广告达到促销目的的独特主意。

广告活动中的"创意"，其实质是根据产品情况、市场情况、目标消费者的情况、竞争对手等情况制定的广告策略，寻找一个"说服"目标消费者的"理由"，并根据这个理由通过视、听表现来影响目标消费者的情感与行为，使目标消费者从广告中认识该产品给他带来的利益，从而促成行为。故此，广告"创意"的核心在于提出"理由"，继而讲究"说服"，以求促成行动。这里的"理由"与"说服"即是"主意"，它是以企业的营销策略、广告策略为依据，以市场竞争为依据，以产品定位为依据，以目标消费者的利益为依据的，绝不是几个表现形式上的"构思"所能达到的。

广告"创意"中的"创"，即使用具有独创性的主意，也就是说，这种"主意"是别人未曾使用过的。独创性包括策略性与表现形态，其中以策略性为主导，而表现形态即是采用与企业、产品的个性对位的独特的表现形式与手段，以求"主意"能有效说服目标消费者并给其留下深刻印象。任何把策略性与表现形态对立起来的广告创作，都可能导致广告偏离广告目标，达不到广告目的。

6.1.2　广告创意的原则

在进行广告创意时必须遵循以下几项基本原则。

(1)目标原则

目标原则即广告创意必须与广告目标和营销目标相吻合。在创意活动中，广告创意必须围绕着广告目标和营销目标进行，必须从广告服务对象出发，最终又回到服务对象。广告创意的轨道就是广告主的产品、企业和营销策略。任何艺术范围的营造，都是为了刺激人们的消费心理，促成营销目标的实现。如果广告创意背离了目标原则，不管它多么美妙绝伦，都是一个不知所云的失败广告。比如某冰箱广告，表现一个跋涉于戈壁滩的男子，口渴难忍之际，忽然在沙漠中发现一台冰箱，迫不及待地从中拿出饮料狂饮。广告强调了口渴，而易将观众视线引到饮料上。此广告的败笔在于：它将广告创意和营销目标本末倒置，只让消费者停留在广告的本身，而忽视了广告中的商品。

(2)关注原则

广告创意要千方百计地吸引消费者的注意力，这要求广告创意及其各方面都要新颖、独特，促使消费者关注广告内容。只有这样才能在消费者心中留下深刻的印象，发挥广告的作用。

某妆品公司的“只要青春不要痘”的广告就做得很成功。该公司为了推出新产品祛斑霜，在电视上做了这样一个广告：荧屏上首先闪出 7 个醒目大字“只要青春不要痘”，紧接着一位妙龄少女从人群中起来，用扇子遮住了面颊，显得十分忧伤。旁白道出“青春是美好的，但恼人的青春痘令人十分扫兴，既遮不住，又躲不掉”。一语道破了姑娘的苦恼所在，又说明了产品的特定用途。它紧紧抓住了消费者的心，给其留下深刻印象。这样，默默无闻的祛斑霜很快在市场上打开了销路。

(3)简洁原则

广告创意必须简单明了、纯真质朴、切中主题，才能使人过目不忘，印象深刻。如果刻意追求创意表现的局部细节，单纯追求面而不强调广告核心诉求点的重要性，必将因广告信息过多导致消费者认知的模糊不清。

《文汇报》于 1993 年 1 月 25 日，用第一版整版篇幅刊登了“西泠空调器”特大广告。这则广告的最大特点就是简洁。整版广告横向分割成上中下三大板块，上方用 3 cm 见方的特大字体分行标出题头语——“今年夏天最冷的热门新闻”。中间是西泠空调器的正面摄影图像。下面又分为上中下三部分：上部是一行与上端字体同样大小的正题——“西泠冷气全面启动”；中间部分是用极小的字排的副题——“正值严冬，却聊起夏天的话题，因为西泠冷气要解放今年的夏季”；下部才是产品介绍。

(4)合规原则

合规原则指广告创意必须符合广告法规和广告的社会责任。随着广告事业的发展，广告的商业目标和社会伦理的冲突时有发生，广告主与对手竞争的火药味也越来越浓。因此，广告创意的内容必须要受广告法规和社会伦理道德以及各国家各地区风俗习惯的约束，以社会责任为重，保证广告文化的健康有序发展。比如，按照我国的广告法规和大众文化，不能在大众媒体上做香烟广告；不能做对象明确的比较广告和以暴露“性”为诉求点的广告；不能做违反风俗习惯、宗教信仰和价值观念的广告。

1992 年，希腊一家制鞋公司刊登了这样一则广告：在雅典古城堡的胜利女神庙上，在 4 个石柱女神像中间，一位现代装束的女郎迈步向前作行走状，镜头突出的是她脚下的鞋。广告刚一刊出，考古学者和文物工作者纷纷上告，认为这则广告有损希腊著名古迹的声誉，玷污了希腊人的宗教信仰，法院最后裁决广告违法，停止刊播并罚款。不久，意大利一家公司又做了一则可口可乐广告，将上述石柱女神像改成可口可乐瓶。这引起希腊文化部出面交涉，意大利公司不得不收回该广告。这两起广告纠纷直接违反了希腊的广告法第三条:“广告不得利用宗教经典言语、圣文、有关宗教的古迹,不得有损民族团结、文化传统。”

(5)情感原则

以情感为诉求重点,也即从单纯的物质消费层面转向包含情感的多元层面是当今广告创意的主流,因为在一个高度成熟的社会里,消费者的消费意识日益成熟,他们不仅仅注重于广告商品的性能和特点,更追求的是一种与自己内心深处的情绪和情感相一致的“感情消费”,从而获得精神上的满足。因此,若能在广告创意中注入浓浓的个性化的情感因素,便可以打动并影响消费者,达到较好的广告效果。许多成功的广告创意,都是在消费者的情感方面大做文章。

例如美国贝尔电话公司的一则广告:

一天傍晚,一对老夫妇正在进餐时电话铃响了起来,老妇人去另一房间接电话。回来后,老先生问:“谁的电话?”老妇人回答:“是女儿打来的。”老先生又问:“有什么事吗?”老妇人回答:“没有。”老先生惊奇地问:“没事?几千里地打电话来干什么?”老妇人呜咽道:“她说她爱我们。”两人顿时相对无言,激动不已。这时出现旁白:“用电话传递你的爱吧!”

这则广告从最易引起人们共鸣的亲情入手,通过远在千里之遥的子女用电话向年迈的父母表达爱心,从而赋予电话以强烈的感情色彩,营造了一种浓浓的亲情氛围,最后推出要宣传的企业——贝尔电话公司。整个创意很有感染力。

(6)创新性原则

广告的创新性就是指广告的原创性。创意包含两个含义,一是创造,二是意趣。一位资深的广告大师说,创意的本质就是挑战与众不同的看法,创意的魅力就是对一件事情的新看法、新主张。广告创意的创新性就是要给人意料之外而又情理之中的感觉。

例如劳力士手表的广播广告:

播音员:此刻你站在海拔5.5英里的雪域,凝望着几英里之外的天际。生活在这里变得如此简单,生存或者死亡。不能退让,不能哀叹,没有另一次机会。这里终年风暴肆虐,每一次艰难的呼吸都是胜利。这里就是世界最高峰,人称珠穆朗玛峰。昨天它还被认为是不可征服的,而这已成为历史。

客户嘉宾:当艾德蒙·希特拉利从珠峰之巅遥望天际之时,他用来掌握时间的腕表是专为抵御世界上最暴虐的山峰而设计的。劳力士相信艾德蒙爵士定能征服世界最高峰,故特为他设计制作了劳力士探索型手表。

播音员:在每一个人的生命当中,都有一座珠峰有待征服。在你征服了你的珠峰之后,就会发现,你的劳力士手表,在芭特菲路65号劳力士珠宝指定销售商店——贾氏珠宝店内,耐心地等待着你的光临来取走它。

这则广告的创新性,在于巧妙地运用“你”这个词,让听众参与到广告中,让人感受到呼啸的大风、令人生畏的孤独和站到世界之巅的自豪。

6.2 广告创意的特征、过程和方法

6.2.1 广告创意的特征

广告创意主要有四大特征:适时性、适类性、适人性和适地性。

(1)适时性

适时性是指广告要符合时期、季节的特点。从时期上说,任何产品在市场上都有其时间性特定位置,在其市场寿命不同阶段,表现出不同的特征,这样就要求针对不同阶段有不同的广告创意。因为,在寿命周期的不同阶段,企业的广告目标会不同,必然会有适时的广告创意。

在广告创意中还要注意广告刊播季节,把握季节特点。在春节的时候,试想一下,广告表现一群穿白衬衫的青年人,围坐在一起开怀畅饮高度白酒,还是这群青年人穿着冬装,围坐在一起开怀畅饮高度白酒,哪个表现会让观众感觉好一些呢?

(2)适类性

由于商品的不同属性,决定了广告创意必须充分体现其商品类别,使受众在很短时间内就能认知该广告产品的类别,不致误导。在表现时要针对不同类别的个性特点,进行商品属性的强化,这是广告创意必须把握的。由于产品类别不同,广告创意中的文字、图案、色调、背景、音乐及广告模特的性别、年龄、职业等均有所不同。在广告创意中注重适类性是至关重要的,如化妆品、医药、通信、食品等,由于其属性上的差别,在广告中就不能“混淆视听”。

(3)适人性

适人性是指广告创意必须针对广告诉求对象即目标消费群。由于目标对象的文化、习惯、教育、地域等个性因素的不同,其对广告艺术感染力的感知也不尽相同。因此,创作时必须考虑目标对象的各种情况,针对目标对象的情况进行准确有效的诉求,只有这样才能适应目标对象的接受心理。如果一则广告的产品是农药,诉求对象是普通农民,而创意者却使用比较高深的艺术形态,就会使目标对象感知困难,阻碍广告的有效传达。

在广告创意中讲究适人性,也就是要求广告创意人要注重研究目标对象的接受心理,要研究特定目标对象的文化特征和文化层次。不同地域、不同民族,人们的接受心理不同,这在一定程度上直接影响着广告的效果,因此广告创意中应重视广告创意的适人性特征。

(4)适地性

我国幅员辽阔,各地的生活习惯、风俗、民情、人群构成、宗教信仰等内容各不相同,在中华民族大文化下,又形成了各地的亚文化。因此广告创作时,必须充分了解目标市场的地域情况,选择易被他们接受的信息沟通方式,才能有效传达广告的信息。否则,就会造成广告亲和力降低,影响广告的传达效果。另一方面,适地性要求广告表现中的环境选择要恰当,广告产品应该在恰当的人文环境中去表现,如果发生偏离也会造成广告环境失去亲和力。

6.2.2　广告创意的过程

著名的广告大师韦伯・杨认为:"广告创意的产生并非仅仅一刹那的灵光闪现,而是经历了一个复杂而曲折的过程。"他把创意过程分为 5 个步骤。

(1)收集资料阶段

收集资料是广告创意的前提准备阶段。韦伯・杨把这种资料分为特定资料和一般资料两种类型。特定资料指那些与创意密切相关的产品、服务、消费者及竞争者等方面的资料,这是广告创意的主要依据,创意者必须对特定资料有全面而深刻的认识,才有可能发现产品或服务与目标消费者之间存在的某种特殊的关联性,这样才能导致创意的产生。不掌握特定资料,创意就成了无源之水,无本之木。

一般资料是指创意者个人必须具备的知识和掌握的信息,这是人们进行创造的基本条件。广告创意的过程,实际上就是创意者运用个人的一切知识和信息去重新组合和使用的过程。广告创意者的知识和信息量直接影响着广告创意的质量。收集这些资料就要做生活的有心人,随时观察生活、体验生活、改变生活,并把它们记录下来,以备在进行创作时厚积薄发。

(2)整理资料阶段

这一阶段主要是对收集来的资料进行归纳和整理。主要经过如下步骤:

①列出广告商品与同类商品都具有的共同属性;

②列出广告商品与竞争商品的优势、劣势,通过对比分析,找出广告商品的竞争优势;

③列出广告商品的竞争优势给消费者带来的便利,即诉求点;

④找出消费者最关心、最迫切需求的问题,即定位点,找到定位点,也就找到了广告创意的突破口。

韦伯・杨强调"在心智上养成寻求各事实之间关系的习惯,成为产生创意最为重要之事"。如果能在看似无关的事实之间,发现它们的相关性并把它们进行新的组合,这样就能产生精彩的创意。

莎碧娜航空公司由北美直飞比利时首都布鲁塞尔的航线营运疲软,尽管做了强调饮食与服务周到的广告,境况仍没大起色。广告人发现,根本原因在于比利时在旅游者心目中没有地位,很少有人飞往那里。因此,必须为比利时这个国家做广告而不只是为航空公司做广告。广告人发现,比利时有5个"特别值得一游"的"三星级城市",而它北方最大的观光胜地荷兰只有一个"三星级城市"——阿姆斯特丹。"三星级城市"立即把比利时和阿姆斯特丹联系起来了! 于是,"比利时有5个阿姆斯特丹"的了不起的广告创意便诞生了。

(3)分析资料阶段

分析阶段即广告创意的潜伏阶段。一个好的创意要历经时间的考验,反复的对比。它是一个痛苦的过程,是设计师所有创造性思绪迸发的火花。经过较长时间的苦思冥想之后,设计师可能还没找到满意的创意,这时需要创意工作坚持不懈地在广告设计的大范围中作横向、纵向比较,进一步挖掘潜在的信息,最终产生新的创意。

(4)突破阶段

突破阶段是广告创意的产生阶段,即灵感闪现阶段。灵感闪现也称"尤里卡效应"。"尤里卡"是希腊语,意为"我想出来了",源于古希腊科学家阿基米德灵感突现时的忘情呼喊,它标志着伟大创意的诞生。当广告创意人员高叫"尤里卡"的时刻,就意味着创意进入第四步了。

(5)完善阶段

完善阶段就是广告创意的推敲、完善阶段。创意刚刚出现时,往往是十分粗糙的雏形,含有许多不合理的地方,这就需要把它交给其他广告同仁审阅评论,使之不断完善、成熟。因为,个人的思维再好也有其局限性,容易以主观意愿代替客观存在。广泛听取别人意见,甚至将创意在小范围内试运行,对检验和完善创意有积极作用。

广告大师大卫·奥格威在实际创作中非常重视同别人商量,他为"劳斯莱斯"汽车写广告时,写了26个不同的标题,请了6位撰文人员在其中选出最好的一个(即"这辆新型'劳斯莱斯'在时速60英里时,最大噪声是来自电钟")。写好文案后,又找了三四位撰文人员来审阅,把枯燥无味及含糊的部分删掉,经反复修改后才定稿。

产生创意的5个步骤简单明了,看起来并没有什么惊人之处,实际上却需要付出艰苦的、高智力的工作。同时,我们还要看到这个过程的必要性和严格的顺序性,避免轻率的创意,更要避免逆转方向,以表现手法来定主题、进而来选材的荒谬做法。

6.2.3 广告创意的思维方法

进行广告创意,追求新颖独特、别出心裁。但它的出现还需要切实可行、行之有效的方法。一般来讲,人们常见的思维方法有以下3种:

(1)亚瑟·科斯勒的“二旧化一新”创意方法

亚瑟·科斯勒的“二旧化一新”创意方法的概念不是专门为广告创意提出来的。它是在研究人类心智作用对创意的影响时提出的一种构思。二旧化一新思维方法的基本含义是:新构思常出自两个想法相抵触的再结合,这种组合是以前从未考虑过、从未想到的。结果会产生突破性的新组合。有时,即使是完全对立、互相抵触的两个事件,也可以经由创意的行动和谐融为一体,成为引人注意的构思。

对于“二旧化一新”的创意方法,韦伯·杨在其《产生创意的方法》中也进行了深入的探讨。在他看来,创意的基础原则有两个:第一,创意完全是把原来的许多旧元素进行新组合;第二,必须具有把旧元素予以新的组合的能力。他认为广告中的创意,常常是有着生活与事件“一般知识”的人们,对来自产品的特定知识加以重新组合的结果。而这种对各要素进行重新组合的创意方法就类似于万花筒中所发生的组合。万花筒中放置的彩色玻璃片数量越多,其构成令人印象深刻的新组合的可能性就越大。同样,人的心智中积累的旧元素越多,也就越有增加令人印象深刻的新组合或新创意的机会。因此,对广告创意者而言,“在心智上养成寻求各事实之间关系的习惯,成为产生创意最为重要之事”。

金鱼和洗衣粉有什么联系吗?有。宝洁公司的汰渍洗衣粉,为了表达该洗衣粉不伤衣服的特性,做了一则平面广告:

在一只鱼缸里,色彩斑斓的金鱼欢快地在里面畅游。广告语:“让衣服的色彩像金鱼一样不褪色!”画面右下角是汰渍洗衣粉的标志。

衣服—金鱼—不褪色—洗衣粉,“衣服”与“金鱼”两个看似不相关的事物组合在一起,表现不伤衣服的洗衣粉。这种组合成为了引人注目的新构思。

“二旧化一新”的创意方法的价值,主要体现在它能使创意者把各种互不相关甚至互相抵触的事物交融、组合在一起,形成一个令人注目的创意,并给人以意料之外而又情理之中的感受。

(2)“水平思考”的创意思维方法

“水平思考”的概念是由英国心理学家爱德华·戴勃诺博士在进行管理心理学的研究时提出的,原指“管理上的水平思考法”。在广告实践中,广告创意人员和广告学者逐渐发现,水平思考法能极大地促进、激发广告创意的诞生,于是,成为广告创意中常常运用的方法。

水平思考的思维方法是与垂直思考思维方法相对而言的。垂直思考的思维特点是强调传统的逻辑推理,循序渐进地探求解决问题的思考方式,如建房子,需要从打基础到砌砖,一步步地往上砌。而水平思考的思维特点与垂直思考相反,强调思考的发散性。如请举出红砖所有可能性用途,若回答能盖房子、筑围墙、造烟囱等,是沿着一个方向限于建筑材料的思维。而若问答是盖房子、打狗、代替乒乓球网、敲击钉子等,这是比较典型的水平发散思维。

爱德华·戴勃诺博士曾对两种方法进行了比较全面的分析，其差异表现在：

①垂直思考法是选择性的，水平思考法是生生不息的；

②垂直性思考是分析性的，水平思考是激发性的；

③垂直思考的移动只在有了一个方向时才移动，水平思考的移动则是为了产生一个新方向；

④垂直思考是按部就班，水平思考则是激发性的；

⑤用垂直思考，每一步必须都正确，才能推导出正确的结论，水平思考则不需要；

⑥垂直思考为了封闭某些途径要用否定，水平思考则无否定可言；

⑦垂直思考要集中排除不相关者，水平思考则欢迎新东西闯入；

⑧用垂直思考，类别、分类和名称都是固定的，水平思考则不必；

⑨垂直思考遵循最可能的途径，水平思考则探索最不可能的途径；

⑩垂直思考是无限的过程，水平思考则是或然性的过程。

水平思考思维方法能够弥补垂直思考思维方法的不足，克服垂直思考思维方法引起的固有经验与模式，获取创造性的构思。同时，水平思考思维方法也有其局限性，它不能像垂直思考思维方法能对问题进行深入的挖掘，难以透彻地把握事物的本质。因此，在进行广告创意的过程中，往往要运用两种思考方法，用水平思考拓展思维，用垂直思考纵深挖掘，两者结合，才能产生别出心裁、效力强、影响深的广告创意。

(3)“头脑风暴”的创意思维方法

头脑风暴的创意思维方法，是美国 BBDO 广告公司负责人奥斯本(Alex Osborn)于 1938 年提出来的，英文为“Brain storming”，所以又称为“集脑会商法”“脑力激荡法”。它是指组织一批专家、学者、创意人员和其他人员共同思考、集思广益进行广告创意。

这种方法首先必须进行精心的准备。一般在头脑风暴的前两天将会议的议题、举行时间、地点通知每一位与会者，使其有时间预先思考、准备。会议议题要明确，一般一会一题，如新商品名称、广告主题、广告目标对象的关心点等。同时，与会人员不要过多，以 10~15 人为宜。

在头脑风暴的过程中，会议主持人要善于引导、协商，促使与会人员踊跃发言，最大限度地调动每一个与会者的积极性，激发其创造力，所以，主持人是头脑风暴成功与否的关键；其次，在头脑风暴的过程中，拒绝对他人的构思和建议进行任何批评，鼓励各种稀奇古怪的构想；再次，头脑风暴要首先求创意的量，以量变求质变，鼓励综合改进，在别人的构想上产生新构想；最后，头脑风暴结束后，由专人对会上提出的构想进行筛选、综合、补充与丰富，最终形成有效的创意。

头脑风暴法，脑力的激荡碰撞，应像一串点燃的爆竹，可以激起噼噼啪啪的连锁反应，诱发出更多精彩纷呈的广告创意构思。目前，一些大型广告公司，普遍采用的创意方法就是头脑风暴法。

在日本，由川多喜二郎提出的 KJ 法也是一种头脑风暴的方法。KJ 法分为 3 个阶段实施：第一阶段，明确“什么是问题的主体”，以讨论的方式提出与中心“有关系的东西”

及“似乎有关系的东西”。由一个记录人把各人的发言内容压缩成“一句话标题”，记录在卡片上。第二阶段，把意见接近的卡片集中在一起，再进行压缩，制成“一句话标题”，然后对“一句话标题”进行分类组合，也制成“一句话标题”，如此循环多次。第三阶段，在编成卡片之后，可采取图解化的方法、文章化的方法或先进行图解化，而后再进行文章化的方法，形成新的构思。

此外，还有一种叫“635法”的头脑风暴法，“6”即是每次会议有6个人，以5分钟为时间单元，要求每人提出3个构想。具体做法是，由主持人宣布议题，解答疑问，然后发给每人几张卡片，每张卡片上标有1,2,3序号。在第一个5分钟，每人针对议题填写3个设想，然后再把卡片传递给别人。在下一个5分钟里，每人又在他人的卡片上针对他人所提出的设想再提3个设想。以此类推，直到卡片传递6次，产生108个设想，在此基础上形成创意。

以上广告创意的思维方法，在具体的运用中，常常是根据具体的某项问题，几种方法结合起来使用。多种方法的综合使用，能够取长补短，增强创意的活力。

下面来体验两则广告中的创意思维。

一、如何将爱情进行到底——保险公司广告

夜晚，在巴黎的街道上，一个小伙子站在一幢居民楼的楼下，一言不发地仰头望着楼上。书籍、闹钟、杂志、运动鞋、唱片、电吉他等物品相继被人从楼上抛下，砸得满地狼藉。

看起来像是小伙子与恋人闹了不愉快，导致了这场“纷纷扬扬”的分手大战。这时，楼下又来了一位白发苍苍的老者，他想要阻止楼上的行为。正要感叹老头儿的好心肠，楼上的人又抛下了一个相框，里面镶着老头儿夫妇的合影。

镜头摇向楼上，一个出完气的老太太双手叉腰站在阳台上。到这时候，我们才明白原来是老夫妻在闹矛盾，看来扔东西出气并非年轻人的专利。

保险公司提示：即使活到了70岁，还是什么事都有可能发生。

二、袋鼠的故事——雨衣广告

一对情侣驾车在澳大利亚腹地游览，天忽然下起了大雨。他们发现一只受伤的袋鼠卧在路旁，两人下车走近查看，小伙子还满怀爱心地脱下自己的雨衣给袋鼠披上。不一会儿，袋鼠蹦跳着跑开了。

两个年轻人正要继续赶路时才发现车钥匙放在袋鼠穿走的雨衣口袋里。当两人正在为被困在荒野中而发愁时，穿雨衣的袋鼠回来了，旁边还跟着一名当地土著。土著拿出车钥匙并指着姑娘要求做个交换，小伙子竟然点头应允。这可气坏了姑娘，她愤怒地看着恋人。

不一会儿却真相大白：那个土著要的只是姑娘身上所穿的雨衣。

从以上两则电视广告的描述中可以看到，在进行广告创意时，广告创意思维来源于生活。又高于生活。广告既在意料之外，又在情理之中。在广告创意中充分把产品特性+人情味相结合，才能更有效地提高受众对广告及产品的印象，提升广告效果。

6.3 广告表现

6.3.1 广告表现的含义和原则

在广告传播过程中,广告信息往往需要通过具体的媒体去与目标受众进行接触。如何将特定的概念转化成具体媒体上的信息形态,是广告表现活动的思考重点。从广告活动来看,当广告创意策略确定后,如何根据不同媒体的特征,通过对各种信息元素的编排,将广告创意转化成广告作品,即是广告创意的视觉化的环节。在这个阶段,工作的重点是从媒体特性和受众心理出发,调动各种形式去表达广告创意的构思。不同的受众和不同的媒体形态,对广告创意的传播会有不同的要求。

从实施的角度看,广告表现出具体的文案、编排、图形创作视听效果特技、影像摄制、画面剪辑、版面控制、时间连动等多个方面的艺术创造过程。

广告表现是现代广告运作的重要步骤,决定了广告的最终作品,直接影响到广告传播的效果。

(1)广告表现的含义

广告表现是将广告创意概念进行符合特定媒体语言的再创造,完成特定的信息编排与传达效果的创意执行过程。广告表现与广告创意的关系是:在广告创意的策略方针下,运用媒体特定的传播信息的优势,用各种表达广告创意的语言与非语言的符号元素进行编排与组合,形成达到广告传播目标,引起目标受众心理共鸣的广告作品。因此,广告表现过程不仅涉及作品的艺术表现技巧,更涉及传统与现代传媒技术和信息处理的策略。广告表现是广告运动中“怎么说”的环节,或者被形象地比喻为“临门一脚”。

20 世纪 90 年代后期以来,信息传播技术的发展使地球变得“越来越小”,世界变成了一个地球村,几乎地球村里发生的重大事件,在同一时间都能够传遍每个角落。在如此超负荷的信息环境下,市场营销又要面对越来越个性化的消费者,采用传统的多种媒体、大规模运行的广告运作方式正面临新的挑战。在媒体的策略上,人们在尝试用单一媒体策略和短期广告攻势来达到广告传播的目标,在同一个广告创意概念下,系列的广告作品越来越多,用这样的方式来不断适应和影响多变的消费者。

例如,灵狮伦敦广告公司为来自俄罗斯的 Smirnoff 伏特加酒做的广告推广案。该产品的广告活动一是要求有全球通用的创意,即要避免使用地方性文化;二是要表现产品的“令人震撼的纯净”。众多的伏特加酒品牌都是这样类似的条件,怎样体现 Smirnoff 的品牌独特性呢?经过思索,把 Smirnoff 的纯净视为一面窗子,透过这扇窗子,人们可以看到周围环境让人震惊的情况。“PURE SMIRNOFF. THE DIFFRENCE IS CLEAR”（纯正斯米尔诺夫酒，区别显而易见），Smirnoff，能带给人们异想天开的感受。明确的产品特征和清晰的品牌概念的系列广告，使 Smiroff 伏特加酒取得最大的广告传播效果。由此也成为灵狮全球集团最著名的广告案例之一。

在广告表现阶段，能否得到有价值、有影响力的创意概念，是广告表现作业成功的大前提。出色的广告创意概念，能够激发出广告表现阶段的再创造激情，使广告作品锦上添花；没有出色的广告创意作为基础，广告表现所能做的只能是对平庸诉求的渲染，达不到提升广告的传播效力。自然流畅的广告表现手法，能够吸引受众注意、提高受众记忆，增强广告运动的传播效果。从这个意义上来讲，广告表现并不是狭义的广告制作，被动的机械制作不能更好地完成这个阶段的任务。因此，在广告运动中，广告创意与表现是相辅相成的关系。

（2）广告表现的原则

1）为广告目标服务

广告目标是广告运动要达到的最终目的。广告表现的主要功能就是要创造有说服力和渗透力的广告作品，吸引目标受众的注意，让目标受众被广告所感染、所打动，引起其心理的共鸣，达到广告的预期目标。因此，要防止为广告而做广告，单纯追求艺术形式与美感，达不到广告目标的广告表现行为。例如，一些优美的画面播放完后，观众享受到优美的画面，结果不知是什么产品的广告。广告大师奥格威说：“这样的广告是失败的广告。”

2）准确体现广告创意

准确体现广告创意，是广告表现的前提。超越广告创意的要求，任灵感自由地发挥，这样的作品，往往因为没有传播的核心概念和主题，导致广告活动支离破碎，影响广告的整体效果。有一位资深广告人曾经说：“某些广告人越来越与大众脱离，我曾经与邻居聊天，他们对我说，广告越来越不明白了；而有的文案和美术指导却在抱怨，没有创作空间，没有创作自由……要考虑市场策略、广告预算、时间紧迫、广告创意策略，等等，广告越来越难做。难道文案和美术指导所做的广告是为了满足自己的喜好，而让广告主为这样的广告付费吗？如果网球运动员认为网球场各种格状线限制了自由，而把这些从场上去掉，这种状态下比赛会有趣吗？正是这些限制才成就了网球比赛的精彩。”

3）符合特定媒体的特征

广告表现阶段所要做的首要任务，是为实现广告创意寻找最具有表现力和感染力的视觉语言（符号），创作出体现广告创意要求的作品。不同媒体的特点决定了媒体的表现力不同，广告作品要与媒体的具体特征相结合，必须结合媒体特征来开展思维。报纸、电视、杂志、广播等，由于媒体的特点不同，同一广告主题，通过这些媒体进行传播时，表现的角度要随之调整。

6.3.2 广告表现的类型

广告表现的类型,可以从不同的角度进行划分。在广告创意表现的执行过程中,理性与情感的模式往往从文案入手,由文案的标题和正文以及图形来控制广告的形式,形成情节与视觉的配合。从广告对受众的影响来划分可分为理性化广告表现与情感化广告表现。

(1)理性化广告表现

理性化广告表现主要是针对理智型购买的消费者而采用的广告表现,这种广告作用于广告受众的逻辑思考,通常又有信息展示、逻辑推理、实证演示、比较、推荐等。根据广告策略的需要,也有的在同一广告中综合运用几种表现方式进行信息编码。

1)信息展示

它是在归纳广告中的产品或服务的实质性信息后,选择能让目标受众接受的事实诉求方式传递商品或服务的信息。通常,该类方式的使用,首先在商品导入期,找到商品的销售重点,强调事实所具有的说服力。文案撰写水平的高低往往决定了这类广告表现方式的成功率。一般来讲,各种硬件,如楼盘位置、户型、价格、建筑风格、社区景观、开发商信誉与实力、建筑物质量、配套设施等问题,是购房人所关心的。在报纸广告中怎么来体现这些要素呢?广州的"光大花园"在2001年《广州日报》推出系列广告,其中有一篇满版绿色的整版广告,只有一段小字:"光大花园拥有的绿色,是这幅绿色的100万倍!"形象、直观地将该楼盘的绿化特征传达给消费者。

2)逻辑推理

这种表现手法,主要侧重于选择产品对消费者有特殊意义的内容进行广告诉求,寻求消费者能够认同的观点,并提供必要的客观事实,由受众自身的逻辑推理达到信息传递的目的。如邻近某些公园风景地区的楼盘,在广告中强调周边人文环境对修养身心的价值,引导那些关心居家环境的人,并吸引人们根据自身的需要进行选择。

3)实证演示

通过现实的表演示范,向广告受众展现商品的功能和使用知识,解决人们对产品的顾虑和对产品可靠性的疑虑。这是消费者最容易理解和接受的表现方法。如主持人将一支圆珠笔放入一杯清水中,然后取出来,仍然能够在白纸上继续写出清晰的字。实例演示可用来加强消费者对产品或服务的认可,这种表现方式的运用,若能够邀请专家、社会地位较高的名人,会使广告更加引起人们的注意与信任。实证演示广告,强调其真实性。在一些电视广告中,用数字特技制作的商品功能演示,如快速去污渍等不属于实证演示的范畴。实证演示的过程必须设计得简单和易于理解,不能让观众像对待魔术一样产生怀疑。

4）比较式表现

比较式广告的诉求核心是通过对自身与其他产品进行对比，强调自身的优势的表现方式。在我国《广告法》中明确规定“广告不得贬低其他生产经营者的商品或者服务”，杜绝比较广告的使用。在国外，一般是市场占有率低的产品、广告费用预算偏少，处于竞争弱势的广告主，通过采取比较式广告引起人们的注意。如“七喜——不含咖啡因的可乐”，把“七喜”与可乐进行比较，在可乐占据的饮料市场中取得一席之地。

5）推荐式表现

它是借助专家、知名人士、信赖的亲友作为品牌或产品的代言人的广告诉求方式。研究表明，专家、名人、演艺明星受社会大众的关注度较高，通过他们在广告中出现，能够吸引人们的关注与增强人们对广告的记忆。如韩日世界杯足球赛后，百事可乐的“世纪星阵营”的广告表现，将当时世界上的顶级足球运动员罗纳尔多、人气最旺的贝克汉姆、世界足球先生齐达内和菲戈等聚集一起，演绎一则中世纪牛仔通过足球竞赛争夺百事可乐的故事，引起众多的足球爱好者的关注，增加了百事可乐的影响力。

但是，由于一些名人代表的品牌过多，个性雷同，采用名人推荐的广告，往往会导致广告的影响力下降。

（2）情感化广告表现

情感化广告表现，以吸引、愉悦受众，从亲情、友情、爱情的角度营造广告的感染力，进而引导消费者对广告中产品或服务的兴趣。从具体的诉求方式来分类，可分为故事型、夸张型、悬念型、幽默型以及歌曲音乐型等。

1）故事型

故事型的广告以人间关怀、互助互敬、家庭生活等为题材，以故事情节吸引受众的广告表现形式。在广告中商品的形象一般是配角，但又是解决问题的关键或答案。为了强化故事情节的感染力和表现力，故事型广告往往结合音乐来营造气氛。

> 耐克跑鞋《谋杀篇》电视广告，叙述一位年轻女子，在晚上拖着娱乐后的倦意，独自回到夜深人静的家中。突然从化妆镜中看到一位潜伏在家中、手持切割机的蒙面杀手，悄悄从背后向她靠近。该女子迅速夺门而出。镜头里，观众只见该女子穿着白色跑鞋，在荒野中拼命狂奔，而杀手在后面紧追不舍，最终杀手筋疲力尽仍没有追赶上，眼睁睁看着女子跑掉。镜头最后伴着话外音，出现一个人们熟悉的耐克标志。

故事型广告表现要求剧情可信，结构简明、完整，不要有太多的情节起伏，高潮即是故事的结束。

2）夸张型

夸张型广告是针对广告中的商品或服务，采用超越现实的表现方式进行广告的诉求，增强受众对商品或服务某个方面重要价值的认知，达到激发受众对商品或服务的兴趣与欲望。夸张的广告表现方式主要有向上夸张、向下夸张和超前夸张。向上夸张，是指把事物的某一特征放大到不合逻辑的地步,但不影响人们认识事物的本质。如广告中一群蚂蚁通过向人设置圈套,将一瓶渴望已久的百威啤酒抬回家。向下夸张,是指将事物比喻成又弱又小。如减肥广告,硕大的相扑运动员与身材苗条的妙龄少女。超前夸张,是指把结果夸张成原因,把未来可能的情况描绘成过去或现在。如大部分饮料广告,都是表现人们喝了饮料如何舒畅,而"果汁先生"的广告则从水果和饮料的角度出发进行表现。一则是西红柿在撞墙,并妒忌地说:"天啊! 他每天都在亲吻它,也不想想我是什么感觉。"一则是苹果在卧轨自杀,伤心欲绝地说:"听见他'咕隆''咕隆'的声音,我的心都碎了。"

夸张型的广告表现,要掌握夸张的"度",既在意料之外,又在情理之中。

3)悬念型

悬念型广告表现,不直接说明是什么商品,而是为了吸引受众对广告的关注,通过调动观众的好奇心,将商品渐次地表现出来,最后一语道破。整个情节既出人意料,又在情理之中。悬念型广告表现有3个特点:一是欲言又止,欲扬先抑,驱使人们去追根究底,形成接受广告的较好心态;二是一反常规,一反常态,与人们的观点唱反调,出其不意,以奇制胜;三是在整个情节中,处处设下疑问,促使受众去寻找答案。如某化妆品上市,在某地的报纸上推出一则整版广告,而整整一版上除了一个大问号外,还有一段小文字:"美白,再等一天。"第二天,在同样的版面上刊登出广告,专家详细介绍新上市的化妆品的美白功效,并随报赠送试用折价券。

制造悬念型广告,要让受众有"念"的欲望,绝不是为了单纯追求"悬"。如过分强调神秘恐怖气氛,让一城老小,临晚就关门闭户的"四不像"闯入的荒诞广告事件,最终以工商行政机关勒令致歉终结。

4)幽默型

幽默型的广告表现方式,是追求最大戏剧性效果取悦受众,同时传播广告的信息。由于幽默是人类与生俱来的情感,发掘共性强的幽默题材,往往使广告具有很强的感染力。成功的幽默型广告表现,要体现"3S",即"简明"(simple)、"惊奇"(surprise)和"笑容"(smile)。就是说,广告的主题和故事的叙述要简明易懂,故事情节的发展能够出人意料,并因此而令观众发出会心的笑。

鸡肉制品协会的一则户外广告,是两头牛在版面上正费劲地、歪歪扭扭地刷写"多吃鸡"的标语。画面一见就让人忍俊不禁,但又与广告的诉求相吻合。

幽默型广告,不能太露,否则,初次可能让人喷饭,但过后再看却索然无味。成功的幽默广告在于在许多细节上的表现力。

5)音乐型

音乐在广告表现中被称为Jingle,指在广播、电视媒体中所有的音效,包括广告歌曲、音乐、音响等。音乐在感性广告诉求的表现形态中占据着非常重要的地位。成功的广告音乐和配歌,可以成为流行曲,并能够形成品牌的感性识别特征。有的音乐、歌曲贯穿整个广告,有的是中途或结尾精练的旋律,增强广告的特色或企业和品牌的特色。在世界范围内进行的可口可乐广告，最后总有一句“CoCo-Cola is it”，增强了可口可乐的品牌识别。

优秀的广告音乐，可以为广告增添广告的感染力和画面的穿透力。音乐、语言、画面相互配合，能形成独特风格的广告作品。

6.3.3　广告作品的评估

在广告作品完成后，一般说来，在刊播之前必须进行广告作品的广告效果测评，选择部分目标对象进行广告注意度、信息准确度、说服力、好感度等测试，以求了解广告创意与广告表现是否有效，广告是否具有推销力，通过测试发现问题及时修正。成功的广告创意，一半在策略，另一半在广告的表现。在评估广告创意时，尽管各种创意的策略不同，但评估的尺度还是清楚的，好的广告创意一般包括以下“五个要点”：

①目标——广告在贯彻营销策略时应该做什么；

②对象——谁是产品的目标消费者；

③利益——目标消费者为什么要购买广告的产品；

④依据——使目标消费者相信这些利益的理由；

⑤气质——与产品对位的原创性的广告表现力。

对广告作品，可以从“五看”来评估：

一看：广告作品目标对象、目标市场是否对准，是否符合广告创意策略。

二看：广告作品引起人们注意力的能力。

三看：广告作品对目标对象的说服力。

四看：广告作品在同类商品或服务中的竞争力。

五看：广告作品的原创性与完美表现，以及对媒体的特征的把握力。

以上“五个要点”和“五看”是对广告的综合衡量，不能只偏重于某一方面。如果对广告创意和广告表现能在“五个要点”和“五看”上较好把握，一般来说，广告刊播后能够达到预期的目的。

小　结

广告创意是指为了达到广告目的，对广告主题、内容和表现形式所进行的构思或想象，是广告人员对广告活动进行的创造性思维活动。

广告活动中的“创意”，其实质是根据产品、市场、目标消费者、竞争对手等情况制定的广告策略，寻找一个“说服”目标消费者的“理由”，并根据这个理由通过视、听表现来影响目标消费者的情感与行为，使目标消费者从广告中认识该产品给他带来的利益，从而促成购买行为。故此，广告“创意”的核心在于提出“理由”，继而讲究“说服”，以求促成行动。这里的“理由”与“说服”即是“主意”，它是以企业的营销策略、广告策略为依据，以市场竞争为依据，以产品定位为依据，以目标消费者的利益为依据的，绝不是凭空几个表现形式上的“构思”所能达到的。

广告创意的原则包括目标原则、关注原则、简洁原则、合规原则和情感原则。

广告创意的特征包括适时性、适类性、适人性和适地性。

广告创意的过程包括收集资料阶段、整理资料阶段、分析资料阶段、突破阶段和完善阶段。

广告创意的思维方法主要有“二旧化一新法”、水平思考法和头脑风暴法。

广告表现是将广告创意概念进行符合特定媒体语言的再创造，完成特定的信息编排与传达效果的创意执行过程。广告表现与广告创意的关系是在广告创意的策略方针下，运用媒体特定的传播信息的优势，用各种表达广告创意的语言与非语言的符号元素进行编排与组合，形成达到广告传播的目的，引起目标受众的心理共鸣的广告作品。因此，广告表现过程不仅涉及作品的艺术表现技巧，更涉及传统与现代传媒技术和信息处理的策略。广告表现是广告活动中的“怎么说”的环节，或者被形象地比喻为“临门一脚”。

广告表现的原则包括为广告目标服务的原则、准确体现广告创意的原则和符合特定媒体的特征的原则。

广告表现的类型，从广告对受众的影响来划分可分为理性化与情感化广告表现。理性化广告表现，主要针对理智型购买的消费者，通常有信息展示、逻辑推理、实证演示、比较、推荐等。情感化广告表现，以吸引、愉悦受众，从亲情、友情、爱情的角度营造广告的感染力，进而引导消费者对广告中的产品或服务产生兴趣。从具体的诉求方式来分类，又可分为故事型、夸张型、悬念型、幽默型以及音乐型的广告表现等。

广告作品的评估包括从广告创意的“五个要点”和广告作品的“五看”来评估。

思考题

1.什么是广告创意？怎样理解广告创意的过程？

2.广告创意有哪些特征？

3.广告创意要遵循哪些基本原则？

4.广告创意有哪些思考方法？

5.什么是广告表现？广告创意和广告表现有什么关系？

6.广告表现的原则有哪些？

7.广告表现有哪些类型？

［案例讨论］

红牛饮料的创意与表现

红牛饮料简介：

1995年，风靡全球的红牛饮料来到中国，在中央电视台春节晚会上首次亮相，一句“红牛来到中国”广告语，从此中国饮料市场上多了一个类别叫作“能量饮料”，金色红牛迅速在中国刮起畅销旋风。

红牛功能饮料源于泰国，至今已有40多年的行销历史，产品销往全球140多个国家和地区，凭借着强劲的实力和信誉，“红牛”创造了奇迹。作为一个风靡全球的品牌，红牛在广告宣传上的推广，也极具特色。

红牛饮料广告创意特点分析：

一、独特性

红牛是一种维生素功能饮料，主要成分为牛磺酸、赖氨酸、B族维生素和咖啡因（含量相当于一杯袋泡茶）。红牛功能饮料科学地把上述各种功效成分融入产品之中，与以往普通碳酸饮料不同。从推广之初，就将产品定位在需要补充能量的人群上。

“汽车要加油，我要喝红牛”，产品在广告宣传中就将功能饮料的特性——促进人体新陈代谢，吸收与分解糖分，迅速补充大量的能量物质等优势——以醒目、直接的方式传达给诉求对象。

让大家通过耳熟能详、朗朗上口的广告语，接受“红牛”作为功能饮料具有提神醒脑、补充体力、抗疲劳的卓越功效。

二、广泛性

“红牛”的消费群体是需要增强活力及提升表现的人士，特别适合长时间繁忙工作的商务人士、咨询服务业人士、需要长时间驾驶的专业司机、通宵达旦参加派对的休闲人士、正在进行运动或剧烈运动前的运动爱好者和需要保持学习状态的大中学生。“红牛”目标对象较为广泛，可供不同职业、不同年龄段人饮用。

三、树立品牌形象，注重本土化

红牛初来中国时，面临的是一个完全空白的市场。引用营销大师的观点而言，那是一个彻底的“蓝海”。因为当时的中国市场，饮料品牌并不多，知名的外来饮料有可口可乐和百事可乐，运动类型饮料有健力宝，几大饮料公司广告宣传力度都非常强，各自占据大范围的市场。红牛饮料要想从这些品牌的包围中迅速崛起，不是一件容易的事情。

因此，红牛饮料“中国红”的风格非常明显，以本土化的策略扎根中国市场。公司在广告中宣传红牛的品牌时，尽量与中国文化相结合。这些叙述固化在各种宣传文字中，在色彩表现上以“中国红”为主，与品牌中红牛的“红”字相呼应，从而成为品牌文化的底色。中国人万事都图个喜庆、吉利，因而红红火火，越喝越牛。这正体现了红牛饮料树立品牌形象的意图，了解中国市场消费者的购买心理后，将红牛自身特点与中国本土文化结合的完美体现。

四、多媒体、大冲击、深记忆

红牛在1995年春节联欢晚会之后的广告上首次出现，以一句“红牛来到中国”告知所有中国消费者，随后红牛便持续占据中央电视台的广告位置，从“汽车要加油，我要喝红牛”到“渴了喝红牛，累了困了更要喝红牛”，大量黄金时间广告的宣传轰炸，并配合以平面广告的宣传，红牛在短短的一两年里，让汽车司机、经常熬夜的工作人员、青少年运动爱好者，都成为红牛的忠实消费群体。红牛一举成名，给中国消费者留下很深的记忆。后来出现了大量模仿甚至假冒红牛的饮料。

五、一句广告词，响彻十余年

一个来自于泰国的国际性品牌——红牛，以功能饮料的身份挟着在当时看来颇为壮观的广告声势向人们迎面扑来。一直以来，“困了累了喝红牛”这句带有明确诉求的广告语惹得人们对红牛不得不行注目礼。

特别是在强度非常高的电视广告中，一个又累又困的人喝下一罐红牛后，顿时精神百倍，活力倍增。同时，红牛不断地在向消费者强调红牛世界第一功能饮料品牌的身份。“功能饮料”“世界第一品牌”“来自泰国”，这些惹眼的字样，加上夸张的电视广告表现，一时间人们对红牛不仅“肃然起敬”，又感到十分神秘。

广告创意中，红牛的宣传策略主要集中在引导消费者选择的层面上，注重产品功能属性的介绍。由于当时市场上的功能饮料只有红牛这一个品牌，所以红牛在宣传品牌的同时要用最简单的广告语来告知消费者功能饮料的特点——在困了累了的时候，提神醒脑，补充体力。

就这样一句简单、明确的广告语让消费者清晰地记住了红牛的功能，也认可了红牛这个品牌。

问题讨论：

1.从红牛饮料广告创意中怎样理解将产品与消费者需求相联系？

2.红牛饮料的广告创意采用了什么样的广告策略？

3.红牛饮料的电视广告，是怎样表现“困了累了喝红牛”的？

4.试比较红牛饮料与可口可乐饮料在中国广告推广上的共同点与差别？

第7章 广告创作

【学习目标】

1.理解广告文案的作用、类型、构成及创作原则；
2.掌握电视广告、广播广告、报纸广告和杂志广告及其他类型广告的特色与制作要求；
3.明确各类广告在制作上的共同点与差异性。

【教学要点】

1.广告文案的含义、构成和写作的原则；
2.平面广告的设计制作；
3.电子类广告的设计制作。

本章从广告文案、平面广告制作及电子类广告制作三方面对广告创作进行阐述，以进一步认识在广告表现策略的指导下，完成广告作品过程中的具体要求。

7.1 广告文案

7.1.1 广告文案的含义及其特点

(1)广告文案的含义

广告文案是广告写作的产品，又叫广告文、广告文稿，它是广告作品不可缺少的组成部分。广告作品的设计，主要是指广告的文字与形象的创作。广告的文与形，又是以文字创作为基础的。广告文案必须具有吸引性、传递性、说服性、鼓动性等特点。广告文案的写作是创作广告作品的重要程序，广告文案的写作要根据广告策略、目标对象、市场情况等内容来编写。这样，才能写出有效实现广告目标的广告文案。

(2)广告文案的特点

商业广告是广告主有计划地通过媒体传播商品、劳务、企业等方面的信息，以促进销售的大众传播活动。其构成的基本因素有广告主、广告信息、广告媒体、广告对象、广告策略、广告费用等。这些广告活动的基本构成因素决定了广告文案写作的特殊性。广告文案写作应考虑以下特点：

①销售性。广告文案，就是依据推销原理来撰写的直接或间接地引起受众购买行为的文案，其目的是销售商品，因此销售性是广告文案的首要特性。

②产品性。不同的产品和劳务，企业的广告有不同的文案写作要求。这样，才能准确地传达该产品的产品属性、产品层次、产品特点以及所要诉求的重点内容。

③针对性。广告文案的写作要针对目标市场的消费者，诉求对象要准确、具体。不同的诉求对象有不同的购买需求，广告文案的撰写内容，不但要满足广告诉求对象的物质需求，而且要满足其心理需求。

④媒体性。广告文案的撰写内容和表现形式，要依据广告商品的产品定位和最佳广告媒体组合的特征来创作。只有适应不同媒体的特点，才能将最充分的广告信息传递给目标消费群。

⑤策略性。必须依据广告策略所制订的方向来设计广告的内容与表现形式，广告文案应与整体广告策略相呼应，形成统一的整体，才不会导致广告信息的混乱，影响消费者的购买行为。

⑥规模性。要依据广告时间的长短、广告空间幅度的大小、广告发布的频率和周期

等要求来进行广告文案写作。

7.1.2　广告文案的构成

广告文案一般由标题、正文、标语、随文等几部分构成。

(1)标题

标题,是广告的题目,是区分不同广告的内容的标志。多数广告都有标题,但有的广告没有标题。一般来说,广播、电视广告都没有标题。

广告主体的作用是点明主题、引起兴趣、诱读正文、加深印象、促进购买。

广告标题按其内容与组合形式的不同,可分为直接标题、间接标题和复合标题。

1)直接标题

直接标题是以写实形式、简明的文字表明广告的主要内容,使受众一目了然。这种标题要简明、确切。直接标题的写作方式主要有以下几种:

①宣事式。在标题中直接公布广告的主要内容。如"梦工厂+hp(惠普)= 惠普科技,成就梦想","吗丁啉,增强胃动力"。

②新闻式。在标题中直接公布近日发生的事情。如"光大花园,今天售卖健康"。

③颂扬式。在标题中直接赞颂商品。如"飘柔,令秀发又飘又柔"(飘柔洗发水)。

④号召式。在标题中直接号召鼓励人们去购买。如"喝杯青酒,交个朋友"(青酒广告),"听自己的"(百威啤酒广告)。

⑤对比式。在标题中通过广告的商品与同类商品的比较来突出本商品特点。如"到马尔代夫度假的4个理由:没有纪念碑、没有宫殿、没有城堡、没有遗址"(马尔代夫旅游广告)。

⑥祈求式。标题中用劝勉、叮咛、希望等较婉转的口吻来动员购买。"来看看,看看再来"(得斯卡音像出租连锁广告)。

⑦问答式。标题中以一问一答的形式传达广告信息。例如"想要更多的关注吗?《缤纷》赢得了12万新读者,给你激情"(《缤纷》杂志广告)。

⑧夸张式。标题用明显自夸自赞的词句赞美商品。"李宁(体育用品),一切皆有可能。"

2)间接标题

不是直接介绍商品,或直接点明广告宗旨,而是通过中介环节、耐人寻味的词句,诱导人们饶有兴趣地转读广告正文。间接标题的写作主要有以下几种:

①悬念式。用有情趣性而令人去猜想的词句来写标题。如"老虎来了"("虎"牌健身器广告)。

②寓意式。用格言式、哲理性的词句来写标题,暗示某种意义。如"学琴的孩子不会

坏,某某钢琴”。

③提问式。标题只问不答,诱读正文。如“3 天如何减掉 1 公斤”(俏佳人水疗中心广告)。

④幽默式。用风趣而令人深思的词句写标题。如“你知道我在等你吗?”——招聘广告。

⑤比喻式。用打比方的形式来写标题。“多一些润滑,少一些摩擦”(统一润滑油广告),“中国平安,平安中国”(中国平安保险广告)。

3)复合标题

用 2~3 条较短的标题组合而成的标题群。复合标题中由于各标题所起的作用不同,划分为正题、副题和引题等 3 种类型。其中引题说明广告商品的背景,正题点明广告主旨,副题补充说明正题。“选择由你,开心有礼!买诺基亚 3610,得时尚腕表或国际时间腕表。写意生活,从此挥洒自如。”

(2)广告正文

广告正文,是广告文案的躯体,广告的目标和内容,主要是通过广告正文传递的。它的作用是介绍商品、明确形象和促使购买。它与标题的一般关系是:标题吸引注意,正文进行说服;标题提出问题,正文回答问题。

广告正文在不同的媒体中有不同的表现形式。在印刷品中,正文以文字语言叙述,一般称做广告文稿;在广播中,正文以口头语言报道,叫作脚本;在电视中,正文以语言结合画面来叙述,叫作故事板;在实物中,正文以文字结合商品实体来叙述。

在广告正文写作上应注意以下几点:

1)主题明确

广告正文的主要任务是表现广告主题,说服消费者购买。广告主题,是广告的诉求重点。一则广告最好只有一个突出的主题,弱化其他主题,突出说明商品的主要优点或给予消费者的独特消费观念。

2)简明易懂

广告正文的内容要尽可能简明扼要,交代明白。广告正文的长短并无具体规定,要做到长而不冗,短而不晦。正文长短主要取决于商品种类、媒体使用类型、表现要求等因素。

3)生动有趣

广告是说服的艺术,广告正文不但说理,而且要讲情,既要用概括性的语言说明要购买产品之理,又要结合生活情趣以艺术性的语言来引发人们的购买欲望。正文要生动、别致、贴切、形象,使广告具有趣味性、人情味,使消费者感到亲切,乐于接受。

4)有号召力

广告的目的是通过告知,劝导消费者进而促成购买。因此,广告正文必须有鼓动性,有独特的销售主张。广告号召力的基本前提是广告的真实性、高质量的商品或劳务和良好的经营作风。

(3)广告标语

广告标语,又叫广告口号,它是广告在一定时期内反复使用的特殊宣传语句,是使公众理解和牢记的一个确定的观念。这种观念无形中成为人们购买商品或劳务、惠顾企业的选择依据。而广告标语的写作要求主要包括:

1)简洁有力

广告标语使用的目的,在于通过反复宣传,加深消费者对商品、劳务或企业的印象。因此,广告标语要文字简短,容易记忆,字数一般控制在10个字以内为佳。但也有的广告标语较长或极短。

2)突出特点

这里所讲的特点,是指广告所诉求的重点,通过人们记住广告标语,便可熟知商品、劳务或企业的显著优点。如"活力28,1比4"通过简单明确的数字信息强调产品去污力强,用量少的优点。

3)号召力强

广告标语要有鼓动性,文字要尽可能瞄准目标消费群的消费喜好和审美观念,要押韵动听、富有情感、具有个性。

4)适应需求

广告标语是在一定时期内反复使用的宣传口号,但并不是一成不变的,它应随着产品品质、市场需求等因素的变化而有所调整,使广告标语能够适应不断变化的消费需求。

(4)随文

随文是广告的必要附加说明,放在广告文案最后或其他位置。其作用是完善产品的其他信息促使顾客购买。如企业名称、地址、电话、账号、经销单位等。

以下举两则比较典型的广告文案实例:

> 窗外,看到阳光、星星、小鸟……
> 唯独看不到人和车。
>
> 每间屋都有窗,但不是每扇窗外都会引发遐想。棕榈滩掬水别墅的立体全景天窗外,是一方奥妙天空。家中仰望,别人只看到宽敞的楼层。掬水别墅内看到的是天际的空间。这,就是棕榈滩独有的别墅生活空间。棕榈滩小区配套成熟,独拥私家水道和宁静长街,聪明屋智能配置,打造掬水别墅的家,让您的生活基本,成为别人眼中的奢侈。
>
> 全新天窗阁单位现正公开发售,每幢售价人民币103万元至168万元。
>
> **丽江花园售楼热线:84583030 发展商:广州市粤海房地产有限公司**
>
> **地址:广州市大石镇南浦岛**

7.1.3 广告文案写作的基本原则

广告写作指的是广告文稿（也称文案、文本）的写作。广告文稿，主要是指用来展示广告宗旨的语言文字，包括广告的标题、标语、正文以及作为随文的商标、商品名称、价格、企业地址等内容。

文稿是广告的核心。在现代社会，随着社会生产力的发展和科学技术的进步，广告的表现手段日益丰富多样，除了运用语言文字外，常常运用色彩、绘画、图片、装饰等表现要素。但如果没有语言或者文字，广告的信息桥梁作用即无从发挥。依靠语言文字，才能明确、清晰、动人地传播广告内容。

国外权威广告协会提出了衡量“优秀广告文案”的五条标准，即：

①Progress：显示独创、革新的精神；

②Problem：列出商品或服务的真正优点；

③Promise：要有明确的承诺；

④Pleasure：给消费公众一种愉悦情感；

⑤Potential：有一种潜在的推动力量。

这些标准，说明成功的广告文案，既要符合广告运作的规律，又要运用艺术原理，实现内容与形式的完善统一。在广告文稿的写作上，就要根据广告的创作目的和整体要求，首先确立一个基本的着眼点，然后才诉诸各种具体的表现方式。从这点出发，每一个具体的广告都有其不同的要求，很难给广告文稿写作定一种模式，但这并不是说广告文稿的写作就无规律可循。广告是科学，也是艺术，它有特殊的规律，广告文稿写作的基本原则包括：

(1)真实性原则

真实是广告的生命，也是广告文案写作中首先应当注意的问题。在这里“真实”具有两层含义。

①在商业广告的文案写作中，必须以诚实、可靠为取胜之本，在介绍商品的性质、功能、价格等方面必须实事求是。因为，人们对商品的信赖与购买成正比关系。消费者在广告的诱导下购买了商品，经使用证明广告词说的是真话，才能真正建立起长期的信誉。如果广告词说了假话，消费者感到受了欺骗，那么，不仅商品本身无信誉可言，而且企业的名声也被败坏了。我国的《广告管理条例》也要求"广告内容必须真实、健康、清晰、明白，不得以任何形式欺骗用户和消费者"。

②广告的真实性是建立在广告创意的具体表现形式上的，在广告艺术的巨大魅力下，消费者往往也乐于接受善意的"欺骗"，而这种"欺骗"是建立在产品精神层面上的，也就是产品使用价值之外的东西。它在一定尺度内是能够取得消费者的共鸣，但一定要把握好广告创意的分寸，掌握好目标消费群的消费喜好和艺术情趣才能获得好的广告效果。

商品经济的发展，对广告的真实性也提出了更高的要求，需要更"艺术"地表现真实，以取信于人。

（2）效益性原则

广告文案写作的效益性原则包括两方面的内容：首先，写作的最主要目的是追求经济效益。这一点是由广告活动的商业性质所决定的，也是广告与其他艺术的根本区别。其次，写作应当注意社会效益。广告信息的传播对民族文化心理、社会价值取向有不可忽视的影响作用。广告文案的写作，应当让人们受到积极、美好的教育和影响，这是我国社会主义市场经济条件下应当充分重视的问题。

广告文案写作的经济效益和社会效益追求应当是统一的，是一个问题的两个方面。在这两个方面综合考虑的基础上，广告文案写作要取得良好的效果，首先就应当注意文案诉求上的针对性。因为任何商品与服务一般说来都有其特定的对象，广告文案针对性越强，越能引起社会的共鸣效应，这与广告整体策划中的"定位"理论是一致的。如果广告文案不适应消费者的心理欲求，没有针对性，就不会被人们所接受，广告也就难以发挥作用。

（3）独创性原则

文贵创新，广告文案的写作也不例外。社会生产力的高度发展，使社会组织不断涌现，新产品、同类产品层出不穷，广告没有独创性，广告文案的写作没有新颖性，只能导致广告活动的失败。广告文案写作独创性的第一个方面是要注意把握一个企业、组织、产品的独特风格，并严谨一贯地向公众展示。一个企业、组织的风格并不是一朝一夕就能形成的，它往往是数年甚至数十年艰辛奋斗的结晶。美国麦克唐纳公司从开业起，就把行动宗旨概括为优质、服务、清洁、公道八个字，几十年来，将不懈实践和大力宣传紧密配合，终于誉满全球。我国的很多企业组织其实是有很好的优秀传统的，却往往不注意持久一贯地宣传、展示，而热衷于赶"浪头"，结果始终建立不起良好的声誉。同样的道理，即使是同一类的商品，也总可以找到各自的特点，如同样是啤酒，不同厂家生产的产品在口感上总有差别。广告文案就应当注意充分展示具体商品的特点，以引人注目。广告文案写作独创性需要充分发挥艺术想象力。即使是始终如一地宣传一个企业、组织、产品的独特风格和特点，写作的角度、手法和技巧也应当不断创新。

同时，要勇于打破常规，“如果你站着，而周围的人都在跳舞，你就会受到注意”。这句广告业中流行的语言，用在广告文案的写作上，是尤为贴切的。比如众多的手表广告都在大肆渲染走时如何准确的时候，一则手表的广告以“本表走得不太准时，24 小时将有 24 秒的误差，请购者深思”这样的语言却牢牢地吸引了人们。又如同一条街上三家缝衣铺做广告，第一家讲“本店有全国最好的裁缝”；第二家不服气，广告说“本店有全世界最好的裁缝”；第三家则以貌似十分谦逊的一句话“本店有这条街上最好的裁缝”，就更为吸引人，令人拍案叫绝。

(4)简洁性原则

广告是在特定的时间与空间里进行宣传，一般来讲，人们并没有确定的阅读、收看广告的目的，因而，要在无意中使人们对广告形成记忆，以取得最佳的广告宣传效果。广告的语言文字必须简练鲜明、重点突出，使人对广告所要宣传的概念一目了然。同时，语言还要力求浅显易懂、朗朗上口，尽量做到口语化。

(5)统一性原则

在现代社会，广告通常要综合运用多种艺术表现形式，吸收文学、音乐、美术、舞蹈等多种艺术手段和技巧。广告文稿的写作需要与其他表现手段密切配合，才能显现广告的整体功能，完成广告创作的任务。如过去的印刷广告一般只以文字解说商品，而现代印刷广告常常是文字与图形的色彩的统一体，文字的功能作用发生了巨大的变化。从广告的传播来看，大众传播手段的日益发达，广告活动的舞台越来越宽广，广告文案的写作必须适应所选择的传播媒介的不同需要。从社会发展和商品竞争的需要来看，某种商品要建立信誉，非一朝一夕之功，必须依靠系列的广告活动，广告创作往往是一种集体的创作。广告文案的写作方法必须适应现代广告创作的需要，才能产生出优秀的广告作品，取得最佳的广告效益。因此，广告各个方面都要求统一目标、统一形式、统一思想。

7.2　平面广告的设计与制作

7.2.1　平面广告设计的构成要素

平面广告是相对于立体广告、视听广告而言的，它是广告中重要的组成部分。平面广告设计的构成要素主要包括：

(1)图形

图形是平面广告设计的重要内容之一。图形要依据产品的特性、消费群的心理制订符合消费者意愿的效果。图形在广告中具有强烈的吸引力，图形与文字在广告中同时出现，其注意度是：图形为78%，文字为22%。因此，抓好图形广告的创意设计是至关重要的。

(2)文字

文字在平面广告设计中由两个方面构成，即文案设计与字体设计。文案设计又包括标题或广告口号的设计和产品有关文字的设计。文字是对产品的附加说明，因此在字体、大小、位置、色彩等关系上要反复考虑，让其符合整个平面的设计要求和布局关系。

(3)色彩

色彩在引起注意方面发挥着重要作用，它能有效地刺激受众视觉，产生良好的视觉效果，吸引消费者注意。广告色彩的刺激要讲“度”，这个“度”一般是要考虑产品的个性、属性以及所针对的目标对象的年龄、文化、爱好等因素。

(4)编排

编排是图形与文字在平面上进行展示的手段，也称构图。不同的构图有不同的形式语言，要达到好的视觉效果，构图上必须深思熟虑。广告编排应重视人的视觉流程规律，有意识引导读者顺着设计的流程来阅读广告传达的信息。平面广告的编排应注意其可视性和逻辑性。可视性，即是视觉的流速合理、线路通达顺畅，使人能愉悦地观看和阅读；逻辑性是分清主次信息，并按照信息的顺序进行传递。有效的编排是为适应广告的瞬间传达信息的要求的重要手段。

7.2.2 报纸广告的设计制作

报纸广告的构图设计是一种平面造型的创造性活动，它根据创意对各种构成要素进行设计编排，使之有序地组合成一个统一的样式。尽管每个作品的创意是独到的、个性化的，但它又必须遵循有关造型设计的基本理论，避免设计的随意和盲目。其价值在于：使广告的整体构图符合人们普遍的审美愉悦感，以产生良好的“注目效果”和吸引力；在布局上使广告主题鲜明突出，强化诉求力，给读者以较深的印象；利用不同理论原则所描述的不同审美规律，使之与广告商品的内外特性协调统一，从而尽可能充分地、艺术性地表现广告商品本身，增强宣传效果。

(1)线条形式

构成要素本身(包括景物形态、轮廓、文字排列等)和要素之间的位置配比，形成了构图画面的有形线条，而要素的动势、方向和内在的相互呼应联系，形成了构图画面的无形线条。我们可以抽象地把一个整体的广告构图画面看成是由这些有形和无形线条共同组合而成的某种线条结构形式。

构图的线条组合中，总是有一条或一组线条起主导作用，这称之为主线条。主线条形成画面主体，并同时把构图的各个部分有序地组织、贯穿在一起，引导读者有主次地、清楚地接受和理解广告内容。

报纸广告的主线条着重体现在标题和图片的画面形式上。因此，对标题、图片和线条形式的着重思考，能使构图的创意过程变得简略、清晰。

线条形式具有“个性”。直线给人以单纯、明快、坚毅、理性的感觉；曲线显得优美、柔和；水平线给人以平稳、安全、恬静、宽广之感，加以曲线变化更显温馨、柔美；垂直线显得庄严、宏伟、挺拔，富有力度；斜线具有不安定和运动的气势，同时还具有纵深感和空间感，弯曲的斜线尤其如此。

线条形式的运用要尽可能地与商品内在特性相协调，以产生某种暗示作用，增强广告效力。比如，成都汇德中学的招生广告，居构图中间 1/3 画面的两位站立少年形成十分醒目的垂直主线条，产生一种挺拔向上蓬勃发展的动势，与广告所宣传的培养“高智慧精英”人才的特性统一。而成都顺风苑高级住宅区的广告，主线条则是图片画面与标题形成的水平线，给人以宽敞、恬静之感，标题文字的变化形成曲线，增添了几许温情和生气。

在千变万化的广告中，线条的各种组合形式理论上是无限的，当然它必须遵其基本规律。组织有时较复杂，水平线、垂直线、直线、曲线、斜线，等等，它们可能交叉、可能平行、可能放射、可能闭合，以及形成 L,S,O,C,V 等变化样式，关键是把握住主线条的运用，注意其本身特性与商品特性既统一又富有变化。

(2)主导性

构图上的主导性是指造型和布局上充分突出广告的宣传主体，并以它为中心主导整体布局。而主体本身集中反映了广告主题。

报纸广告构图的主导性大体上可分为两个基本类型：

①图片形象主导型。即以广告商品的物体画面形象、象征形象或商标形象为主体，在构图中占据突出、醒目的位置乃至大部分面积，用少量或不用其他画面衬托，标题也居于相对次要位置。这种主导法的优点是：视觉刺激强，注目效果好，同时还避免了初读的视觉分散，故而运用较为广泛。它特别适用于那些形象易于表现，而其美感能较强地打动人心的商品。

②标题（或口号）文字主导型。它与上法相反，以突出的字体、字号和编排的标题形式（或口号）为构图主体，图片相对次要甚至不用。它的优点在于：直接向读者灌注广告主题，并立即在读者心中建立起有关该商品的某种观念。它较适用于那些不易用形象表现以及着重于宣传某种内在特性的商品。

7.2.3　杂志广告设计制作

杂志广告同报纸广告有很多相似之处。杂志广告不同于报纸广告的主要特点是有较强的针对性,不同的杂志拥有不同的读者群。比如,时装杂志,读者多数是女性和服装行业人员;无线电杂志,读者以无线电爱好者及从业人员居多。一些具体针对某些特定对象的产品,往往使用杂志广告。据调查,使用杂志广告较多的产品主要是药品及医疗用品、服装衣料、化妆品、日用品、机械产品、金融保险业等,其中以服装广告的比例最高。此外,杂志广告要比报纸广告印刷精美,表现力更强。

杂志广告在制作中,要注意图文并茂、形式多样、创意独特、表达直接,尽可能吸引更多的读者。

在广告布局中往往以图片为主,文字部分短而精。广告图片要醒目,要符合整个广告宣传的主题思想和市场定位,能够吸引读者的注意力,同时能给人以美的享受。

为了提高广告的注目率,杂志广告的版面一般比较大,很多使用全页广告。此外,还有其他形式,如折页广告,采取一折、双折、三折等形式扩大杂志一页的面积。跨页广告是指一则广告印在同一平面的两页上,比全页广告面积扩大一倍,由于幅面较大,因而能够使读者产生较深刻的印象。此外还有多页广告、插页广告、立体广告、有声广告、香味广告等,还有半页及四分之一页广告。

杂志广告版面的利用可分为版面位置与版面大小两部分。杂志内各版位置,一般分为封面、封底、封二、封三、扉页、内页等。封面和封底的广告,读者的注目率最高,其次是封二和封三及扉页,内页的注目率要低一些。

杂志广告在许多方面与报纸相似,但也有其特殊性:如可以利用专业期刊在特定读者中的高声望做广告;读者能主动地看广告;有优良的劝说性;能长时间反复看;能有效地运用色彩;传阅率高;可以保存;广告效果容易测评等。

杂志的发行方式、尺寸大小、选题内容是各种各样的。一般杂志的宣传特性与专业杂志和漫画杂志等有很大的不同。如果广告主选择优秀的杂志,就能对相当集中的人传递广告信息,提高广告的实效性,同时在广告成本方面也可减少浪费。

7.2.4　售点广告设计制作

售点广告又称 POP 广告,是指在售货点和购物场所制作发布的多种形式广告组合的统称。现在世界各国广告业都是从广义上来理解 POP 广告概念的,凡是购物场所周围、商品售货点设置的商店招牌、门面装潢、商店装饰、商品陈列、传单、刊物、招贴、橱窗、展示、表演、有线广播、录像等广告形式,都属 POP 广告。各种形式的 POP 广告制作要求和制作程序、方法既有相同之处,又各有特点。

POP 广告制作一般要求独特。无论是创意策划,还是现场制作手段、发布形式,都要求别出心裁,特别强调对购买者的视觉效果,加强购买者的购买欲望,并立即产生购买行为。另一方面，制作 POP 广告的另一个要求是能更好地起到美化购物场所的作用，作为一种装饰性的广告传播形式，烘托出购物的热烈、紧凑、繁荣，也就是购物的精神享受，或在购物场所造成一种人和商品的双向动感，使购买者的流动与商品的动感相映成辉。

下面再简单介绍一下不同形式的 POP 广告制作的特点：

(1)柜台广告

柜台广告可制作成招贴画或实物广告以及产品延伸物的实体，也可由广告模特或营业员进行商品展示宣传、操作示范。制作时要注意此类广告的作用主要是吸引消费者注意，提高对商品差别化认识，直接引起购买冲动。因此要明确重点，直入主题，切忌无主次关系，导致商品信息传递的弱化。

(2)悬挂广告

悬挂广告是天花板、梁柱上垂吊下来的展示商品和各种形式的招贴，可制作成标牌、饰物、彩条、旗帜等形式。制作时应注意印刷质量的精美、色彩图案对比醒目、大小和悬挂高度适中，并形成一种购物的欢乐氛围，并且对商场装饰不足、呆板、空洞的空间进行调整和修饰。

(3)地面广告

地面广告可制作成商品陈列架形式，最好制成动态形式，并配上适当的光源，光色可用与商品颜色、质量相协调的调和色彩；也可制作成商品本身或商品包装物的变体形式（即模型商品或模型包装），用橡塑材料、金属或木材经艺术加工、组合制作而成。这种组合式的视觉、听觉、触觉都能调动消费者的欲望。

其他还有货架广告、招牌广告、有线广播、录像广告等多种多样的 POP 广告，其制作要求和方式都比较单纯，且与上述形式有相似之处。

7.3 电子类广告的设计制作

7.3.1 广播广告的设计制作

(1)广播广告的设计

广播广告的设计有广义和狭义之分。广义的广播广告设计包括从广播广告文稿的构思写作到广播广告作品的录制完成；狭义的广播广告设计指的是根据编写的广播广告文稿，设计广播广告作品的制作方案。我们这里所说的广播广告设计，主要是就狭义而言的。它着重要考虑的是:制作时应根据不同的广告内容,采取不同的形式,加配不同的音乐和音响效果,选择不同的人来演播。一则广告要起到好的宣传效果,需要在设计上认真下一番工夫。广播广告的设计应注意以下几个问题:

①声音塑造形象。广播广告是"只闻其声不见其人"的传播形式,广播广告要立足声音优势,塑造具体可感受的广告形象。任何广播广告文稿都是要转化为声音的,只有声音才能为广播广告的产品塑造出完整的广告形象。因此,每一句广告词的演播,每一段音乐的配制,每一个音响的选用,都要有利于塑造该产品的整体形象。下面是某电台制作的"猎犬牌报警器"广告:

(音乐起,渲染出惊恐的气氛,混响)

(缓缓地)一个寂静的深夜,一双罪恶的黑手,(忽然响起警铃声)刺耳的警铃,(急促有力的脚步声)一声威严的喝令:"住手!"一名落网的惯犯。"带走!"(一阵远去的脚步声)一场落空的美梦。

防盗保险,请用猎犬牌防盗报警器。猎犬牌防盗报警器,保您的文件财产防盗、安全!

这则广告依靠广播的声音优势,充分发挥了语言、音乐、音响在设置典型环境、塑造产品形象方面的作用。

②强调品牌,突出主题。一个产品可以介绍它的多个特点,但一则广告只能突出它的一个主题。介绍产品的特点,离不开强调它的品牌。在设计过程中,强调品牌可以处理得更为艺术一些,突出主题也可以采用模拟、演唱、混响、配乐等多种手法。

③强调开头,先声夺人。广播广告的开头十分重要,它是吸引听众注意广告内容的关键所在。要使听众从无意注意转化为有意注意,关键在于优化开头。所谓优化开头,就是指通过一定的设计手段或艺术手法,使广告一开始就具有磁铁般的吸引力。只有一开头就抓住听众,才能达到先声夺人的目的。

④探索广告的完美组合。广播广告是由语言、音响和音乐三大要素或由这三大要素所形成的多个板块组合而成的。在这种组合中,语言自然是主角,它要自始至终全力唱好这台戏;音响、音乐要服务于主角,当好配角。广播广告设计,就要不断寻求语言与音响、音乐这种搭配关系的最佳组合。只有天衣无缝的、浑然一体的最佳组合,才能制作出没有任何拼凑痕迹的广告艺术品。

(2)广播广告的制作

广播广告的制作是广播广告作品完成的最后一道工序。制作是使用技术手段和艺术手法表现设计,其结果是广播广告作品的诞生。

一则广播广告,从构思到播出,一般要经过两个大的阶段,即前期的文稿写作阶段和后期的作品制作阶段。后期的作品制作阶段,其基本过程如下:

①审核、修改既定文稿。广播广告文稿是广播广告制作的基础,是未来广播广告作品的蓝图。所谓制作,实际上就是把文字转化成声音的工作。要根据声音传播的特点和要求,进一步修改原已写好了的文稿。同时,还要严把事实关,审核产品的真实可靠性,

防止制作出欺骗听众、坑害消费者的虚假广告。

②落实、校正设计方案。要根据文稿风格、产品特点、听众心理、厂家意愿和销售时机等情况,进一步具体落实已编制好的设计方案,一旦发现有不切实际或不妥当之处,要及时加以修正,使其成为切实可行的设计方案。

③检查、测试制作设备。广播广告的制作是离不开录音机、调音台、卡座、功率放大器、监听扬声器等机器设备的,它们工作状态的好坏,直接影响到广播广告制作的水准和质量。

④选聘、确定演播人员。要根据文稿特点和设计要求,选配具有适宜身份的演播人员。如儿童广告可考虑聘请儿童演员来演播;相声或戏曲广告应由相应的专业人员来演播;对话广告更要依据广告中设计的特定人物的身份确定相应的对话人选。

⑤排演、录制广告片断。上述准备工作就绪后,就可进入试制或制作阶段。独白或直陈式广告,播音员可以直接录制;对话体广告,需要排练和试录;带表演性的广告,不仅演播人员要全身心地投入角色,而且编导人员要认真策划组织。凡需要合成的广告,都要分别录制好待合成的各片断。

7.3.2 电视广告的设计制作

电视是现代电波广告使用的最主要的媒介之一,有线电视和电视联播网以其特有优势,发展迅速。它们的节目内容丰富,信息量大且及时,覆盖面广,因而成为广告主和广告公司青睐的媒介。

在各种大众传播媒介中,电视出现得较晚,但却后来居上,成为目前最有影响的传播媒介。电视以其形象生动、娱乐性强、表现形式多样等特点吸引了广泛的受众。电视是我国影响最广泛的传播媒介,相应地,电视广告也就成为人们获取商品信息的一种主要渠道。电视广告的设计制作过程中要按照其视听合一、动态演示、将信息存放在时间流程中的基本特点来考虑。

电视广告从制作技术手段上可以分为两大类:一类是胶片广告,采用35 mm电影摄影机拍摄;另一类是录像广告,用电视摄像机拍摄。摄像机分为室内座机和室外便携式摄像机两种,录像机有 10 英寸、3/4 英寸和 1/2 英寸三种规格。胶片广告在表现商品及人物时,画面较为细腻,色彩还原好,表现手段丰富,广告的感染力较强。录像广告的优点是图像和声音更为逼真,制作周期短,费用相对低廉。

(1)电视广告制作的阶段

电视广告制作,可以分为 3 个阶段:

①制作前的准备阶段。准备阶段主要工作包括:提出广告计划书;完成广告分镜头脚本;确定广告制作人员,如导演、摄影、美工师等;根据脚本的需要选择演员;召开制作人员会议,作具体分工。

②拍摄阶段。拍摄阶段包括拍摄前各种器材、设备及技术条件的准备,以及现场具

体的拍摄工作。

③完成阶段。完成阶段包括编辑、配音、配乐、合成，最后送往电视台播出。

（2）准备工作的重要性

广告拍摄前的准备工作对广告制作的成败起着关键性的作用。首先是思想上的准备。在开始广告制作之前，必须把有关广告制作的意图及相关情况向广告制作人员作详细介绍，同时，要认真听取每个成员的意见，群策群力，集中大家的智慧来设计最佳方案。

其次，要准备好必要的物质技术条件。拍摄机一般应在两台以上，此外还要考虑录像设备、录音设备、照明设备及各种配件的完备无缺。此外，要根据脚本的需要准备布景、服装、道具等。

（3）广告制作人员及其职责

电视广告的制作人员主要有制片人、导演、摄影师、照明师、剧务等。

①制片人。制片人是电视广告片制作的总负责人，其职责是准确理解广告计划，选择适当的广告制作人员，正确进行广告费用预算，制订广告制作的日程表并监督执行。电视广告的制片人要具备一定的组织能力以及准确的判断力和决策力。通常情况下，制片人是在和广告的设计人员共同研究之后，再确定广告制作人员的人选。制片人的首要任务是选择好导演，然后，在与导演共同研究的基础上确定其他人选。

②导演。导演的任务是将广告的提纲转化为分镜头脚本，并让所有制作人员理解脚本的构思，然后是挑选演员，在与摄影师共同研究的基础上确定所要拍摄的画面。此外，导演还要与编辑人员共同参与广告片的编辑，同时要与作曲家、录音师等共同确定音乐及音响效果。

广告片导演要通晓摄影、音乐、美术等各个领域，要有广博的知识和社会实践经验。

③摄影师。摄影师的职责是根据脚本的要求，在和导演相互研究之后，确定广告画面的景别、角度、焦距、镜头的移动及色彩等。

④照明师。在电视广告中，用光是一项重要的表现手段。照明师的职责就是利用各种人工光来塑造商品和人物的形象，创造画面的气氛。

⑤剧务。剧务的主要职责是负责演出、摄影、照明、美工、编辑、录音、录像等各方面的协调配合，做好后勤保障，争取在规定时间内完成广告片的创作。此外，准备要拍摄的商品、道具及交通、住宿、饮食等方面的安排，也是剧务的工作。

（4）分镜头脚本

在实际拍摄广告之前，需要将广告提纲改编为广告分镜头脚本，按照电视的特点及摄影要求，将广告提纲的内容转化为具体的场面，包括镜头的角度、景别、采用什么焦距的镜头、演员如何表演、从什么场面开始摄影等。分镜头脚本是对广告提纲的具体化，进行改编时，要和广告设计人员共同商议。

(5)演员的选定

广告演员的选定常常在改编分镜头脚本的前后进行。在选演员时,要考虑这样几个问题:

①演员的形象气质是否符合广告脚本的要求,是否与商品的特点及企业的形象相吻合;

②这些演员是否有过广告表演或其他表演的经验;

③演员的报酬如何。

(6)实际拍摄

电视广告的拍摄需要各方面人员的协同配合。首先要考虑拍摄场地,是在演播室拍摄还是在外景地拍摄。如果是在外景地拍摄,要考虑当地的自然条件、交通条件以及和摄像相关的各项因素。

在拍摄时,要尽量抓取最有表现力和感染力的镜头,注意角度、景别的变化,可以利用各种摄影技巧和用光技巧,使电视画面更为丰富。

(7)广告片编辑

广告片的编辑是广告制作的最后一道程序,也是一种再创造。它可以使前期拍摄的素材发挥最大的作用,同时也可以利用各种编辑技巧,通过声音与画面的组合及音乐音响等因素,为广告片增添新的魅力。

随着计算机技术引入电视广告片的制作,使用特技的广告作品日益增多。因此,广告编辑人员也要掌握一定的计算机技术,进一步拓展广告创作的天地。

7.3.3 网络广告的设计制作

网络广告是一种崭新的大众传媒广告。

互联网已经无可争议地凭借其自身发展规模创造了“第四媒介”,并产生了深远的影响。第四媒介除受众广泛的特征之外,还有信息量大、交互沟通、反馈及时、信息集中等特色。在发扬原有媒介功用的同时,第四媒介自然不忘继承其他媒介的赢利途径——广告。

网络广告的设计制作肯定要与网络与生俱来的优势紧密地结合在一起,而网络的优势主要体现在以下几方面:

(1)及时性

互联网及时反应的速度仅次于人员销售,消费者无论需要什么产品和信息,一经提出,反馈信息便能立即到达广告主手中。

(2)针对性

网络广告具有高度针对性,采购关键字的运用能使各类信息有效命中潜在消费者。互联网使用群体其本身基本具备受过一定的中、高等教育背景的特征,消费需求呈现多变趋势,这为网络广告的有效投放起到了良好的过滤作用。

(3)经济性

目标用户定向精确度的提高并不增加媒介成本。

(4)全面性

网络广告可以提供有关企业及其产品的详细信息。除了发送电子邮件以外,互联网的大部分活动均涉及信息的收集和调查,商务网站能向渴望信息的消费者提供详细的产品信息或服务信息。

从中长期商业机遇来看,伴随着科技发展而成长的年轻网民极有可能成为潜在的消费主体。同时,因为网络广告也衍生出目录邮购、直击生产资料用户等一系列新型传媒手段。可以说,互联网正以高速度覆盖着人类生活生存的各个空间和领域,如网上贸易、网上缔约、网上办公、网上教学、网上购物、网上就诊等。除了网上的广告之外,网上的这一切本身就构成了一大广告网。

网络广告设计制作要吸取电波广告和印刷广告的特色和各自的优势,力求声形并茂、图文并茂、形色并茂。要注重标题与口号的撰写,画面和色彩新颖独特的设计,适当地采用声音与动画等动态信息吸引访问者的注意力,还要针对目标消费群消费喜好、消费层次的变化趋势作不断的调整。同时,还要根据不同的商品和不同的访问对象,灵活控制文案的长短及图案的简繁。为了扩大网上广告的影响面,在企业经济承受能力的范围内要选择在比较知名的网站上刊出,选择网上观众较广的网站发布,也可选用专门刊载商业信息的电子商务网站发送。

小 结

广告文案是广告写作的产品,又叫广告文、广告文稿,它是广告作品不可缺少的组成部分。

广告文案的写作包括销售性、产品性、针对性、媒体性、策略性、规模性等特点。

广告文案的构成要素包括标题、正文、标语、随文。广告正文写作应注意:主题明确、简明易懂、生动有趣、有号召力。广告标语写作应注意:简洁有力、突出特点、号召力强、适应需求。

广告文案写作的基本原则包括真实性原则、效益性原则、独创性原则、简洁性原则和统一性原则。

平面广告设计的构成要素包括图形、文字、色彩、编排。

报纸广告大体上可分为两个基本类型:图片形象主导和标题(或口号)文字主导。

杂志广告要比报纸广告印刷精美,表现力更强。在广告布局中往往以图片为主,文字部分短而精。广告图片要醒目,要符合整个广告宣传的主题思想和市场定位,能够吸引读者的注意力,同时能给人以美的享受。

售点广告又称POP广告,POP广告制作一般要求独特。特别强调对购买者的视觉效果,加强购买者的购买欲望,并立即产生购买行为。

广播广告的设计应注意以下几个问题:声音塑造形象;强调品牌,突出主题;强调开头,先声夺人;探索广告的完美组合。

广播广告的制作基本过程如下:审核、修改既定文稿,落实、校正设计方案,检查、测试制作设备,选聘、确定演播人员,排演、录制广告片断。

电视广告的设计制作过程中要按照其视听合一、动态演示、将信息存放在时间流程中的基本特点来考虑。

电视广告制作,可以分为制作前的准备、拍摄和完成三个阶段。

网上广告设计制作要吸取电波广告和印刷广告的特色和各自的优势,力求声形并茂、图文并茂、形色并茂。要注重标题与口号的撰写,画面和色彩新颖独特的设计,适当地采用声音与动画等动态信息吸引访问者的注意力,还要针对目标消费群消费喜好、消费层次的变化趋势作不断的调整。

思考题

1.广告文案的构成及创作要求是什么?

2.广告文案写作的原则有哪些?

3.平面广告的构成要素及基本内容是什么?

4.报纸广告、杂志广告、焦点广告的设计制作有哪些基本要求?

5.广播广告的构成及设计制作要求是什么?

6.电视广告的设计制作要求是什么?

[案例讨论]

海尔007冰箱——《母亲的酸菜缸》(一)

每到腌酸菜的季节
母亲把她的酸菜缸擦了又擦
母亲总是微笑着——
将她所有的烦琐欣慰与爱
统统装进缸里并压上石头
过春节了母亲切啊切啊
我们的贪婪写满母亲一脸的满足
好多年以后身居都市
亲情于午夜悄悄开启——
我清晰地看到母亲的酸菜缸
以及母亲弯曲的手指
那是一双怎样的手啊
海尔冰箱,无须解冻,及时切
让母亲的手轻松起来

海尔007冰箱——《妻子的手》(二)

恋爱的季节我牵着妻子的手
走向红地毯
我吻过妻子的手
而现在
好些时候我丢了妻子的手
直到有一天
客人走了以后
杯盘狼藉中我才注意到妻子的手
酸楚由心底油然滋生
眼泪在妻子握刀的印痕里
慢慢渗透
而今我握紧妻子的手
注定今生今世
海尔冰箱,及时切,无须解冻
让妻子的手轻松起来

海尔 007 冰箱——《玫瑰誓约,寄语新人》(三)

所有的时光凝聚在这一天
圣洁的花朵在这一天
缤纷灿烂
被幸福感动的泪水
亘古流传
纵然时光已老
沧桑骤变
你也走不出我的玫瑰视线
海尔冰箱,祝愿新人!

广告传播,属于所谓"低关心度"传播。广告人费尽心机,玩尽噱头,往往还落个无人关注的结果。而海尔冰箱广告,以平常心写平常人、说平常事,引导人们对新款冰箱的关注,在万千男人与女人心中,激起层层波澜。这实在耐人寻味。

问题讨论:

1.海尔 007 冰箱以上广告文案,从什么角度进行表达?
2.以上海尔 007 冰箱广告文案是诉求了该款冰箱什么样的功能?
3.试根据以上海尔 007 冰箱广告文案的创作,构思它的平面广告、电视广告。

第8章
广告媒体

【学习目标】

1.掌握广告媒体的概念及分类；

2.了解各种广告媒体的特征及具体运用方法；

3.正确理解广告媒体战略的含义，掌握媒体组合的要点及方法。

【教学要点】

1.广告媒体的概念；

2.分析各种广告媒体的传播特点；

3.站在广告战略的高度，掌握广告媒体的选择和组合方法。

在广告活动中,媒体是广告主将广告信息传播给广告受众的桥梁,是广告信息传播的关键。媒体的费用占广告总支出的80%左右,甚至更高,这就决定了必须对媒体进行认真研究和谨慎的选择。

8.1　广告媒体概述

8.1.1　广告媒体的概念和分类

(1)广告媒体的概念

所谓媒体,一般是指交流、传播信息的手段或工具。广告媒体是指借以实现广告主与广告对象之间信息联系的物质或工具,也就是说,凡是能刊载广告作品,实现广告主与广告对象之间信息传播的物质均可称为广告媒体。例如,广播、电视、报纸、杂志、橱窗、交通工具,甚至一支笔、一件衣服、一张卡片等。

(2)广告媒体的基本功能

广告媒体之所以能发挥信息传播的作用,是因为它具有以下功能:

①传达功能。广告媒体可以承载广告信息,打破时空的界限,将信息传达给众多的目标受众,使广告对象能看到或听到广告内容。如"滴滴鲁花,香飘万家"的鲁花花生油广告,经中央电视台传播,使得家喻户晓。

②吸引功能。广告媒体可以吸引一定的社会公众,使他们接触媒体,从而接受媒体传播的信息。各种媒体都拥有一定数量的受众,但由于特点不同,各种媒体的吸引力不同。

③适应功能。广告媒体形式多样、特色各异,从而适应于不同广告信息的传播要求。如报纸以文案见长,适合于文字、数据较多的理性诉求;电视以形象见长,声形兼具,适合于感性诉求;霓虹灯以气势和闪动见长,适合于品牌或企业徽标的广告宣传。

(3)广告媒体的分类

随着社会的发展和科技的进步,新媒体不断涌现,使广告媒体的分类日益复杂。按不同的划分标准,可以将广告媒体划分为如下几类:

①按照受众的数量划分,广告媒体可以分为大众媒体、中众媒体和小众媒体。大众媒体是指受众广泛、数量巨大的媒体,其受众没有明显的年龄、性别、职业、文化及消费层次的区分,如全国性的报纸、电视、杂志等。

中众媒体是指在有限的地域内传播,受众小于大众媒体的媒体,如地区性的报纸、电视、杂志等。

小众媒体是指针对很少一部分受众进行传播的媒体，如直邮广告（DM 广告）、售点广告（POP 广告）等。

②按媒体传播的内容划分，广告媒体分为综合媒体和专业媒体。综合媒体通常兼收并蓄各种不同种类、不同性质的信息，内容庞杂，其受众广泛、复杂，如广播、电视等。综合媒体能够把广告信息传播给较多的广告受众，但是不能把广告信息传播给特定的广告受众。因此，一般适用于发布大众需求的商品广告及塑造形象的广告。

专业媒体具有科技和行业性专门指向，如专业性报纸、杂志等。专业化是其最显著的特征，其受众多为特定行业的领导、科技骨干和专业人士。因此，一般适用于目标受众与媒体接触者重合或相近的情况。

③按媒体传播范围大小划分，广告媒体分为全球性媒体、全国性媒体、区域性媒体和地方性媒体。全球性媒体，是指传播范围跨越国界，拥有不同国家的媒体接触者，例如，卫星电视、电台，世界发行的出版物，国际交通工具，国际性的广播等。

全国性媒体是指媒体信息覆盖全国，如全国发行的报纸、杂志，全国性的广播电视等。涵盖的广泛性是这类媒体的主要特征，适合做全国性市场的产品广告。

区域性媒体是指媒体信息覆盖在某一区域，比如华北地区、西南地区的媒体，或者某个省（直辖市）如广东省、北京市的媒体。

地方性媒体是指以当地公众为媒体主要受众，信息内容侧重地方新闻的媒体，如地、市、县级以下的地方性电视台、地方性报纸、户外媒体等。这类媒体涵盖区域明确，地方民俗性强，适合做地方市场的产品广告。

④按媒体的归属权划分，广告媒体分为租用媒体和自有媒体。租用媒体是指非广告主所拥有，需要付费租用的媒体，如报纸、电视、交通工具等。租用媒体在使用时需要付租金，而且受到一定限制，但是覆盖面广、传播迅速。

自有媒体是指广告主自己拥有的媒体，如销售场所、橱窗、柜台等。广告主可以按照自己的意愿使用自有媒体，但传播面比较窄。

⑤按媒体的自然属性划分，广告媒体可分为印刷媒体、电子媒体、户外媒体、销售点媒体、直接邮寄广告媒体以及其他媒体。印刷媒体是指经由印刷工艺实施的媒体，如报纸、杂志、图片等。

电子媒体是以电信器械和电信技术传播广告信息的媒体，例如电视、电影、广播、计算机网络、电子显示屏等。

户外媒体是指设置在室外，让公众了解广告信息的一切传播手段，如路牌、灯箱、招贴、交通工具、气球、公共设施等。

销售点广告媒体（POP 广告媒体）是指在销售场所设置传播广告信息的媒体，包括室内销售点广告媒体和室外销售点广告媒体。室内销售点广告媒体有柜台、货架布置、空中悬挂以及广告录音、录像等，室外销售点广告媒体有橱窗陈列、商店招牌、门面装饰等。

直接邮寄广告媒体又称直邮广告媒体（DM 广告媒体），是通过邮局直接寄发给广告目标对象的媒体，例如商品目录、征订单、试用品等。

⑥按受众对广告信息的接收形式划分，广告媒体分为视觉媒体、听觉媒体和视听综合媒体。视觉媒体指通过视觉符号传播广告信息，受众通过视觉接收信息的媒体，如报纸、户外广告媒体等。

听觉媒体指通过声音这种听觉符号传播广告信息，受众通过听觉接收信息的媒体，如广播、电话、录音、宣传及其他音响等。

视听综合媒体指通过视觉和听觉综合的符号传播广告信息，受众通过视觉和听觉接收信息的广告媒体，如电视、互联网、电影、幻灯片及现场表演等。

其他媒体是指没有或不能列入上述类别的媒体。例如包装物、馈赠品、菜单、火柴盒、模特等。

总之，广告媒体种类繁多，同时随着信息传播技术的发展，还出现了难以归类的多种新兴媒体，在此不一一细述。

8.1.2 主要广告媒体的特征及运用

广告媒体都有传达、吸引和适应等基本功能，因而能把广告信息传达到一定范围的公众中去。但是，不同的媒体有不同的特点，为了更有效地选择使用广告媒体，下面介绍几种主要广告媒体的特征及运用。

(1)报纸媒体

报纸是最早传播广告信息的大众传播媒体，也是目前世界上公认的最主要的广告媒体。

1)报纸媒体的优点

①覆盖面广，传播迅速。除专业报纸外，报纸的发行量大，传播面广，可以覆盖全国的各个层次，各个地方，甚至发行海外。报纸以新闻报道为主，新闻的时效性带动了广告信息的传播速度。

②可信度高，影响力强。报纸作为舆论工具和新闻媒体，在读者中享有较高的威信。我国许多报纸是党政机关报，具有极高的权威性和影响力。

③读者广泛而稳定。报纸能满足各个阶层媒体受众的共同需要，因此有极广泛的读者群。读者的兴趣、偏好在一定时期是不易改变的，这使得报纸的读者具有相对的稳定性。

④信息量大，便于阅读和存查。报纸的版面大，篇幅多，可供广告主充分地选择和利用。作为印刷品，报纸的购买、携带、阅读十分灵活方便，读者可随时阅读或重复阅读，还可以作为资料保存。

⑤制作简便，费用较低。报纸从文稿写作到印刷出版，工序少，费用低，大多数中、小型企业都能承担，并且广告投资的风险相对较低。

2)报纸媒体的不足

①有效时间短。报纸出版率高，一般每天一份。绝大多数读者只读当天的报纸，极

少有人读隔日的报纸，因此报纸的有效期较短。

②广告注目率低。报纸是以新闻报道为主，除少数广告专页外，广告往往难以占据突出位置，因此，广告的注意度低，容易被读者忽略。

③印刷效果不好。由于纸张材料和印刷技术的局限，报纸广告显得粗糙，传播效果差。许多报纸广告以文字为主，设计较简单，单色印刷和套色印刷色彩单调。

④无法对文盲产生效果。报纸以文字为媒体，读者必须是识字者，所以，报纸广告一般适用于汽车行业、机械行业、药业、房地产业、出版业、百货行业及公司招聘等。

3）报纸广告分类与运用

①按表现形式分类，报纸广告大致可分为以下几种类型：

A.纯文字型广告。纯文字型广告是指不含图片，单纯以文字来表现广告内容的广告，最多运用一些网底、花线。这类广告严谨、庄重、逻辑性强，且信息量很大。所以，公告类广告，生产资料方面内容的广告，时效性强、要求制作简便迅速的广告多采用纯文字型广告。

B.黑白广告。黑白广告也称分类广告或专栏广告。这类广告上部一般编排以反阴标题形式出现的“分类广告”或“专栏广告”，下部则排列以纯文字形式出现的各类广告内容，色调为黑色，故称黑白广告。

C.图文并茂型广告。图文并茂型广告是指既有文字又有图像（包括照片、图案造型等）的广告。用文字传情达意，用图案辅助说明文案，使人一目了然地看到商品的外形、特性。同时，图像还能有效地提高广告的注目率，有效刺激消费者对商品的需求。

D.空白广告。空白广告是指利用大面积空白作为广告的背景，从而通过虚实对比来强调、突出广告主题的广告。在广告版面内，四周是空白，中间放入广告内容，通过周围空白的衬托使广告突显醒目，视觉效果很好。但要注意与内容的配合，避免构图不严谨和版面及费用的浪费。

E.报眼广告。报眼广告是指刊登在头版与报头位置相对版位的广告。由于报眼广告位置突出，所以广告效果显著，但价格比较昂贵。

F.整版广告、跨版广告。整版广告是指广告版面占报纸一个版的广告。整版广告面积大，可以承载大量的广告信息。跨版广告是指按报纸一个对开张整体设计的广告，气势大、影响大，是报纸广告的最大版面，但广告费也很高。

G.中缝广告。中缝广告是指利用对开报纸两个版面之间的缝隙刊登的广告。中缝一般刊登一些短小的广告，如影视消息、招聘广告、寻人启事、转让信息等，中缝广告的费用较低。

H.刊头广告。刊头广告是散见于报纸非广告版位、各种文章之间，以刊头形式出现的广告。这类广告灵活多样，读者在接收新闻信息的同时，在不经意间接收了广告信息。

②按广告版面大小分类。报纸一般以“栏”和“行”来计算版面面积。对开大报纸每版（页）一般为八栏，有的也有九栏；四开小报每版四至六栏。按版面大小，报纸广告可分为以下几种：

A.通栏与半通栏广告。通栏广告是指规格为一个版面宽，1/5 或 1/6 版面高的广告。

对开大报通栏一般为 8 厘米×35 厘米(1/6 版面高),四开小报通栏为 6.6 厘米×23.5 厘米(1/5 版面高)。半通栏广告即 1/2 通栏,大报为 8 厘米×17.5 厘米,小报为 6.6 厘米×11.5 厘米。

B.双通栏与 1/2 双通栏广告。双通栏是指 2 个通栏高的版面广告,即大报为 16 厘米×35 厘米,小报为 13.5 厘米×23.5 厘米。1/2 双通栏广告是指 2 个通栏高,1/2 通栏宽的广告,大报为 16 厘米×17.5 厘米,小报为 13.5 厘米×11.5 厘米。

C.整版和半版广告。整版广告即利用一个完整的版面来刊登的广告。一般整版广告面积大报为 50 厘米×35 厘米,四开小报为 34.5 厘米×23.5 厘米。半版广告是整版广告的一半,其面积大报为 25 厘米×35 厘米,四开小报为 17 厘米×23.5 厘米。也有竖半版广告形式,其面积大报为 50 厘米×17.5 厘米,四开小报为 34.5 厘米×11.5 厘米。

此外,还有小面积广告,面积大小比较灵活,一般不超过整版的 1/10,广告主可根据广告内容和广告预算的需要选择。

③按广告内容的分类。报纸的广告内容是指广告信息传播的目的、方向、含义等诸要素的总和。按广告内容划分,报纸广告可分为以下几种类型:

A.产品推销广告。产品推销广告是指以传播商品信息为主,以推销商品的广告。

B.企业形象广告。企业形象广告是指以提高企业的知名度和美誉度为目的的广告。

C.公益性广告。公益性广告是指以方便公众,为公众的切身利益服务为目的的广告。公益广告是不收费的。

D.文化广告。文化广告是指传播文化信息,如科技、教育、体育、新闻出版、影视信息等,旨在加强社会主义精神文明建设,引导读者的文化情趣的广告,如招生启事、图书征订等。

E.社会广告。社会广告是指向社会提供劳务、沟通各方面信息的服务性广告,如寻人、征婚、招聘等广告。

F.政府相关通告。此类广告是指政府有关部门为扩大公文、通告的接收面或出于履行法律程序的考虑而在报纸上发布的广告,如法院公告、部委公告等。

(2)杂志媒体

与偏重新闻性的报纸不同,杂志偏重知识性和教育性。

1)杂志媒体的优点

①阅读率高,有效时间长。杂志具有比报纸优越得多的可保存性,因此有效时间长,且没有阅读时间的限制。杂志的重复阅读率和传阅率也比报纸高,广告效果持久。

②读者集中,选择性强。除为数不多的综合性刊物外,杂志都有较集中的读者对象,这有利于针对特定读者群的心理进行广告宣传。

③编辑精细,印刷精美。精美的印刷不仅能逼真地表现产品形象,而且可给读者带来视觉上美的享受,进而容易产生心理认同。

④可用篇幅多,发行面广。杂志可利用篇幅较多,可详尽地把广告信息完整地表达出来。同时杂志的发行面广,对于全国性的广告宣传,杂志媒体无疑占有一定优势。

2)杂志媒体的不足

①时效性差。由于杂志的出版频率低、周期长,因而灵活性差,难以刊载具有时间性要求的广告。

②影响面窄。由于杂志的专业性强,读者相对较少,因此影响面相对较小。

③广告费用较高。杂志广告费用包括广告制作费和刊物费用。由于精美的印刷需要较高的设计制作成本,加上杂志的影响面窄,因此广告收费比较高。

3)杂志广告的分类及运用

杂志广告的类别,主要取决于杂志的类别。杂志按出版周期可分为周刊、旬刊、半月刊、月刊、双月刊、季刊、年刊等;按其发行范围又可分为国际性杂志、全国性杂志、地方性杂志等;按内容特点和读者的类别可分为生活类杂志、文艺类杂志、专业类杂志和综合类杂志等。杂志广告的规格,是以杂志的开本为计算标准,如 32 开本、16 开本、大 16 开本、8 开本等。根据所占的版面位置和大小可分为直版半页、横版半页、全页、跨页、海岛半页、海岛位置、1/4 内页、出血版(或称“天边版”)、自由版等。

不同版面位置的广告,注意价值不同。据调查,把注意值列为 100,其不同版面的注意值如下:

封面 100	封底 95	封二 90	封三 85	扉页 80
底扉 75	正中内页 75	内页局部 30~50	内页补白 10~20	

杂志广告一般较适合于化妆品、服装、装饰材料及专业性强的行业与产品等。

(3)广播媒体

广播媒体包括无线电台和有线广播网。广播媒体是传播广告信息最快的媒体之一,在我国也是最大众化的广告媒体。

1)广播媒体的优点

①覆盖面广,受众广泛。广播以电波传递,传播速度快、范围广,基本上不受时间和空间的限制,无论城市、乡村都可以听到广播节目。在我国广大的农村,广播相当普及,因此目前乃至今后一段时间,广播仍将是我国受众众多的重要传媒之一。

②收听方便,不受限制。无线广播的接收简单,只需一部收音机就可以收听。广播通过声音传递信息,只要有一定听力的人,都能成为广播的收听者,不受环境、条件和文化的限制,因此广播成为一种可以“一心两用”的媒体而能够深入到各种场合。

③节目制作灵活,信息容量大。广播节目的制作简单,改动容易,极具灵活性。同时由于广播的播出时间每天都有十几个小时,因此可供传播的信息容量大,能插播、集中广播、反复广播和大范围广播,极利于广告宣传。

④制作简便,费用低廉。广播广告的设计制作以录音为主,成本低廉,因而广告费用低。

2)广播媒体的不足

①时效性短。广播广告主要是以声音传播,时间短暂,难以给人留下深刻的印象和较长久的记忆。

②难以查存。广播的声音稍纵即逝,信息不易保存。

③有声无形。没有视觉形象,言之无物,难以表现商品的外在形象与内在质量,因此无法得到对商品的清晰的认识,使广告效果受到一定程度的影响。

3)广播广告的分类与运用

①按播出的方式不同,广播广告可划分为以下几种:

A.插播广告。插播广告是由广告主向电台提供节目,在节目中插入广告主的广告。插播广告因费用较低、自由度大,常常被一些经费少的广告主所采用。

B.夹播广告。夹播广告是指安排在节目与节目之间播出的广告。广告长度5~60秒不等。

C.特约广告。特约广告是广告主在特定时间或特定节目中播出的广告。这些特约时间或特定节目通常是收听率较高的时间或节目,如报时、天气预报前后时间或其他受欢迎的节目等。

D.赞助广告。赞助广告是指由广告主出资或出物赞助电台举办某些特别节目或组织社会活动,从中播放广告主的产品广告或企业形象广告,以达到为广告主宣传产品,提高知名度的目的。这类节目或活动一般都冠以企业名称,其收听率高、时段较好,广告的传播效果好。

E.专栏广告。专栏广告是指在固定时间,电台开设的固定栏目中播出的广告。

F.公共广告。公共广告即公共服务广告或公益广告,由政府部门或电台作为服务性或公益节目免费播出,如交通安全、吸烟有害健康等。

②按广告的表现形式分类,广播广告可以分为以下几种类型:

A.陈述式广告。陈述式广告是指由播音员或演员直接播读广告词的广告。陈述式广告近似新闻播报,难以引起听众的注意,可以通过辅以背景音乐来减少单调感。

B.歌曲式广告。歌曲式广告是指以歌曲的形式来表现的广告。广告歌曲明快、活泼、上口,很受听众喜爱,其传播效果较好。

C.对话式广告。对话式广告是采用两个或两个以上的人物对话形式传播广告信息。与陈述式广告相比富于变化,具有亲切感,但要注意防止牵强和生硬,广告词的设计应生动活泼,避免谈论过多的内容。

D.小品式广告。小品式广告是以小品形式来介绍产品与服务的广告。一般以戏剧与曲艺小品来表现,形式生动活泼。要注意避免广告表现过于直、露,否则会引起反感,产生适得其反的效果。

E.曲艺式广告。曲艺式广告是用人们喜闻乐见的相声、评书、笑话、快板、戏曲等曲艺形式来表现广告。由于曲艺本身的感染力,广告传播效果较好。

(4)电视媒体

在四大媒体中,电视的发展历史最短,但却最具发展潜力,也是当代最有影响、最有效力的广告媒体。

1)电视媒体的优点

①声形兼备,形象直观。电视同时诉诸视觉和听觉,给人以美的享受,同时有利于人们对商品的了解,突出商品的诉求重点。

②表现形式多样化,感染力强。电视集声、形、色于一体,既可直接介绍产品,也可以把广告信息放在故事情节、歌曲、漫画、特技之中,形式灵活多变,让人耳目一新。

③覆盖面广,收看率高。电视是以电波传递音像信息,不受时空限制,传播迅速,覆盖面广。由于电视具有综合性、服务性、娱乐性等特点,广受不同层次、不同年龄、不同职业、不同兴趣的广大群众喜爱,收看率高。

2)电视媒体的不足

①传播效果的一次性。电视信息转瞬即逝,不可逆转,因此大多数电视广告都是重复播出,起到加深印象的作用。

②创作过程复杂,广告费用高。电视广告制作复杂,程序较多,制作成本高。同时播出费用也高,因而播放次数和广告时间长度都受到限制。

3)电视广告的分类与运用

电视广告的形式多种多样,可以从它的播出方式和表现形式来分类。

①按播出形式划分,电视广告可以分为以下几种:

A.插播广告。插播广告是在电视节目之间或某一节目中间插入播出的广告。插播广告可以自由选择播出时间,因而经常被企业采用,但收视率不稳定,传播效果较差。

B.特约广告。特约广告是根据广告主的要求,在特定时间或节目中播出的广告。特约广告一般收费较高,但企业可以选择恰当的广告播出时间与节目,因而传播的效果较好。

C.赞助广告。赞助广告是由广告主赞助电视台举办节目或组织活动,从中插播企业广告的一种广告形式。赞助广告分为独家赞助和多家赞助两种。赞助广告有利于提高企业的知名度和美誉度,因而被众多广告主所钟情。

D.节目广告。节目广告是指由广告主向电视台提供节目,并在节目中插入企业广告。节目广告是一种良好的广告形式,在国外被广泛应用,也日渐受到国内企业的重视。

②按表现形式划分,电视广告可以分为以下几种类型:

A.新闻式。新闻式是用新闻报道的方式,将商品的使用情况真实地记录下来,以证明商品被广泛使用或深受欢迎。

B.告知式。告知式是将有关商品或劳务的信息直接告知观众。告知广告是通过解说,阐明商品被广泛使用或深受欢迎。

C.推荐式。推荐式是借助名人效应在电视上展示某个知名人士使用广告商品的习惯或推荐该商品,通常以介绍新产品或有特色的产品为主。由于推荐人的知名度,广告易受观众注目,给观众留下深刻的印象。

D.示范式。示范式是采用实证或操作演示的方式,让观众了解产品,诱导需求。此类广告通过示范让观众亲眼看见产品的特征、性能与使用方法,往往能产生良好的促销效果。

E.故事式。故事式是将广告很自然地插入一个故事中。通常是通过人们日常生活中的某一故事片断,很自然地带出商品的应用。常用于介绍日用品及礼品。

F.幽默式。幽默式是利用人们普遍喜欢幽默风趣的心理特点创作的富含哲理的广告。幽默广告多用于玩具、药品与保健品的广告宣传。

G.悬念式。悬念式广告是在广告中先提出消费者常遇到的难题,然后推出宣传的商品,使难题迎刃而解,从而使观众对广告商品留下难忘的印象。

H.形象广告。形象广告是运用图像、音乐等手段诉诸观众的感观,从而对商品产生好感,树立商品的良好形象。

(5)户外广告媒体

户外广告是指设置在露天里没有遮盖的各种广告形式,户外广告是历史最悠久的媒体,它以特有的形式在广告活动中发挥重要作用。

1)户外广告媒体的优点

①形象突出,引人注目。户外媒体一般面积较大、主题鲜明、设计新颖,而且位置大多选择在市中心、商业繁华区或交通要道,容易引人注目,易于记忆。

②长期的时效性。一般而言,户外广告多为长期的固定式媒体,一经制作完成就保持较长的时间稳定不变。这种长期的广告诉述,给人们以重复的信息刺激,易产生良好的广告积累效应。

③良好的市场选择性。如果广告主选择了地区性市场作为广告宣传的目标市场,那么,在这些市场区域内选择合适的地段或位置设置户外广告,可取得较好的预期效果。

④美化市容。户外广告是城市景观的一部分,成为现代都市繁华的标志与象征之一。

2)户外广告媒体的不足

①表现简单,信息容量小。受到所处环境和自身条件的限制,户外广告内容一般都比较简单。

②易于旧损。由于设置在户外嘈杂的环境中,易于被气候或破坏性行为损害而显得陈旧或遭破损。

3)户外广告的类型与运用

常见的户外媒体广告主要有以下几种:

①路牌广告。路牌广告也称看板广告,是在木头或金属制作的告示板上展示的广告,一般设置在交通要道口、公共场所、风景区等处。

②霓虹灯广告。霓虹灯广告是利用霓虹灯制作的广告,利用不断变换的绚丽色彩吸引消费者注意,借以传播广告信息。

③旗帜广告。旗帜广告是古代旗幌广告的发展,它是在悬挂的各种彩色旗帜上展示广告信息。由于形式新颖,成本低,又能起到渲染气氛的作用,常常受到企业的青睐。

(6)销售点广告媒体

销售点广告是销售点或购物场所内所做的各种各样广告的总称,是一种综合性广告形式。销售点广告是一个直接与消费者接触的媒体阵地,被称为“无声的导购员”。

1)销售点广告媒体的优点

①美化购物环境,提高顾客的购买兴趣,促使顾客的购买欲望及时转化为购买行为。巧妙、灵活的销售点广告既可将购物场所装点得舒适、美观,又使之显得生意兴隆,从而提高顾客的购买兴趣,调动他们的购买欲望。

②促使顾客就近观看商品。销售点广告大都是将产品实物衬以相应的装饰,有助于顾客近距离仔细观看甚至接触商品,可以直接提高顾客的购物兴趣。

2)销售点广告媒体的不足

①设计要求高,成本费用大。销售点广告要吸引消费者、促进销售,就要在商品陈列和设计方面新颖独到,有一定的艺术水平,同时要有一定的物质做保证,成本费用较大。

②清洁度要求高。由于商店客流量大,灰尘多,如果不经常清洁,就会影响销售点广告的社会和经济效果,也会影响企业形象。因此要求有一定的人力物力来保持清洁。

3)销售点广告的类型与运用

①柜台广告。柜台广告是设立在柜台上的各类立体的或动态的广告物。这种广告对引起消费者注意,对商品差别化的认识,引起购买冲动,都起到重要作用。

②货架广告。它主要是利用货架的边框来设置的广告。由于广告与商品接近,最容易吸引消费者。

③地面广告。利用商店内外的地面空间,放置商品陈列架、展示台、旋转台等,这是展示商品,刺激购买冲动的良好形式。

④橱窗广告。它包括放在橱窗内的所有广告物和装饰物。它可以随着季节、节日的不同而改变。

⑤悬挂广告。它是从天花板、梁柱上垂吊下来的展示物,如彩条、吊牌、饰物、小旗帜等。只要悬挂高度合适,造成各种形态,就能引起消费者注意和增强店面的装饰效果。

⑥动态广告。它是指利用马达或热气上升原理使广告作品活动的广告形式,多数是一些立体广告物。广告物上下运动,回转运动,使广告具有动态感和立体感,从而增强广告效果。

⑦灯箱广告。在广告作品中放入各种光源,利用灯光照明技术,把广告商品衬托得更精美豪华,既宣传了商品又装饰了商场。

⑧招牌广告。它包括各种形状的招牌、旗帜、彩带、框子等,一般都装置于店面上方及建筑物四周,以增强直接的广告效果。

(7)交通广告媒体

交通广告媒体包括各种交通工具(如公共汽车、电车、火车、地铁、轮船等)的厢体或交通要道、场所等。

1)交通广告媒体的优点

①乘客多,流动性大,阅读对象遍及社会各阶层,有利于提高商品知名度,能产生较好的促销作用。

②具有预告性作用。交通广告媒体接触面广，当商品未上市之前，利用交通媒体作预告性宣传，有助于引导消费者购买。

2）交通广告的类型与运用

从形式上看交通广告大致有以下5种类型：

①车内广告。车内广告是指设置在公共汽车、电车、地铁、火车等交通工具内部的广告，主要受众是乘客。其广告形式可以是张贴海报、广告牌、悬挂广告、小型灯箱以及火车广播、闭路电路等。

②车体广告。车体广告是设置在公共汽车、出租车或其他车辆车体（箱）外面的广告，主要受众是车外行人。好处是流动性大、传播面广、广告成本低。可绘制或电脑喷绘在广告牌上，钉在车体上或直接绘制在车身上。

③站牌广告。站牌广告通常是指设置在公共汽车站、火车站的站台或候车室（亭）的广告，由于车站流动人口多，站牌的注意率高，广告效果较明显。

④广告列车。广告列车也叫广告专车，是由广告主确认某一车次的列车为媒体的综合性广告形式。它的特点是利用旅客在列车上产生的空白心理，对其进行各种形式的重复刺激，集中诉求，从而产生良好的广告积累效应。

（8）直邮广告媒体

直邮广告是指通过邮寄的方式直接送到用户或消费者手里的一种印刷广告。主要类型包括商品目录、商品说明书、商品价目表、宣传小册子、招贴画、明信片、展销会请柬、手抄传单等。

1）直邮广告的优点

①针对性强。广告主根据需要自主选定传播对象，并通过邮寄直接将广告信息传递到被选定的对象手中，避免浪费。

②形式灵活。不受时间和地域的限制，也不受篇幅和版面的限制，在广告形式和方法上都具有较大的灵活性。

③反馈直接性。反馈信息快且准确，易于掌握成交情况，有利于广告计划的制订和修改。

2）直邮广告的不足

①由于针对性强，推销产品的功利性就特别明显，往往使接收者反感，因此广告文稿要写得诚恳、亲切。

②费时费力。直邮广告按对象逐个递送，流通中间费用高。

3）直邮广告的"标准"样式

直邮广告的形式不拘一格，并无固定模式，所谓"标准"是指一份直邮广告应包含的主要部分，即信封、推销信、产品彩页、订购卡和回邮信封。

①信封。可以从4个方面增强信封的吸引力：让收信人觉得是私人信件；让人觉得是重要信函；让人觉得信封内的信息对自己有利；设计精美，有吸引力。

②推销信。推销信应有很强的可读性，使人自始至终保持阅读兴趣。

③产品彩页。通过产品彩页详细地把产品颜色、大小、体积、内部结构与材料呈现在读者面前，提供充分的信息以便读者作出购买决策。

④订购卡。订购卡是广告商与读者的买卖契约。

⑤回邮信封。便于读者寄回订购卡。

(9)互联网与移动数字媒体

互联网已经深度地进入我们的生活，它改变了人们的生活模式和思维习惯。网络已经成为人们获取新闻和各类信息的主要渠道。近年来，互联网PC端用户加速向移动互联网环境下的“智能移动终端+APP”的移动新媒体模式迁移，移动数字媒体以移动数字终端为载体，通过无线数字技术与移动数字处理技术，可以运行各种平台软件及相关应用，以文字、图片、视频等方式展示信息和提供信息处理功能，社交平台的超强的互动性和超快的传播速度改变了人们的媒体阅读习惯。而微博、微信、网络视频等新媒体技术与平台的发展，加速了自媒体时代全面到来的步伐。2014年自媒体生态形成，基于微博、微信的个人自媒体、企业自媒体以及专业自媒体等各种形态涌现。自媒体打破了“自上而下”“点对面”的传播方式以及时间、地域的局限，使得新闻制造边缘的受众成为新闻信息传播的中坚力量，对传统媒体带来冲击。

1)网络媒体的特点

①传播范围广，速度快。网络广告可通过互联网传递到世界各地。至2014年，全球人口为70.95亿，互联网用户已达24.85亿，占全球总人口数的38%，社交网络活跃用户达18.56亿，占全球总人口数的26%，移动用户数量65.73亿，占全球总人口数的93%。

②跨越时空和文化的限制。互联网及移动数字媒体可以自由扩张，连通全世界，只要受众的PC或移动终端连接在互联网上，就可以浏览到广告主的广告信息。同时，网上广告使用的是人们熟悉的国际通用文字，基本上没有文化和地域的限制，易于被受众接受。

③形式多种多样。随着计算机程序技术和多媒体的不断发展，网络广告可以采用多种形式，如文字、动画、声音、三维空间、全真图像、虚拟现实等，将广告产品全面真实地展示，使网络浏览者犹如身临其境。

④个性化传播。数字媒体的个性化传播特性决定其传播对象的细分化，甚至开始以家庭和个人为基本单位进行量身定制的传播，这就使得受众这一传统概念得到越来越细的划分，能在大众传播的基础上进行更分众化、精准化的传播。

⑤移动数字媒体与传统媒体更大的优势是能够提供信息处理功能，使广告与受众的信息交流实现互动。

2)网络广告的类型与应用

网络广告常见的类型有横幅广告、图标广告、赞助广告、分类广告以及插页广告等。

①横幅广告(Banner)，也叫旗帜广告，是网页上最常见的广告形式。横幅广告往往是提示性的，一般是一个起引导作用的标题或招牌，浏览者如果有兴趣点击它，就能进一步看到更详尽的信息。

②图标广告(Button)。常常由一个标志性图案(商标或厂徽等)构成,用来宣传广告主的商标或特定标志,像一个纽扣,信息容量小,只有一定的提示作用。

③赞助广告(Sponsorship)。由广告主出资赞助一个自己感兴趣的页面或栏目,主要有3种赞助方式:内容赞助、节目赞助和节日赞助。赞助广告的特点是放置时间较长,而且无须与其他广告滚动。借助这种广告形式,赞助商可以宣传品牌、直接促销、进行市场调查,甚至可以发展消费者俱乐部,对于想做品牌广告的客户较合适。

④分类广告(Classified)。与传统的报纸分类广告相比,在线形式的分类广告具有可搜索性及数据库功能,可以更快捷方便地更新,具有更灵活的表现形式等。

⑤插页广告,又叫弹跳广告。在调入一个网页的同时,会自动跳出另一个幅面较小的网页,以诱人的画面或字眼引导浏览者点击,这就是插入式广告。这种不请自来,带有强迫性的广告,往往引起人们的反感。

而常见的移动数字媒体广告类别见表8.1。

表8.1　移动数字媒体广告类别

类　型	广告形式	特　点	运　用
图片类广告	旗帜广告	出现在APP顶部或底部	阅读类APP当中
	插屏广告	拥有较好的用户体验	比较精准的广告投放形式
	全屏广告	全屏方式出现	打开浏览页面3到5秒静态或Flash效果
富媒体广告	动态与互动	人机交互,寓教于乐	360°观赏、摇一摇、滑动、放大、擦除、拖曳等
视频广告	贴片	在移动终端开启或关闭前	如手机游戏开启或过渡时插播
	角标	出现在视频播放窗口旁边	透明的角标界面不影响用户对视频节目的观看
积分墙广告	下载积分	有效激励,联动互通	通过积分或精品推荐,用户进入获得体验

移动广告类别除了表8.1中的4种外,随着技术的发展,为了更好地实现广告的传播效果,新的形式还在不断涌现。

8.1.3　媒体发布的计费标准与价格政策

在媒体上发布广告是以媒体单位计费的,媒体单位指不同媒体的广告时间和空间。不同类型的媒体有不同的广告单位。媒体不同,广告单位的特征也不同,价格也各有差异,且差异较大,其中电视媒体最为昂贵。媒体的定价策略由媒体的收视率、到达率、媒体价值等因素决定,同时也考虑具体的版面位置、时间段位以及广告排序等因素。一般来说，优势版面、黄金段位的广告单价最高。如果广告主指定版面、指定段位、指定时间，则需要另加收定位价。

(1)报纸杂志类

报纸杂志以版面作为销售单位。确定具体媒体后，还要明确在媒体的何种位置推出广告，即确定广告单位。报纸媒体的计费首先考虑广告篇幅的大小，如整版、1/2 版、通栏等；其次考虑广告版位，在哪一版，什么位置；此外还要考虑广告色彩，是彩色还是黑白等。

杂志媒体的计费首先考虑广告刊登位置，如封面、封底、1/4 版、插页、活版页等；其次考虑广告面积大小，如一页、图版页、连页、1/3 页等；此外还要考虑彩色，如四色、单色等。

(2)广电类

广播电视等电子媒体广告的计费主要依据以下因素：一是广告片的长度，如 15 秒、30 秒、1 分钟等。二是播出时段，按收视(听)率的高低将时段进行细分，如特级时段，A，B，C，D 时段。收视(听)率越高则该时段的价格越高。三是每个时段的广告排序位置；四是广告的推出方式，如插播、赞助、随片等。

(3)网络类

网络媒体的计费以像素、字节等为广告单位。如图标广告的大小一般为 80×30 像素。网络广告中不同类型的广告其广告单位不同，价格差异较大。其成本以“广告曝光”(访客量、点击率)为指标计算。

此外，户外广告媒体计费主要考虑位置、高度、面积、周围环境等因素。

媒体的购买价格受市场的供求关系影响，购买量、媒体关系也决定着价格的优惠程度。

8.2　广告媒体战略

从广告活动的过程来看，广告主把要传播的广告内容，通过不同的广告媒体传播给目标对象，以达到预期目标，就要立足于企业发展的全局，对媒体进行通盘的统筹规划，即要树立广告媒体的战略观念。

8.2.1　广告媒体战略

(1)广告媒体战略的含义

广告媒体战略，是企业营销策略的延伸，是立足于企业发展的全局，在营销目标与广告目标保持一致的前提下,对广告媒体进行通盘的统筹规划,使企业的广告传播具有整体性、系统性和连续性;是对分阶段实施的局部传播行为的规范,使企业的局部媒体活动不致偏离广告的既定方向与目标。具体来说,广告媒体战略是为媒体活动制订明确的方针战略,是对媒体选择、媒体组合、传播机会、传播目标、传播效果等作出明确的、原则性的规定,以保证企业广告达到预定目标。

(2)广告媒体战略的基本概念

在制订媒体战略和进行媒体计划时,我们一定会利用一些与之相关的概念,这些概念广泛适用于媒体的评估、选择及组合。下面作简略的介绍。

①到达率(reach)。它是指在特定期间广告目标受众(个人或家庭)暴露于某一信息至少一次的百分比。在这里,“暴露于”是指人们看到或听到该广告的“机会”。这就是说只要广告在你面前出现,而你恰好在那儿,不管你是看到或听到,就算是一次暴露。

②收视(听)率(ratings)。它是指接收某一特定电视节目或广播节目的人数(或户数)与拥有电视机(或收音机)的全部人数(或户数)之比。

③开机率(homes using television,简称 HUT)。它用于表示在某一特定时间拥有电视机的家庭中开机的比率。

④节目视听众占有率(audience share)。它是指某一特定节目开机率的百分比。节目视听众占有率用于对电视或广播节目收视听的情况进行分析。

⑤总视听率(gross rating points,简称 GRP'S)。总视听率也称毛评点,它代表某一广告媒体在一定时期所送达的收视(听)率总和。对广电媒体它可以用收视(听)率乘以播出次数求得,对印刷媒体则可用到达率乘以刊出的次数求得。例如,某报的到达率是25%,广告刊出 4 次/月,它的总视听率就是 100(也就是 100%)。

⑥暴露频次(frequency)。它通常是指一个月内一则广告信息到达受众的次数。在上述例子中为 4 次/月。

⑦视听众暴露度(impressions)。它与总视听率相同,但以人数(或户数)来表示,表示全部广告暴露度的总数。在上述例子中,假设该报的到达人数为 8 万人,则视听众暴露度为:

$$8\text{ 万人} \times 4\text{ 次}/\text{月} = 32\text{ 万人次}/\text{月}$$

⑧广告千人成本(Cost Per thousand,简称 CPT)。它代表一则广告信息每 1 000 个目标受众所花费的成本。计算公式为:

$$CPT = \text{广告费}/\text{视听众总暴露度} \times 1\,000$$

⑨覆盖域(place)。它是指广告媒体发挥影响的区域范围或是媒体的普及状况。

(3)媒体战略的确定

1)策划前的资料收集

①市场资料。它包括广告产品的市场规模、目标市场分布、市场需求状况、消费特征与趋势、市场竞争态势及市场潜力等。

②消费者资料。它包括消费者的构成、人口统计特征、消费心理、购买行为及生活习惯等。

③产品资料。它包括产品的性能、质量、价格、销量、消费价值、附加价值、与其他的同类产品比较等。

④广告主与竞争者的资料。它包括企业规模、实力、市场占有率、市场分布、知名度、美誉度以及广告投入、定位特征、广告媒体选择、广告成本及效果等。

2）战略研讨

媒体战略研讨的内容包括：

①营销目标。营销目标是广告媒体活动的总目标，是制订媒体策略的基本出发点。只有透彻地了解企业的营销目的，媒体战略才有明确的方向。

②销售策略。媒体实施如何与销售挂钩，紧密配合，协调进行，必须予以明确。

③目标市场。目标市场是媒体实施的着眼点，其分布、规模、市场周期形态、潜在消费量等直接影响到对媒体的选择、组合和频率分配，应在研讨中确定媒体运作的原则。

④目标对象。目标对象是媒体选择的重要依据。目标对象的社会地位及经济状况、消费动态和媒体接触状况、视听习惯与视听心理取向等，直接关系到对媒体的有效运用。例如，如果目标对象是年轻人，那么诸如《中国青年报》《中国青年》杂志之类当然就是理想的媒体。

⑤产品特性。产品的特性与媒体的选择密切相关。广告产品的性质如何，具有什么样的使用价值，其质量、价格、包装如何，产品服务的措施与项目以及对媒体传播的要求等，这些都直接或间接地影响到广告媒体的选择。例如化妆品，常需要展示产品的高贵品质及化妆效果，就要借助具有强烈色彩性和视觉效果的媒体，如杂志、电视等。而机械设备、原材料及生产资料性产品需要作详尽的理性诉求，采用商品目录、说明书、直邮信件、报刊等媒体则比较合适。

⑥竞争策略。竞争对手的策略，包括广告媒体渠道的选择和广告成本费用情况，对广告主的媒体战略的确定有着显著的影响。如果没有竞争对手，那么广告主就可以从容选择自己的媒体和安排费用；如果竞争对手尚少，不足以对广告主构成威胁，就只要重视交叉的广告媒体；如果竞争对手多而强大，广告主在财力雄厚的情况下应采取正面交锋，力争在竞争媒体上压倒对方；在财力有限的情况下，则可采用迂回战术，选择其他媒体。总之，广告主要针对竞争对手的特点，确定自己的竞争策略。

⑦广告预算。广告主所能承担的全部广告费用，直接影响媒体的选择。传统的四大媒体——报纸、杂志、广播、电视等费用较昂贵，只能是一些经济效益好的大型企业采用的媒体对象，而一些效益不佳的中小企业只能望而兴叹。因此，具有不同广告经费开支的广告主应根据自己的财力，在广告预算范围内对广告媒体战略进行规划。

3）确定媒体目标

通过上述分析研讨，基本形成了媒体战略的框架，就可明确媒体计划的具体目标对象。它包括以下内容：

①明确传播对象。明确传播对象,也就是明确谁是广告媒体的广告对象,它是决定广告效果的重要因素。必须对广告媒体的目标对象有全面的认识,包括人口统计资料、心理层面因素、购买行为及生活习惯等。广告媒体的传播对象应与广告的目标对象相一致。

②明确传播的目的。明确传播的目的,就是明确通过广告媒体向目标受众传播广告信息的目的。常见的媒体信息目的主要有以下几种:

A.提高产品(或劳务)品牌的知晓度;

B.促使消费者改变不利于本品牌产品的某种态度;

C.向消费者介绍一种新产品;

D.加强广告主的促销推广活动;

E.提醒老顾客以树立他们对品牌的忠诚度;

F.与一种新上市的产品展开竞争;

G.鼓励该产品的推销人员。

③明确传播时间。明确传播时间,就是选择合适的时间作为广告推出时间。广告信息传播时间应依据人们购买商品的习惯而定,有些广告要有较多的播出提前量,才能取得更好的广告效果。常见的广告推出时间有以下几种:

A.在产品销售旺季之前出现;

B.在一年内平均出现,以顺应每月的产品销售;

C.在企业开展促销活动时出现,以支援企业的产品推广活动;

D.当竞争产品进行广告宣传时出现;

E.在新产品上市前出现;

F.当季节变化、节假日来临之际,在媒体上刊播广告。

④明确传播区域。明确传播区域,是指确定目标市场的位置,并按照市场的位置选择相应的广告媒体。目标对象居住在什么地方,目标市场在哪里,广告媒体的选择就应以此为依据。如果产品行销全国,就可选择全国性媒体;如果产品只在某一地区销售,就选择该地区的媒体做广告。

⑤明确传播方法。明确传播方法,包括确定媒体的传播面、频率和广告形式等。媒体的传播面和频率决定了推出的广告量。一般说来,传播面越广,对受众的影响越大;传播的次数越多越密集,对受众的刺激就越强。

广告主要有两种表现形式:一是理性诉求,二是感性诉求。不同的媒体所擅长的表现形式不同,如报纸广告以理性诉求为好,电视广告则有利于感性诉求的表现。

4)确定媒体策略

广告媒体的传播价值是不一样的,即使同一媒体也会因运用方法不同而效果各异,因此需要深入了解媒体的特征、传播方式以及如何有效地发挥其作用,并通过各种类比方法作出最佳选择。常见的媒体选择的方法如下:

A.媒体接触机会比较法。以媒体的覆盖域大小、收视(听)率与发行量的高低作为对比参数,进行纵向(同类媒体之间)和横向(不同媒体)比较。将对比参数进行排列,从中选择比数高的媒体。应该注意的是，在比较时应着重对在目标市场区域内媒体的接触机会的比较。

B.信息到达程度筛选法。以到达率、开机率和基本读者量作为比较参数，进行横向或纵向比较，从中选择出与目标对象吻合度高的媒体。

C.千人效率比较法。即以媒体的千人成本（CPT）为标准，选择千人成本低的媒体。媒体的信息送达程度越高，千人成本越低。千人效率比较法是以实际送到成本效率为基础，用于分析不同的媒体。通过比较，选择与传播目标的吻合度好、千人成本效率高的媒体。

D.诉求定位判断法。以产品的诉求定位为判断标准，选择与诉求方式相适应的媒体。如感性诉求宜选择影视媒体，理性诉求则侧重于印刷媒体等。

E.受众心理取向权衡法。受众的视听心理倾向有一定的规律，将受众的心理取向和产品目标消费者的心理取向作比较，选择与目标消费者心理取向吻合度高的媒体。

5）媒体组合

在广告运作过程中，常常需要使用两种或两种以上的媒体，相互配合、协调运作。对此将在后面的内容中详细探讨。

6）媒体分配

媒体的分配包括金额、频率和时间的分配。

①金额分配。一般是根据企业的营销战略所确认的目标市场进行区域划分，按市场的营销目标百分比来相应地进行广告投资。例如，某目标市场的营销目标为企业该年度营销目标的 10%，则该目标市场的金额分配应为媒体总预算的 10%。如果需要加大广告投资，则应该在金额分配上说明清楚。

②频率分配。频率分配是在明确信息发布总量的前提下，对各个不同的广告区域和不同广告时期所做的最低和最高频率规定，目的是合理地控制信息发布量。一般来说，信息发布的最低频率是每月 4 次，最高为每月 8 次。

③时间分配。时间分配是指广告发布的具体时间和时段。广告发布的时间应与营销策略、广告目标密切结合，发布的时段则应按照受众的媒体接触习惯确定。

7）确定媒体排期

媒体的排期，指在媒体上发布广告的时间安排。有效的时间安排取决于产品特性、目标消费者、营销渠道、广告目标等因素。在进行时间安排时应考虑 3 个因素：一是购买者流动率，即新的购买者在市场上出现的频率。购买者流动率越高，广告传播次数就应该更连续。二是购买频率，即在特定时间内一般消费者购买产品的次数。购买频率越高，广告就应该越连续。三是遗忘率，即消费者遗忘某品牌的速率。此速率越高，广告应该越连续。

常见的广告排期如下：

①连续式。它是指在一定时间内连续不断地发布广告。当广告主市场扩大，消费者购买频率高，产品紧缺或数量有限时，通常采用这种方式。这种方式广告投入费用高，一般为大型企业所采用，而中小型企业难以承受。

②集中式。它是指将广告安排在一个特定的时间段内集中发布。一般当产品集中在一季节或者节、假日销售时采用。

③时段式。它是指在某些时间内刊播广告,然后间隔一段时间,再继续第二时段的广告。这种形式多用于季节性产品和阶段性消费品广告,或服从于建立市场占有率计划与市场推广计划。

④脉冲式(波浪式)。它是指在经常性、小规模地开展广告活动的基础上,不时间歇性地大量刊播广告来加强广告攻势。这是对连续式和时段式的一种折中,很多人认为它可以使大众掌握信息更加透彻,还可以节省广告费。因此,季节性的名牌产品、具有一定市场优势的常年性产品、有强劲竞争对手的企业,以及产品处在市场旺销期的企业,常常采用脉冲式媒体排期方式。

8.2.2 媒体组合

各种广告媒体各具特色,也各有缺点。为了扩大广告的影响,增强广告效率,需要对广告媒体进行合理搭配,各取所长,这就是媒体的组合。所谓媒体组合,就是在同一时期内,运用两种或两种以上的媒体发布内容基本相同的广告。

(1)媒体组合的目的

1)增加媒体的总效果和到达率

运用单个媒体,即使是覆盖范围大的媒体,也不可能将广告信息送达目标市场内的每一个人,而媒体组合可弥补这一缺陷。运用媒体组合可使不同媒体所拥有的受众组合起来,从而能传达到更多的目标受众。同时,各媒体可以取长补短,互相协调配合,扩大广告影响。

2)弥补单一媒体传播频率的不足

要取得较好的广告传播效果,就要保证有一定的传播频率,使目标消费者能够多次触及广告信息。由于有些媒体的广告费用太高,难以重复使用,如果运用单个媒体,就会影响到受众对媒体广告的接触程度。选择广告费用低的多种媒体进行组合,能使受众在不同媒体上接触到同一广告,增加了频率,就可以强化重复效应。

3)整合各媒体的传播优势,增强广告传播效果

通过组合,使媒体所具有的特性有机地组合起来,既使某些媒体的特长得到发挥,又可使其缺陷被其他媒体弥补,增强了广告效果。实验研究表明,广告媒体的交错使用能够产生额外效果。例如,同一个广告内容传播给目标消费者,3 种媒体各接触一次,比接触某个媒体 3 次效果要好,这是相辅相成的结果。

4)减少广告成本,增强广告效益,有利于企业量力而行

科学的媒体组合,不是媒体的简单相加,而是相辅相成、优势互补的组合。因此在资金有限的情况下,组合多种费用低、效果相对一般的媒体,仍可形成声势,再配合促销活动,可花费较少的钱,取得良好的效果。

(2)媒体组合的方法

媒体组合的方法主要有以下几种:

1)同类媒体组合

即把属于同一类型的不同媒体组合起来使用。如把印刷媒体中的报纸与杂志组合,把两种或两种以上的不同报纸或杂志进行组合。在广播的不同的频道、在不同的电视台播放同一广告,也可视为是同类媒体组合,但传播效果很难理想,有时是配套播出的方式出现。

2)不同类型的媒体组合

即把属于不同类型的媒体进行组合,使各种媒体相互弥补。如把报纸与电视组合,把报纸、电视、销售点广告、户外广告相搭配等。这种配合,不仅能扩大触及的范围,而且可有效地调动目标对象的感官,容易取得理想的传播效果。

3)租用和自用媒体组合

即企业把购买的大众媒体进行组合外,再将自用媒体如直邮媒体、自用销售点广告媒体、包装广告媒体、霓虹灯等与之配合,扩大影响。

4)广告单位的组合

广告单位组合是指将广告媒体的时间、版面等基本单位,在组合媒体的同时进行广告单位的组合。

(3)几种公认效果好的媒体组合形式

1)报纸与广播的搭配

报纸与广播组合可使不同文化程度的消费者都能接收到广告信息。

2)报纸与电视的搭配

这种组合可将报纸广告先行,使受众通过报纸广告的文字资料对广告产品有较为全面的详细了解,再运用电视媒体的图像来展示产品的优良品质和产品形象,以大规模的广告宣传创造声势,配合产品销售,逐步扩大产品销售市场。

3)报纸与杂志的配合

这种组合可利用报纸广告做强力推销,再借助杂志广告稳定市场;或利用报纸广告进行地区性信息传播,再借助杂志广告做全国性大范围的信息传播。

4)电视与广播的搭配

这种组合有利于城市与乡村的消费者都能普遍接收广告信息传播。

5)报纸与销售点广告的搭配

该组合有利于提醒消费者购买已有印象或已有购买欲望的商品。

6)报纸或电视与直邮广告媒体的搭配

这种组合以直邮广告为先锋,作试探性广告宣传,然后利用报纸或电视广告做强力推销。

7)直邮广告媒体与销售点广告媒体或海报的搭配

8)移动互联网与电视的搭配

这种组合有利于消费者随时随地加深对产品或服务的认知,扩大和巩固产品或服务的销售。

这种组合可以对某一特定地区进行广告宣传,有利于巩固和发展市场。

总之,广告媒体的组合方式很多,何种组合效果最好,需视具体情况而定。要优化组合,必须根据市场状况、广告费用预算、广告时效等来妥善安排,以利于扩展广告的功效。

小 结

广告媒体是指借以实现广告主和广告对象之间信息联系的物质或工具。也就是说,凡是能刊载广告作品,实现广告主与广告对象之间信息传播的物质均可称为广告媒体。按不同的划分标准,广告媒体可划分为许多种类。

广告媒体都有传达、吸引和适应等基本功能,但是不同的媒体有不同的特点。不同类型的媒体的广告单位不同,价格差异较大。媒体的定价策略由媒体的收视率、到达率、媒体价值等因素决定,同时也要考虑具体的版面位置、时间段位以及广告排序等因素。

广告媒体战略是为媒体活动制订明确的方针战略,是对媒体选择、媒体组合、传播机会、传播目标、传播效果等作出明确且具有原则性的规定,保证企业广告达到预定目标。常见的媒体选择的方法有媒体接触机会比较法、信息到达程度筛选法、千人效率比较法、诉求定位判断法、受众心理取向权衡法等。常见的媒体组合方法有:同类媒体组合、不同类型的媒体组合、租用和自用媒体组合、广告单位的组合等。

思考题

1.什么是广告媒体?广告媒体具备哪些基本功能?

2.各种广告媒体的主要特征是什么?

3.媒体发布的计费受哪些因素影响?

4.什么是广告媒体战略?它包括哪些内容?

5.媒体组合的目的是什么?常见的媒体组合方法有哪些?

6.假设为了调查电视剧《水浒》的收视率,选择了某地 100 个样本。某天晚上,100 户样本家庭中有 90 户开了电视机,其中有 35 户在看《水浒》,另有 28 户在看《倚天屠龙记》。请问,当天晚上的开机率是多少?《水浒》的收视率是多少?节目视听众占有率是多少？而《倚天屠龙记》的收视率和视听众占有率又分别是多少？

[案例讨论]

可口可乐歌词瓶与优衣库涂鸦 T 恤

继 2013 年“昵称瓶”大获成功后，可口可乐公司 2014 年又启动了全新的营销计划“歌词瓶”。“歌词瓶”的具体玩法：在可口可乐瓶身包装上印制最流行的歌词，人们通过扫描瓶身上的二维码，观看小段音乐动画，并可以在社交媒体上分享。唱歌是比平白的语言更能表达情绪的方式，试想一下，看到耳熟能详的歌词，谁都会控制不住轻哼出来吧。高晓松说过，音乐是所有艺术形式中最能承载记忆的东西。“歌词瓶”看似简单，但红色包装上的每句歌词都是一段自我感受。人们与熟人分享感受应该更为生动吧。安索帕中国首席创意官杜天捷补充道：“把歌词印在可口可乐的瓶身和罐身上，是我们为产品创造的自我表达方式。通过这一活动，中国的年轻人可以通过分享可口可乐歌词瓶和这首歌最核心的一句歌词，来表达自己的感情。通过这个理念，音乐表情符号可以在社交媒体上得到分享和传播。有时候，音乐比语言更容易表达情感。”见图 8.1 可口可乐歌词瓶活动。

图 8.1　可口可乐歌词瓶活动

Shake，Shake！你只需要摇一摇，图案就完成了！优衣库推出的互动营销方案总会令人眼前一亮，此次也不例外。这一次，优衣库让你自行设计 T 恤，并提供了 3 种方式即拍照，字体编辑，以及自行绘画（笔触效果是既定的）。3 种方式可以进行组合，设计过程中通过“摇一摇”可以获得诸如切割、混合等效果。待图案设计完毕上传至网站，便可以进行购买。DIY 图案的创意并不新鲜，但通过移动媒体的方式执行还比较少见。更重要的是，UTme 的设计方法适用于普罗大众，而不仅限于专业人士，即使闭着眼睛摇手机，最终的图案效果都不会差。这就大大降低了 DIY 的门槛,让更多用户参与,即使不购买 T 恤,也是一次表现个性的机会,人们都乐此不疲。不得不说,It's amazing! 见图 8.2 优衣库涂鸦 T 恤个性应用。

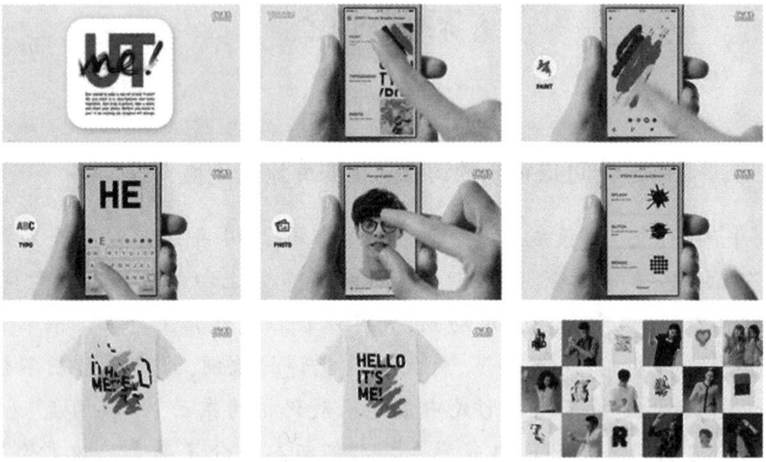

图 8.2　优衣库 UTme 涂鸦 T 恤个性应用

问题讨论:

1.以上两则移动数字媒体的广告和传统的媒体广告的差别是什么?

2.你认为在移动数字媒体的冲击下,传统的报纸、杂志、广电、户外媒体需要进行什么样的改变?

3.试构想一下在移动高中课程辅导教育平台上,可以做哪些产品的广告?

4.无论是互联网还是移动数字媒体的广告运用,你认为是技术重要还是构思重要?为什么?

第9章
广告效果与测评

【学习目标】

1.正确认识广告效果的含义和特征；
2.了解广告效果测评的意义与标准；
3.掌握广告效果测评的步骤；
4.掌握广告效果的事前、事中、事后测评方法。

【教学要点】

1.正确认识广告效果；
2.掌握科学测试广告效果的步骤和各种具体方法。

广告效果是广告主用于广告投资的效益表现,是衡量广告活动成功与否的重要标志。随着市场经济的发展,广告投资越来越大,人们对广告效果也越来越关注。测评广告效果,已成为广告活动的重要部分,是广告调查的一项重要内容。

9.1 广告效果

9.1.1 广告效果的含义及种类

(1)广告效果的含义

广告效果是指广告信息通过媒体传播后所产生的直接或间接影响。从总体来看,广告效果有狭义和广义之分。狭义的广告效果是指广告所获得的经济效果,即广告带来的销售效果;广义的广告效果则是指广告活动的目的的实现程度,是广告信息在传播过程中引起的直接或间接变化的总和,它包括广告的经济效果、心理效果和社会效果。

(2)广告效果的种类

1)按涵盖内容和影响范围划分

①广告的经济效果,也称销售效果,是指由广告引发的促进产品或劳务的销售,增加企业利润的程度。广告运用各种媒体把产品、劳务以及观念等信息向目标消费者传达,目的就是刺激消费者购买广告商品或劳务,以扩大销售、增加利润。广告的经济效果是企业广告活动最基本、最重要的效果,也是广告效果测试的主要内容。

②广告的心理效果,也称广告本身效果或广告传播效果,是广告刊播后对受众产生的各种心理效应,包括广告对消费者的认知、态度和行为等方面的影响。广告的心理效果是一种内在的、能够产生长远影响的效果,其大小取决于广告作品和媒体的综合作用。

③广告的社会效果,指广告对社会道德、文化教育等方面产生的影响和作用。广告能够传播商品知识,可以影响人们的消费观念,会被当作一种文化现象而流行推广,等等。广告的社会效果是深远的,需要加以重视和引导。

2)按产生效果的时间关系划分

一项广告活动开展后,从时间关系上看,广告产生的影响和变化含有各种情况:

①即时效果,指广告发布后,很快产生的效果。有些广告会促使顾客马上购买。

②近期效果,指广告发布后,在短期内产生的效果。有些广告可使消费者产生强烈的购买欲望,并在短期内实现购买行为。

③长期效果,指广告在消费者心目中所产生的长远影响。消费者接收到广告信息后,一般是把信息存储在脑海里。受广告的持续影响,当影响逐步累积到一定程度后,最

终使消费者产生购买行为。

9.1.2　广告效果的特性

由于受各方面因素的影响，广告效果具有复杂的特性，具体表现如下：

(1)滞后性

广告的滞后性即广告效果要经过一定的时间周期后才反映出来。广告对受众的影响受到时间、地点、经济甚至政治、文化等各方面因素的制约。同时，广告大多是转瞬即逝的，在短暂的传播时间里，有的消费者被激起欲望购买产品，但大多数是对广告商品留下一定的记忆，等到时机成熟时才购买该商品。广告效果的滞后性使得广告效果表现不明显。因此，要准确地测评广告效果，必须准确地掌握时间周期，掌握广告有效发生作用的时间期限。

(2)累积性

广告活动是一个动态的过程，消费者接收信息也是一个动态的过程。广告信息被消费者接触，形成刺激和反应，并对消费者产生影响，是信息传播累积的结果。这种累积一是时间接触的累加，通过持续不断的一段时间的多次刺激来产生影响；二是媒体接触的累加，即通过组合的多种媒体对同一商品广告的反复宣传来产生效应。这使得广告效果的形成或实现，往往有一定的时空距离，大多数广告效果需要较长的周期。因此，广告活动的开展，应确定长远战略和目标，这样才能把近期利益与长久利益结合起来。

(3)复合性

受各种因素的制约和影响，广告效果往往呈现出复合特性。从内容上说，广告效果不仅包括经济效果、心理效果，还包括社会效果。从传授角度看，广告活动作为一种信息传播活动，既可以通过广告作品的不同表现手法来体现，又可以通过各种媒体组合来传播，同时这又受到企业其他营销策略、行业竞争等的影响。因此，广告效果具有复合性特点。

(4)间接性

广告效果最直接的表现就是消费者接收广告信息后，产生的购买欲望并最终产生购买行为。而广告效果的间接性表现在两个方面：一是消费者购买广告商品之后感到满意，进而重复购买；二是对广告商品产生信任感而向其他消费者进行介绍和宣传，从而间接扩大了广告效果。

9.2　广告效果测评的定义与标准

9.2.1　广告效果测评的意义

现代广告随着社会的发展而不断完善，广告活动从早期的简单设计、制作、发布逐渐发展到在全面市场调查基础上进行的整体策划。在这一过程中，广告效果测评也逐渐成为广告活动的重要环节。

广告效果测评就是对广告活动的效益进行总结和评估，是测评广告目标经过广告活动之后所实现的程度。它的主要意义是：

(1)有利于掌握广告发展现状，提高经济效益

广告是一种特殊的服务性经济活动，起着信息沟通、传播和反馈作用。通过对广告效果的测评，有利于全面掌握广告服务于经济的成效，从而对广告活动给整个市场带来的变化进行明确的定量分析与把握，有利于促进提高经济效益。

(2)有利于加强广告目标管理，为实现广告效益提供可靠保证

广告效果的测评贯穿广告活动始终。通过对广告活动的各个过程、每个阶段所产生的效果进行评估，对比广告目标来衡量其实现程度，全面准确地掌握广告活动的现状，及时发现问题、总结经验、扬长避短、控制和调整广告活动的发展方向，确保广告活动始终按照预定的目标运行，使广告活动获得更大的效益。

(3)有利于企业调整、完善广告策略

广告效果测评就是检验广告各要素，如广告目标、广告定位、广告表现、广告媒体的选择组合、广告经费的投入等是否得当，以及与企业的其他营销策略是否配合得当等。为正在进行和今后进行的广告经营活动提供经验借鉴和参考依据，有助于企业调整、完善广告策略，使广告更有效。

(4)有利于增强广告主的广告意识，提高广告信心

广告效果测评，可以通过具体实在的数据、材料，具体说明广告效力，使企业切实感受到广告所带来的效益，从而增强企业运用广告传播手段的信心，促进广告业的进步和发展。

9.2.2 广告效果测评的标准

广告效果测评是一项十分复杂的检测活动，事关广告活动的总体评价和广告投资效益的评估，因此，要遵循一定的原则和要求。完成广告效果测评的标准如下：

(1)充分准备，精心计划

广告效果测评意义重大，涉及的因素多，实施复杂，因此要作好充分的准备。根据测评的目标、经费、测评技术及测评的对象，选定测评方法，确定测评步骤，精心安排测评计划，这样才可使测评工作有步骤地顺利进行。

(2)坚持目标性原则

广告效果具有复合性、间接性和滞后性等特性，因此对广告效果的测评就必须有明确具体的目标，评价的依据是看是否达到广告目标。如广告的目的是建立产品的知名度，则广告效果测评应着重测评尚未使用这类产品的消费者的态度是否改变等。

(3)运用多种测评手段，坚持定量与定性相结合的原则

只有以客观的态度科学地进行合理分析，才可能获得真实的检测结果，起到提高经济效果的作用。进行测评时，要根据测评目的和要求，运用多种测评手段进行测评。在定量分析的基础上，根据专业人员的经验作定性分析，这样才有可能从数据中找出之间的联系，使广告效果测评反映事物的本来面貌。

(4)考虑多方面因素，确定广告实际效果

影响广告效果的因素复杂多样，测评时要考虑各种因素的影响，如时间因素、观众心理因素、干扰因素、营销组合等各方面因素的积极和消极的影响，这样才能准确地测知广告效果。

(5)坚持经常性原则

某一时点的广告效果，并非只是此时此地该广告的真实效果，它还包括前期广告的延续效果和其他营销活动的效果。因此，应经常性地开展广告效果测评，广告效果测评应贯穿广告活动始终。从广告活动刚刚开始，广告效果测评就应开始，并随着广告活动的开展而逐步深入各个阶段，检验每一个广告决策和实施，帮助修正、调整广告策略。同时，长期的广告测评只有建立在经常性的短期广告效果测评的基础上才能有效进行。

9.3 广告效果测评的步骤和方法

9.3.1 广告效果测评的步骤

广告效果测评是广告活动的有机组成。为保证高效有序地开展工作,必须加强组织,合理安排。具体步骤如下:

(1)确定研究问题

就是确定要测评的广告效果的研究问题。可从3个途径入手:一是调查者通过自己的观察、体验,去发现需要研究的问题;二是通过查阅文献,了解现状,把握方向,确定需要研究的问题;三是和那些有经验的人讨论,借鉴他们对问题的看法,再提出需要研究的问题。

一般来说,涉及广告效果测评的研究问题主要有广告的表现手法、广告媒体的基本情况、组成广告作品的各要素、广告的重要性(频率)、广告媒体的易读性比较等。

(2)拟订测评工作计划

测评工作计划是对广告效果测评工作事先所作的谋划,它包括测评的目的与要求、测评的步骤与方法、测评的时间与地点、测评的范围与对象、测评的人员安排、费用预算以及工作进度等。

(3)实施测评计划

就是按照测评计划搜集相关资料。资料来源可分为原始资料和第二手资料。原始资料是指调查人员通过实地调查得来的第一手资料;第二手资料是指现成的广告主的内部资料和外部资料。

(4)整理资料,分析总结

将通过调查和其他方法搜集的资料进行整理和分析。整理包括分类、鉴定、编号、列表等。资料归纳的基本方法有:按时间序列分类、按问题分类、按因素分类等。对整理出来的资料与数据,还要进行分析,找出数据资料之间的联系,揭示资料所隐含的意义,并从中得出合乎逻辑的结论。

(5)撰写测评报告

测评报告的撰写是整个广告测评活动的最后一个阶段。规范的广告效果测评报告,一般应包括序言、摘要、引言、正文、附录5个部分。序言主要介绍广告效果测评活动的基本情况。摘要是扼要地说明广告效果测评的主要结果。引言通常包括测评背景和测评目的两个部分。测评报告的正文包括测评的全部事实,一般包括三部分:第一部分是测评方法,包括测评的地区、对象、样本容量、样本结构、资料采集方法、实施过程中问题处理、资料处理方法及工具访问完成情况等。测评方法的介绍有助于使读者确信测评结果的可靠性。第二部分是测评结果,调研人员常用表格或图形将测评所得资料呈现出来,并在此基础上,对图表中的数据资料所隐含的趋势、关系或规律加以客观描述,也就是对测评的结果作出解释。第三部分是结论和建议,在这一部分,调研人员对广告效果测评提出的问题作明确答复,同时简要地引用有关资料对测评结果加以解释、论证。附录是列入尽可能多的有关资料,包括问卷、原始资料来源、原始数据图表等。

9.3.2　广告效果测评的方法

广告效果测评的方法很多,从获得资料与分析结果的距离来区分,广告效果测评方法可分为直接测评和间接测评两大类。直接测评,就是根据第一手资料对广告效果进行测评;间接测评,就是利用原始资料作初步分析与推理,对广告效果进行预测。

根据广告效果的性质来划分,广告效果测评的方法可分为经济效果测评方法、传播效果测评方法、社会效果测评方法。广告的经济效果测评,主要是对销售量和利润额增减变化的测评。广告的传播效果的测评,主要是对广告的"认知效果"和广告"心理变化效果"的评定。广告的社会效果的测评就是从真实性、文化艺术、伦理道德、法规政策等方面来测评广告效果。

按广告效果测评的过程划分,又可分为广告效果的事前测评、事中测评和事后测评。

(1)广告效果的事前测评方法

广告效果的事前测评是指在进行广告策划后,在广告作品刊载前进行的测评。这种测评主要有两个目的:一是诊断广告策划方案中的问题,及时诊断并消除广告沟通障碍,以便找到有效的广告方案。二是测评广告目标的实现程度。例如,如果广告的主要目标是提高品牌的知名度,就可在事前测评中加以测评。

广告效果的事前测评主要是对广告作品和广告媒体进行评定。对广告作品的测评是广告创意测评和广告文案测评。对广告媒体的测评主要是对媒体的分布、视听对象、视听率进行测评。

1)广告创意测评方法

广告创意测评是指广告作品完成前,对广告创意的构想及设计方案是否可行而进行的检验和测评,目的是检验广告策划中广告的诉求方向是否正确,能否激发消费者的购买欲望。广告创意测评通常采用实验室测验,即邀请被测试者进入实验室参加测试。创意构想可以通过文字、图形或声音符号表现,也可以通过样本广告如广告设计草图、广告故事样板等来表现。把创意构想呈现给消费者,通过自由表述法、联想法、选择法、配合法、同意法等了解被测试者对广告商品与创意构想的理解,从而确定诉求方向是否正确。

自由表述法是询问被测试者的建议和意见,如“你认为如何?”“你是怎么理解的?”但这样得到的答案通常有两个缺点:一是含义不确定,二是冗长。

联想法是给定一些创意的符号,如文字、图形、文章等,让被测试者说出所想到的事物。

选择法是在备选的各个项目中,请被测试者选出他们认为最恰当的、比较易行的一个,其具体做法是:将备选项目两个一组分开,让被测试者在每组中选出一个自己喜欢的,将第一轮选出的项目再两个一组分开,让被测试者再从中选择,直到最后确认一个最满意的广告为止。选择时也可采用多项选择,即由多个当中选一个最喜欢的。还可以采用顺位的方法,就是将各个项目按其重要性依次排列起来,最好的列为第一位,依次为第二位、第三位……

配合法是让被测试者选择两个项目群之间如何配合最为恰当的一种方法。例如,多种商品名称和多种创意构思并列在一起,由被测试者确认哪种商品名称和哪种创意构想配合最为恰当。

同意法就是请被测试者说出对创意设想的态度。

2)广告作品测评方法

就是将广告作品提示给被测试者,以探测其反应。这种测评主要是对广告作品的主题和要素进行综合测评。

①残像测评法。这种方法是将广告作品短暂暴露在被测试者面前,然后要求他们回忆看到的广告内容。由于人总是记住刺激强烈的东西,如果被测试者描述的印象正是广告要突出的信息,说明广告主题正确,反之则需要加以修正。

②专家意见综合法。该方法是在广告设计完成之后,邀请广告专家、心理专家和营销专家进行评价,请他们在规定时间内,用书面形式给评审表指标打分,然后综合所有专家的意见作为最终判定标准。运用此法事前要给专家提供一些必要的背景资料,如广告设计方案、产品、企业情况等。通常,聘请的专家人数以 10~15 人为最佳,少了不能全面反映问题,多了则浪费时间。

③要点采分法。该方法是将测评标准按细目列成一张表,然后请被测试者对照广告作品进行打分,以分值高低来判断优劣。评测项目包括以下内容:吸引力、认知性、易读性、说服力、行动率等。吸引力的评价依据是吸引注意力的程度,认知性以被测试者对广告销售重点的认识程度为评价依据,而易读性、说服力、行动率等的评价依据分别是:能不能了解广告的全部内容,广告引起的兴趣以及对广告商品的好感,由广告引起的立即购买行动及潜在购买准备等。

④仪器测试法。它是指运用一些心理—生理测试仪器进行测评的方法。通过测量消费者看到(听到)所提供的广告作品时的生理反应,由此推测消费者的心理反应。仪器测试法又包括以下几种类别:

A.视向测评法。通过视向器测评被测试者观看广告内容的情况,记录观看广告文案各部分的顺序、时间长短以及瞳孔的大小变化,依次判断广告作品的吸引力。

视向测评法主要作如下测评：直写、横写文字的易读性；广告标语的引人注目程度；首先看广告的哪一部分——如人物标志能不能发挥作用；眼球的移动方向如何，能不能按作者的想法移动；有看不见的部分吗？原因何在？

B.瞬间显露测评法。即让被测试者辨认瞬间闪现的广告作品，借以判定广告作品的辨别度和记忆度。测验时，开始在极短的时间内，呈现广告作品，然后逐渐延长呈现时间，让被测试者将能够确认的东西画在白纸上，这样可以了解被测试者最先看到广告作品的哪一部分，在一定时间内看到哪些部分。

瞬间线路测评法主要测评以下内容：广告作品各要素的“显眼程度”；平面广告作品各种构图的“位置效果”；广告文案的“易读、易认程度”；各种商标设计、商品标签的“易读、易认程度”。

⑤EDG 测评法，又称测谎器法。即通过检流计观察被测试者观看广告作品的情绪对电流变化的影响，据此检测广告作品的可行性。这种技术的最大价值，就是被测试者无法控制无意识的反应，而这种无意识的反应却能作为客观的反应被记录下来。

3）对媒体的事前测评的方法

①对媒体的事前测评的内容：

A.媒体分布。它是指各媒体的单位数。印刷媒体指销售份数；电波媒体指视听该节目的接收机台数；户外广告及其他媒体指其装置数。

B.媒体视听众。它是指媒体的受众。印刷媒体指读者数；电视媒体指各节目的视听者数；户外广告及其他媒体指“视”或者“听”的人数。

C.广告视听众。它是指媒体所刊载或被播映的广告的接触人数。

②对媒体的事前测评的方法：

A.日记法。在各样本户留置收视日记，由调查对象填写每天收看或收听的节目名称、台名、日期、时间、视听众年龄等，从而记录本户的家庭成员每天的收视情况。调查的时间通常为一周。

B.电话调查法。由调查者以打电话的方式向调查对象询问他们的收视情况。电话调查法经济简单，花费少，但调查对象典型性差，由于交谈时间短，所获得的资料往往不完整。

C.个人收视记录器法。它是指在各样本户装置收视记录器，记录器上设有代表各收视者的按键，收视者在收看及离开时以按键方式按下代表个人按键的开和关，以记录样本户家庭成员每天的收视情况。

D.被动式记录器法。在各样本户装置收视记录器，先将样本户中成员容貌扫描到记录器中记忆，当收视者在使用中的电视机前出现时，记录器即自动辨认收视者并记录其收视情况，收视者不用按键。

(2)广告效果的事中测评

广告效果的事中测评是指在广告作品正式刊播之后直到整个广告活动结束之前对广告效果所作的检测和评估。这种测评大多是在自然情景中进行的，可以直接了解消费者在实际环境中对广告的反应，得出的结论将更加准确可靠。

事中测评的目的是了解消费者的反应，验证广告与实际情况的吻合程度，修正广告和保证广告计划的正常实施，可以检测广告效果的事前评估和预测事后测评的效果，并为广告效果的事后评估累积必要的数据和资料，以保证事后评估的顺利进行和取得科学的鉴定结果。

广告效果事中测评的内容，也主要是对广告作品和广告媒体组合方式进行测评。通常采用以下测评方法。

1）市场实验法

也称销售市场实验法，是实地实验法之一，它包括纵向实验和横向实验两种。

纵向实验是指选定某一地区，在特定时间推出广告，对被确定的广告因素做推出前后的广告商品销售状况的对比调查，根据商品销售额的增加情况来测评广告活动的效果。

横向实验是指选定两个地区作为实验地区，同时观察推出广告的实验地区与尚未推出广告的地区的销售反映情况。比较实验地区和一般地区的销售差别，以此测评广告活动的效果。

市场实验法的优点是简单易行，可通过直接研究实际销售情况对广告效果做出比较客观的检测。缺点是受广告效果滞后性影响，检测时间长短不易确定。再者，要找到几个条件大体相同的市场是比较困难的。这种方法尤其适合一些周转率高的商品，如时尚商品、流行商品等。

2）追踪测评法

追踪测评法是指在广告活动期间对消费者进行一系列访问，其目的是确定广告活动达成的效果的程度。由于广告效果在时间上的推移性，追踪测评法是在事前决定的广告活动日程表上间隔地进行，通常间隔约为两个月。

3）回函测评法

回函测评法是一种邮寄调查法，目的是检测不同的广告作品、不同广告文案的构成要素在不同的广告媒体上刊载的效果。具体做法是：广告主在不同媒体上刊登两幅或两幅以上的广告，其中有一个广告构成要素（如文字、图画、标题、色彩或广告标题等）是不同的。每幅广告中含有两个项目：一是广告主希望消费者对其广告产生反应而做的邀请或提供的商品；二是便于核对的广告及刊登的媒体的编号。最常见的提供物是赠券，赠券中含有表格，以备消费者填好寄回索取样品、赠品或其他资料。而编号可以是信箱号码或门牌号，也可以是函索表上的暗记。表格寄回后，由于上面有不同的编号，就可以查知是在哪一家报纸上刊登的广告所产生的效果。根据最后的统计，就能判断出哪个广告、哪种标题或哪家报纸最有效果。

这种检测方法适合印刷媒体，优点是简单易行，缺点是费用太大。因为消费者要获得一定好处才愿意配合行动，而回函者并不一定是目标消费者，从而影响测评结果的准确性。

4）分割测评法

分割测评法也是邮寄调查法的一种，是检测在同一媒体上仅有一个要素不同的广告效果。具体做法是：将广告作品分两种，将其中一种刊登在同期的一半份数媒体上，另一种刊登在同期的同一媒体的另一半份数上。然后将两者平均寄给各市场的媒体大众，通过回函统计就可以测评哪种广告效果好。

这种测评方法的优点是检测对象明确，检测的条件比较一致；同时，被测试者在自然环境情况下接受测试，测评效果准确。不足之处是缺乏对文案的分析，我们可以判断哪一则广告更受欢迎，但却无法了解其原因。

（3）广告效果的事后测评

广告效果的事后测评是指在整个广告活动之后所作的效果评估。广告效果事后测评是评价和检验广告活动的最终指标，它包括广告的经济效果测评、传播效果测评和社会效果测评。

1）经济效果的测评

常用的测评广告经济效果的方法主要有以下几种：

①广告费用比率法。计算公式如下：

$$\text{广告费用比率} = \frac{\text{本期广告费用总额}}{\text{本期广告后销售量}} \times 100\%$$

从公式可以看出，广告费用比率越小，广告的经济效果越好。

②广告效果比率法。计算公式如下：

$$\text{广告效果比率} = \frac{\text{本期销售额增长率}}{\text{本期广告费用增长率}} \times 100\%$$

从公式可以看出，广告效果比率越大，广告费用增长率越小，广告的经济效果越好。

③广告效益法。计算公式如下：

$$\text{每元广告效益} = \frac{\text{本期广告后的销售量} - \text{未做广告前的销售量}}{\text{广告费用总额}} \times 100\%$$

④广告效果系数法。计算公式如下：

$$AEI = \frac{1}{n}\left\{a - (a + c) \times \frac{b}{b + d}\right\} \times 100\%$$

式中 a——看过广告而购买的人数；

b——未看过广告而购买的人数；

c——看过广告但未购买的人数；

n——被调查的总人数。

例如：某企业为提高产品销量，共做过两次广告活动，每次广告活动之后，经调查所得的资料分别如表 9.1 和表 9.2 所示。

表 9.1　第一次广告活动之后　　单位:人

	看过广告	未看过广告	合　计
购买广告商品	52	28	80
未购买广告商品	70	50	120
合　计	122	78	200

表 9.2　第二次广告活动之后　　单位:人

	看过广告	未看过广告	合　计
购买广告商品	69	15	84
未购买广告商品	80	36	116
合　计	149	51	200

$$AEI_1 = \frac{1}{200}\left\{52 - 122 \times \frac{28}{78}\right\} \times 100\% = 4.1\%$$

$$AEI_2 = \frac{1}{200}\left\{69 - 149 \times \frac{15}{51}\right\} \times 100\% = 12.59\%$$

由上看出,第一次的广告效果指数为 4.1%,第二次为 12.59%,第二次的广告效果显然比第一次好。

2)传播效果的测评

传播效果的测评经常采用的方法有以下几种:

①认知测评法。认知程度测评主要是测评广告的阅读率,阅读率包括注目率、粗读率和精读率。

A.注目率是指接触过广告的读者的百分比。这部分人见过要测试的广告,包括对广告信息有点印象的人和浏览一遍或细看的人。测评公式为:

注目率 = 接触过广告的人数 / 阅读报纸的读者人数 × 100%

B.粗读率是指接触广告并能记得部分内容的读者比率。

C.精读率是指认真看了广告并能记得广告中一半以上内容的读者的比率。

粗读率和精读率的计算方法和注目率大致相同。

②回忆测评法。回忆测评主要测评受众对广告的理解程度,它能了解广告的冲击力和对消费者的渗透程度。这种测试就是要查明消费者能够回忆多少广告信息,更主要的是能够查明他们对商品、品牌名称、创意、广告主等内容的理解和联想能力,甚至他们对广告的确信程度。

回忆测评法分为无辅助回忆测评和辅助回忆测评两种。无辅助回忆测评是让消费者独自回忆广告,调查人员不作提示,只是如实记录。有时,测试者给予某种辅助提示,如提示被测试的广告中的商标或广告主名称等，请被测试者回忆说明广告信息内容，这就成了辅助回忆测评。能够回忆广告的人数的比例越大，说明广告的效果越好。

③态度测评法。态度测评主要测试消费者对广告品牌的忠实度、偏爱度以及总体印象。态度测评法常用语意差异试验，就是根据广告刺激与反应之间有一联想传达过程的原理，通过对这种联想进行测评，就可以得知消费者对广告所持态度。它主要是用来判断消费者对广告的印象是否和广告设计者相符。如为测评广告作品中的人物给人的印象如何，可让消费者在一系列相反评语中进行挑选：美丽、丑恶、健康、衰弱、快乐、忧伤等等。通过测评结果知晓消费者对广告所持的态度。

3）社会效果的测评

广告的社会效果是指广告在社会道德、文化教育等方面的影响和作用。广告的社会效果，往往不能以简单的一些指标数字来衡量，其测评的依据主要有以下方面：一是检测广告的真实性，即广告必须如实地反映企业和产品（劳务）的有关信息；二是广告必须符合国家和政府的各种法规政策的规定和要求；三是广告传递的内容及形式要符合伦理道德标准；四是广告应对社会文化产生积极的促进作用。

广告的社会效果的测评可通过回函、访问、问卷调查等方法，收集消费者的意见，了解广告的社会影响程度，为进一步开展广告活动提供决策参考。

小　结

广告效果是指广告信息通过媒体传播后所产生的直接或间接影响。广告效果可以从不同角度分成很多种类。广告效果具有滞后性、累积性、复合性、间接性等特点。

广告效果测评就是对广告活动的效益进行总结和评估，是测评广告目标经过广告活动之后所实现的程度。广告效果测评是广告活动的重要环节，要遵循一定的原则和要求。

广告效果测评的具体步骤为：确定研究问题；拟订测评工作计划；实施测评计划；整理资料、分析总结；撰写测评报告。

广告效果测评的方法很多，按广告效果测评的过程划分，可分为事前测评方法、事中测评方法和事后测评方法。广告效果的事前测评主要是对广告创意、广告作品、媒体的事前测评。广告创意测评的主要方法有：自由表述法、联想法、选择法、配合法、同意法。广告作品测评的主要方法有：残像测评法、专家意见综合法、要点采分法、仪器测试法。媒体的事前测评的主要方法有：日记法、电话调查法、个人收视记录器法、被动式记录器法等。

广告效果事中测评的内容，主要是对广告作品和广告媒体组合方式进行测评。通常采用市场实验法、追踪测评法、回函测评法、分割测评法等。

广告效果的事后测评包括广告的经济效果、传播效果和社会效果的测评。经济效果测评的方法有:广告费用比率法、广告效果比率法、广告效益法、广告效果系数法等。传播效果测评的方法有:认知测评法、回忆测评法、态度测评法等。社会效果测评的方法有:回函、访问、问卷调查等。

思考题

1.什么是广告效果?广告效果具有哪些特征?
2.如何组织安排广告效果的测评工作?
3.广告效果的事前测评的内容和方法有哪些?
4.广告效果的事中测评的内容和方法有哪些?
5.广告效果的事后测评的内容和方法有哪些?

[案例讨论]

A牌速食面的广告活动效果的测评具体如下:

测评时间为秋季的24天,广告的主要媒介是电视。为了争取更多人使用,在活动前半期(14天)开展"试食"促销活动,将每包实价30元的速食面降低到17元,同时广告的重点是令消费者全面了解这种速食面每包售价仅17元。广告活动后半期(10天),停止"试食"促销活动,恢复原来价格,其后被以提高知名度为目的的商品广告取代。

1.效果测评的目的

在A牌速食面广告发布期间,测评A牌速食面广告对消费心理以及购买行为(零售店的销售量)的影响,从这两方面测评大众传播媒体的广告效果。

2.效果测评的方法

(1)消费者调查。对进入两家商店的顾客进行访问。在广告活动期间共调查访问两次,第一次调查于广告活动第6天开始实施,第二次调查于活动刚刚结束后(活动开始后的第23天)马上实施。第一次被调查人数为300名,第二次为301名。

(2)销售量调查。用盘存方式调查广告品牌以及竞争品牌的日销售量,调查地点是这两家商店。

3.广告投入量

活动期间所用的广告媒介包括电视、报纸以及传单,其中电视媒介的使用量最多。电视广告采用插播形式,报纸广告是在某全国性报纸上刊登整版广告一次。广告包括厂商制作和商店制作两类,活动期间在零售店陈列。

4.测评结果

(1)广告认知效果

①广告接触率。

广告接触率调查表　　单位:%

项　目	第一次调查	第二次调查
接触过	47.3	47.9
从电视插播	24.7	32.9
从报纸	2.3	0.7
从厂商的POP广告	4.6	4.3
从零售商的POP广告、传单等	15.7	10.0
未接触过	52.7	52.1
合　计	100.0	100.0

②知名度。

广告知名度调查表　　单位:%

项　目	第一次调查	第二次调查
知　道	29.3	29.2
不知道	18.0	18.7
合　计	47.3	47.9

③广告内容的记忆力。

广告内容的记忆力调查表　　单位:%

项　目	第一次调查	第二次调查
正　答	10.3	17.3
无记忆	31.7	30.5
误　答	5.3	0.1
合　计	47.3	47.9

(2)广告的销售效果

①购买率。

购买率的调查表　　单位:%

项　目	第一次调查	第二次调查
接触过广告且知道商品名称而购买者	14.7	28.6
接触过广告且知道商品名称未购买者	14.6	0.6
连广告活动都不知道而购买者	14.6	18.5

②AEI 法销售效果比较。

AEI 法销售效果比较调查表

单位:人

项　目		看过广告	未看广告	合计人数
第一次调查	购买广告商品	44	8	52
	未购买广告商品	98	150	248
	合计人数	142	158	300
第二次调查	购买广告商品	88	20	108
	未购买广告商品	57	136	193
	合计人数	145	156	301

③品牌占有率。

品牌占有率统计表

单位:%

	t-5	t-4	t-3	t-2	t-1	t	t+1	t+2	t+3	t+4	t+5	t+6
A	—	—	—	—	—	35.8	7.8	9.9	10.8	10.0	6.2	9.8
B	22.0	23.3	34.2	42.1	29.8	17.6	8.1	6.8	10.8	12.0	9.4	9.4
C	—	—	—	—	2.9	6.7	2.6	3.5	3.5	2.0	0.9	1.4
其他	78.0	76.7	65.8	57.9	67.3	39.9	81.5	79.8	74.6	76.0	83.5	79.4

注:t 代表时间

(资料来源:娄炳林,廖洪元.广告原理与实务[*M*].北京:高等教育出版社,2005.)

问题讨论:

1.请根据案例提供的数据,评价 *A* 牌速食面的广告效果。

2.根据 *A* 牌速食面的广告效果,企业应该采取哪些对策?

第10章
广告经营与管理

【学习目标】

1. 了解广告公司的经营活动流程及相关制度；
2. 认识广告公司的组织机构及职能；
3. 了解媒介广告组织的主要职能、内部结构和经营方式；
4. 认识到广告主开展广告的组织形式及与广告公司的协作关系；
5. 了解广告管理的主要内容；
6. 正确认识广告代理制的含义、发展过程及运作规则。

【教学要点】

1. 广告公司的经营活动流程；
2. 广告公司的类型、机构设置及业务部门的职能；
3. 广告主的广告组织机构及与专业广告公司的协作；
4. 媒介广告机构的职能、内部结构与经营运作；
5. 广告代理制的内容与发展过程；
6. 广告管理的内容及相关制度。

我国的广告事业随着社会经济文化的发展,已经成为人们生活中一个重要的部分,同时,广告作为企业在市场竞争中的有力武器,在开拓市场促进销售中扮演着重要的角色。广告活动是通过一定的广告组织进行的,广告组织的经营与管理,是广告活动科学有效开展的重要保障。广告组织是指从事广告活动的各类企业和组织的统称。按照广告组织在广告活动中的职能不同,一般分为广告主的广告组织、专业广告公司、广告媒介单位、广告研究机构。

10.1 广告组织

10.1.1 广告主的广告组织

(1)广告主的广告组织的职责

广告主的广告组织是企业统一负责广告宣传活动的职能部门,它与其他职能部门构成广告主的组织系统。由于广告是企业营销活动的重要促进手段,广告运作的成效直接关系到企业的营销战略的成效,因此,广告主设立专职的广告机构,全面负责运作广告主的广告活动,保障广告按照广告主既定的目标实施。广告主的广告组织的职责包括:

①参与制订企业的广告决策。围绕企业的市场目标,从企业的市场营销战略的角度考虑和策划企业的广告活动。

②提出企业的广告目标。

③参与和协调与广告活动有关的营销活动,如公共关系、营业推广、市场调查等。

④考察选择合适的广告代理公司、广告制作公司、广告调查公司以及其他促销机构进行合作。

⑤在广告实施前,编制广告计划报告,制订广告预算,并按程序报请上级审定。

为了选择合适的广告公司,并取得最佳的宣传时机,对广告公司一般采用招标的方式进行选择,然后按照国际通行的业务工作流程,根据广告计划,向专业广告公司提出利用媒体开展广告活动的业务委托。广告公司随即与相关媒体广告部门预约刊播广告的时间和篇幅。广告公司从广告主支付的购买媒体的费用中,扣除其中的一部分手续费(一般为广告费的15%)。广告主与广告公司、广告公司与媒体广告部门的有关业务内容,一般通过签署合同的形式契约化。

(2)广告主广告部门的行政隶属关系

①总经理直辖型(见图10.1)。这种类型的广告部门与其他职能部门地位相同,广告

经理直接对总经理负责,这种类型有利于广告目标与企业目标的协调,适合一些中小企业。

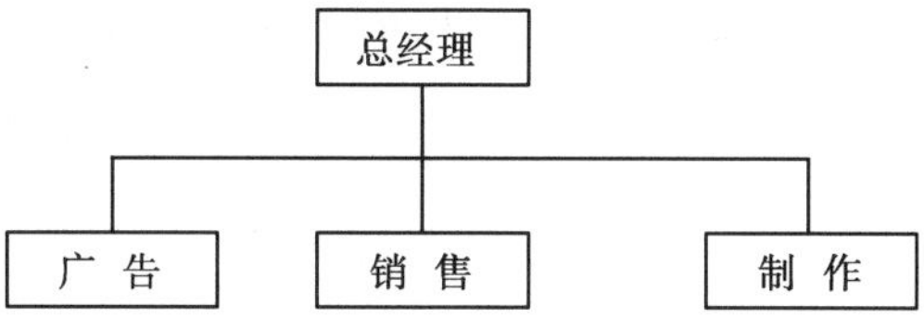

图 10.1　总经理直辖型

②营销经理直辖型(见图 10.2)。广告部门从属于市场营销部,广告部门的经理对营销经理负责,这种类型的组织适用于企业多种营销促进方式组合的企业。

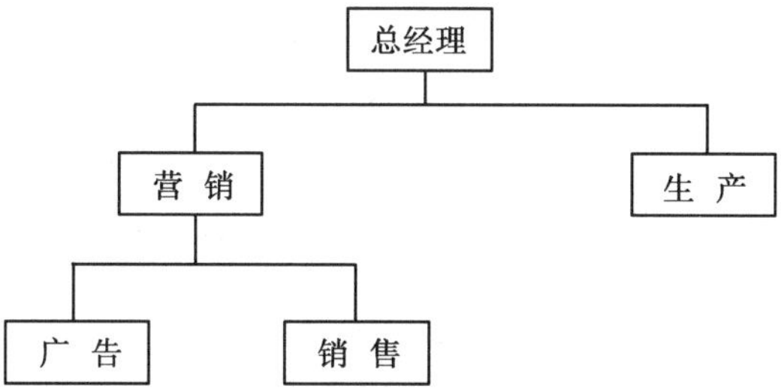

图 10.2　营销经理直辖型

③广告部门集权型(见图 10.3)。在大型企业内由总公司设立一个广告部门,统筹全公司的广告工作。这种类型有利于总经理统筹全局,统一决策与指挥。

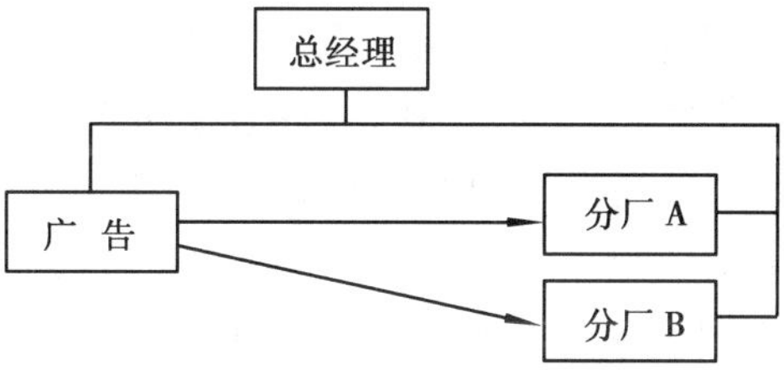

图 10.3　广告部门集权型

④广告部门分权型(见图 10.4)。在一些大型企业,各分支机构设立广告部门,负责本部门的广告工作。这种类型有利于各分支机构按本身的产品与市场情况灵活调整广告策略,但资源也相对分散。这种类型适用于规模较大的分公司、分厂。

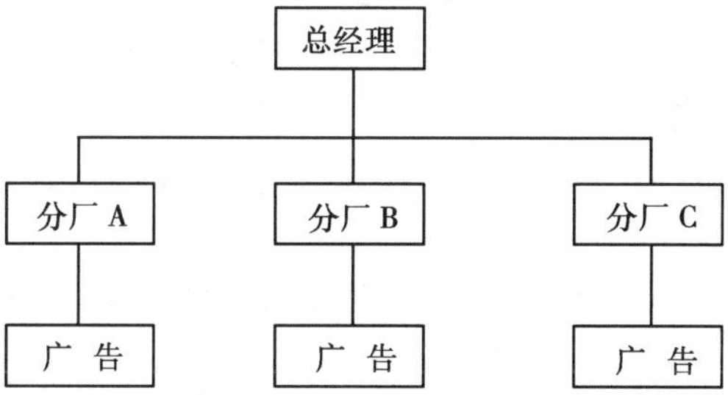

图 10.4　广告部门分权型

⑤集权、分权混合型(见图 10.5)。在前述两种类型的情况下,设立这种混合型的组织结构,各分支机构的广告工作接受总公司广告部门的指导、协调与监督,但由各自承担具体的广告活动。这种类型便于企业统一决策,又分工协作,充分调动分支机构的能动性。

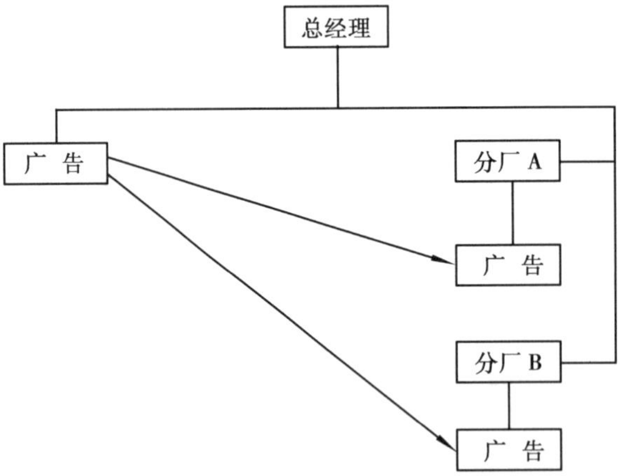

图 10.5 集权、分权混合型

10.1.2 专业广告公司

专业广告公司是指专门从事广告服务的企业法人。广告公司是现代广告经营的核心力量,它是企业和媒介的桥梁,为广告主提供广告服务,向媒体购买广告传播的时间和空间。按照专业的功能可将专业广告公司划分为:①“以策略为导向进行广告创意”的综合性的、全功能广告代理公司。它能够进行市场调查、广告策划、广告创意、广告制作、媒体选择及购买、广告效果的跟踪等综合业务,并开展整合营销的推广。②相对于全功能广告公司而言的部分功能的广告公司,如数码设计制作、影视广告制作或广告摄影制作等,只承担广告活动的部分业务的专营公司,这类公司以专业技能为广告主或广告代理公司服务。

(1)专业广告公司的机构设置

①按基本职能设置(见图 10.6)。按职能设置公司的组织机构,明确各职能部门的责任、权利与利益,各负其责,各司其职,有利于公司内部各部门的分工与合作;有利于发挥公司人力资源的优势,提高效率;也有利于公司人员的组织管理。但该组织形式也由于本位主义、部门主义的问题,忽视了公司整体利益,因而影响到更好地服务于客户的需要。

②按地区设置这种组织形式,适用于一些业务比较分散的全国性或全球性的、规模大的广告公司。例如,一些跨国的广告公司,在上海或北京按职能设置总部,在其他一些大城市成立分公司,部门、分公司之间既是整体,又是相对独立的机构。这种组织形式有利于拓展业务,保持与客户的联系与交流,但相应公司的管理成本提高。

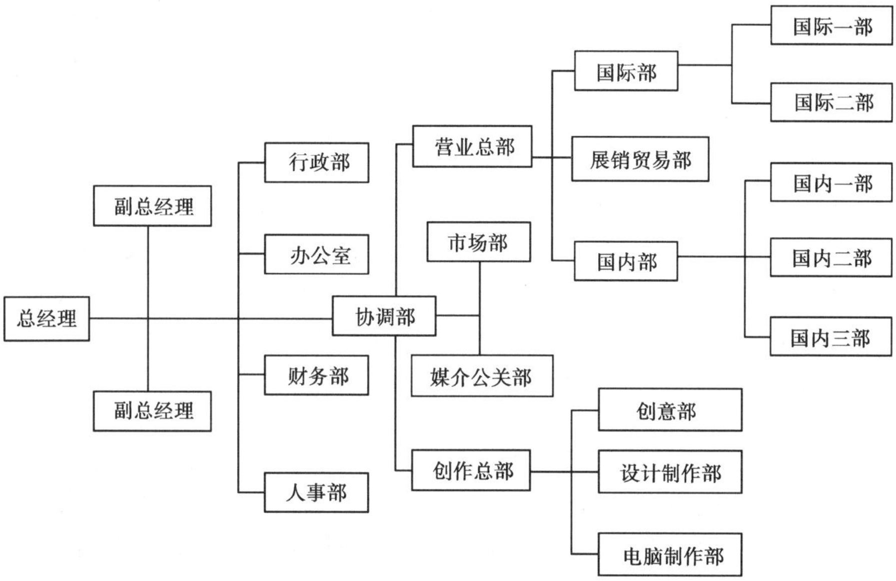

图 10.6　基本职能设置

③按客户设置(见图 10.7)。即所说的“项目作业式”广告公司。在公司办公室、财务部、市场部等职能制的基础上,业务部门按照为客户“一对一”服务的要求设置。一般由 *AE*(项目负责人)、广告创作人员、广告设计人员三方面人员组成。单独与客户进行沟通,为客户进行广告策划、制作广告作品。项目规模的大小视客户的业务量的大小而定。如美国 *BBDO* 广告公司有上百人为克莱斯勒汽车公司服务;日本电通广告为丰田汽车公司服务的人数也有上百人。

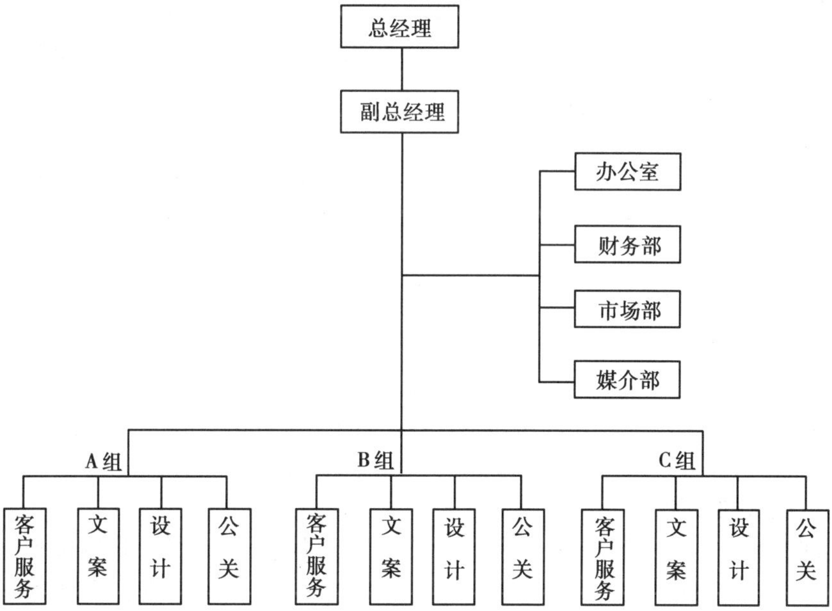

图 10.7　按客户设置

项目作业式的组织结构更能满足客户的要求。为客户的服务，由于沟通及时，能够迅速进行协调。但该形式在公司内部的管理上，不仅增加人员，而且增加了公司的资源调配的难度。

(2)专业广告公司的业务部门的职能

①客户服务部。客户服务部对外代表广告公司，寻找合作伙伴，承担与客户的联系与协调工作；对内则代表客户的利益，向创作人员、媒体人员准确传递客户的信息，确保客户能够得到满意的服务。该部门负责对整个广告计划的制订和实施进行全面的监督管理。其主要任务：一是为公司的其他业务部门与客户的沟通联系提供服务；二是督促广告业务部门保质保量、及时有效地完成预定的工作目标；三是负责与客户的商洽、签约、催收费用。

②创作部。创作部一般由创作总监、广告文案人员、美术指导、美工和编导等人组成，主要任务在对客户信息进行分析的基础上，进行广告的创意及广告作品的制作。一般平面广告的制作由创作部自身完成，广播、电视则在提出创意要求后，交由专业的广告制作公司完成。

③媒体部。专业广告公司的媒体部主要负责为客户制订广告活动的媒体计划，并按计划向媒体机构购买广告刊播的时间或空间，具体包括与广告媒体进行联系、交涉、签约等工作。要求熟悉各种媒体的传播特性和费用，把握媒体的发展动态，与有关媒体机构建立紧密的联系。同时，对广告发布以后的传播效果进行跟踪，必要时及时调整广告刊播计划。

④市场调研部。市场调研部的工作职责主要是对有关产品、目标市场、目标消费者的调查分析，为广告策划的制订奠定基础，并对广告作品进行事前测试、实施跟踪调查。此外，有的广告公司还根据业务发展的需要，设置如公关部、营业推广部。公关部协调客户进行公关宣传，营业推广部参与客户的销售活动的推广工作，如展览会、抽奖活动等。

(3)广告公司的业务流程

广告公司的业务运作，是围绕客户的代理服务业务进行开展，一般会经过以下的程序：客户接洽与客户委托——代理议案——广告计划——提案的审定与确认——广告提案的执行——广告后的评估与总结。

①客户接洽与客户委托。它是广告公司具体业务的起点，以谋求客户下达正式的代理委托书为工作目标。这一阶段有 3 个基本的步骤：一是通过与客户的接触与交流，了解客户委托代理的意图和愿望，委托代理的业务内容及欲达到的目标；二是针对客户委托代理的业务内容，推荐本广告公司，并收集客户的相关资讯和有关产品、服务和市场的情况；三是召开与客户高层代表和相关业务人员参加的客户说明会，完成客户与广告公司高层的深层次的交流。

②代理方案。广告公司在接受客户的正式代理委托后，召开公司内的业务工作会议，对客户委托的代理事宜的具体业务项目进行讨论分析，确认这项业务的重心和难点，对有关业务开展的信息进行收集与分析，在此基础上制订出该项业务开展的具体工作计划，包括指定该项目的客户联系人与业务负责人，按进度编写工作计划书。

③广告计划。这一阶段是广告代理水平与服务能力的集中体现，是广告公司业务运作的重点。解决广告活动中"为什么说""说什么""如何说""说的效果"的问题。主要确定具体的广告目标，以及为达到目标确定相应的策略手段。该阶段的工作内容包括目标市场与目标消费者的确定、市场机会的选择、目标视听众的选择、广告定位与广告信息、广告媒体策略与刊播计划、广告表现策略、广告制作，以及在广告活动中与之相应的其他营销推广的方式。其工作方式有广告策划会议、广告创意与表现会议，其工作成果是广告策划方案或广告计划书。

④代理提案的审定与确认。对广告策划方案或广告计划书的审定与确认，包括两方面的工作内容：一是广告公司的自我审核与确认；二是客户的审准与确认。相应的工作方式：一是公司的提案审核会议，由公司的业务审核机构执行，或由资深的业务人员组成临时会议，在正式向客户提交提案前，对提案的科学性与可操作性进行审核；二是对客户的提案报告会，由公司向客户报告提案，接受客户对方案的审核和质询，最终获得客户对方案的认可。

⑤广告提案的执行。该阶段的工作内容为具体执行客户签字认可的广告策划方案或广告计划。一是依据方案确定的广告创意与表现策略，开展由本公司或委托专门的制作机构进行广告制作，并对广告的作品进行发布前的效果测试；二是依据方案所确定的市场时机、媒体策略和计划，与相关媒体接洽购买刊播的时段、版面、版式和版位。

⑥广告后的评估与总结。这是根据广告公司与客户双方的评估方案，对广告活动进行事后评估。广告公司还应以报告会的形式，对项目进行评估与总结。

上述总括，广告公司的业务运作流程图如下（见图 10.8）。

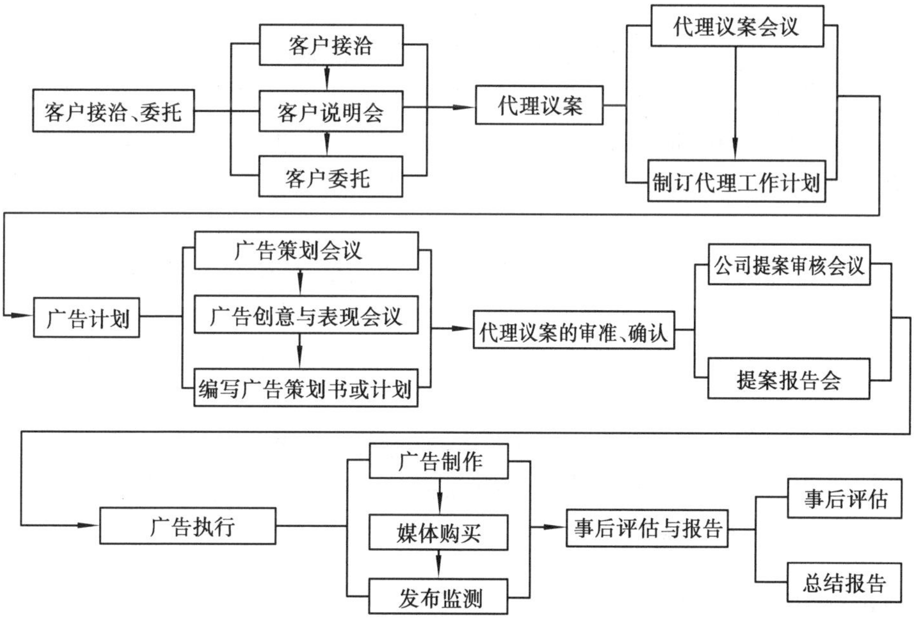

图 10.8　广告公司的业务运作流程

(4)广告公司的业务制度

广告公司的代理服务,以各种经营管理的制度为服务提供保障,其主要的制度有:客户 *AE* 服务制度、业务档案制度、工作单制度、业务审核制度、业务保密制度等。

①*AE* 制度。*AE* 为英文 *account executive* 的缩写,中文的含义是指客户执行。*AE* 制指广告公司指定专门的负责人为客户提供服务的一种制度。这是广告公司在长期的业务动作中,逐渐形成与客户“品牌经理制”相对应的一种代理服务制度。若客户同时委托多品牌的广告代理,广告公司可上设客户总监,下设相应的若干与某品牌对接的客户执行人,还可下设副 *AE* 或助理 *AE*。*AE* 制对公司内各职能部门的业务进行总体协调,同时,对客户的联络、协调与合约的执行保持一致。

②业务档案制度。建立业务档案,是为了便于对业务活动的管理。从客户接洽到活动完成后的评估,所有的有关资料都按照业务档案管理的要求进行保管。通过业务档案,随时检查业务过程开展的情况,发现和修正业务活动中出现的偏差。同时,也是公司进行业务总结的重要依据,以及处理各类业务纠纷的重要法律凭证。

③工作单制度。为客户代理广告活动业务涉及相应的工作部门和相关的业务人员,为了确保公司业务高效而有序地开展,除了召开协调会议的形式来进行协调外,通常的业务进程的控制可采用工作单制度。工作单又称为工作任务单,一般由公司业务总监或项目负责人签发,将代理业务的各项工作,分别向有关业务部门或业务人员下达。其内容包括:具体需完成的工作任务;完成的时间要求和质量要求;工作任务接受者签收;任务完成后的结果反馈。

④业务审核制度。按业务审核制度的规定,公司在业务运作过程中,所完成的如调查报告、策划书、广告创意文案、制作的广告作品等,在报告提交客户之前,必须经公司主管或业务主管,或公司的业务审核机构,或由相关人员组成的临时审核会议的最后审核和认可,质量达不到要求者,一律不予通过。这项制度旨在对业务的严格要求,确保公司的产品能够达到优质的标准。

⑤业务保密制度。业务保密是商务活动的基本法则,公司在为客户提供代理服务的过程中,涉及有关客户的商业资料,未经客户允许,不得向任何一方泄露。包括公司在为其他客户提供广告代理时,也要以不损害该客户的利益为原则。公司为客户所做的一切策划,在未公开之前,也应严格保密。

⑥财务管理制度。广告公司的财务管理,是对公司经营活动中各种资金的来源、使用、利润的形成,进行计划、组织、调节、监督和核算。其中广告预算的执行控制和运作成本与目标利润的管理是财务管理的重要内容。

(5)代理服务收费

①媒介代理费。最早的媒介代理费,主要是用来支付广告公司从事媒介代理的佣金或劳务费用,随着广告刊播费在整个广告费用的比例的扩大和增长。这项费用不仅包括广告公司从事媒介代理的劳务费用,还包括广告公司为实现媒介代理而为广告主所提供

的其他劳务费用。媒介代理费是广告代理的主要收入来源，约占整个广告代理收入的75%。这项费用，有的是广告主按实际媒介费用的比例向广告公司支付，有的在广告公司购买媒介的价格折扣中体现。

②其他服务费。广告市场调查、广告策划、广告创意、广告设计与制作、广告媒体调查、广告效果测评等，都属于广告代理公司的基本代理服务。这些代理服务的收费可视全面代理或单项代理的情况，以及广告代理从媒体获取的佣金而定，当其不足以支持代理公司付出的成本和劳务时，经广告主同意另行向广告主收取服务费。

③广告公司服务收费方式。广告代理的收费方式，主要有几种基本情况：15%的代理佣金制；在15%的参考标准上的协商佣金制；按实际的成本支出与实际劳务支出来结算的实费制；与销售效果直接联系的效益分配制；针对具体的广告运作个案，对代理的时间和成本预估基础上，与广告主共同议定的议定收费制。

10.1.3　媒体广告组织

(1)媒体广告组织的主要职责

媒体广告组织是指利用自身拥有的媒介发布广告的单位，主要包括报纸、电视、杂志、广播等大众传媒组织。媒体广告组织的主要职责体现在以下几个方面：

①承接广告业务，把广告时段、版面售卖出去，并按照广告合同的内容及时、准确地发布广告；

②按照有关法律法规，审查广告资格、广告内容，抵制和杜绝违法广告和不良广告的发布传播；

③开展媒体本身的广告效果的调查研究，把握媒体的视听众数量结构、覆盖面、收视率等数据，为广告主或广告公司的广告媒体策略提供客观依据；

④选择有媒体代理能力、声誉好、有实力的广告代理公司；

⑤确定广告活动的收费价格体系，做好广告经营的财务核算。

(2)媒体广告组织结构

媒体广告组织结构随着媒体产业的发展，分工也越来越细。不同的媒体，由于经营规模和广告量的大小不同，其组织结构也有所不同，一般分为外勤和内务两个部门。外勤主要负责承接广告业务；内务主要负责处理合同广告，包括广告的编排时间和位置，接受咨询，收取广告刊播费用。

(3)媒体广告组织的经营管理

①制定统一的价格标准，建立合理的收费制度。媒体的发行量和收视听率、媒体的受众成分、媒体的权威性，是制定媒体广告收费的重要依据，一般说来，有时段价位、节目价位、版面价位、整零差价等。在价格的执行上要做到公平合理，避免在执行上出现混

乱,影响媒体的经营。

②建立业务档案制度。为做好广告业务,在客户管理上,通过业务档案制度来加强业务的管理,保障业务员的权利,防止业务员之间的不良竞争。

③广告内容审查制度。对承接刊播的广告内容,由专人按照国家对广告管理的有关规定进行审查,防止和杜绝违法和不良广告的发布。

10.2 广告代理

10.2.1 广告代理制的含义和特点

(1)广告代理制的含义

广告代理,是指广告经营者受广告客户的委托,在授予的代理权限内,以广告被代理人的名义所开展的广告活动。其中的广告客户既包括广告主也包括广告媒介。广告代理制,是指广告活动中,广告主委托广告公司实施广告宣传计划,广告媒介通过广告公司承揽广告业务的经营体制。广告公司在这种体制下,通过为广告主和广告媒介提供的双重服务,发挥广告公司的主导作用。广告公司从事广告代理,必须取得政府工商行政管理部门认定的合法资格。

广告代理的类型主要分为综合型与专业型两类。综合型代理,指能向各类广告主提供各类商品、各类媒体的广告代理,提供从广告市场调查、广告策划、广告创意与设计制作、广告发布、广告效果测评等各类广告业务的代理。综合型广告代理的优势,在于能够向广告主提供全面的广告代理服务,能适应广告主整体营销活动的要求。专门型代理,指只专门代理某类企业、某类产品、某种媒体或者广告活动中某一类专门业务。由于专门型代理只代理某一专门产业或某种产品的广告,因而有专门深入的研究,对媒体的情况掌握透彻,对媒体的运用会更合理。

(2)广告代理的特点

广告代理制的最大特点是强调广告业内部的分工合作,各司其职。广告代理制运行的规则如下:(见图 10.9)

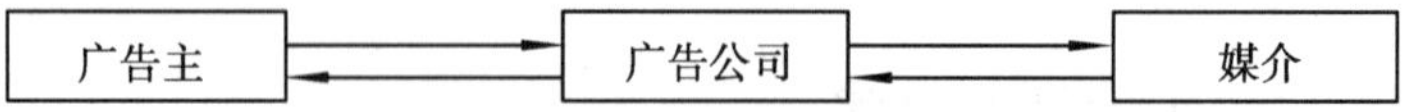

图 10.9 广告代理制运行的规则

广告主委托有能力的广告代理公司,为其提供广告的战略策划,并进行全面的广告活动的运作。广告公司通过为广告主和广告媒介的双重代理服务,发挥其专业特色。媒介通过广告公司的专业服务，提高媒介的广告效果。广告的收益由广告公司保证，若广告主拖延或未付广告费，广告费的损失由广告主承担。

10.2.2 广告代理制的建立与发展

广告代理的产生与广告代理制度的建立，是广告业适应市场经济的不断发展的必然产物，广告代理最早出现在 17 世纪的欧美报业，至今经历了 5 个发展阶段：

(1)媒介直接贩卖报纸版面的阶段

报业通过自身的业务人员，直接将版面售卖给广告主，业务员按报社提供的佣金作为其报酬。

(2)单纯媒体代理时代

随着社会经济的发展，报纸业有了较大的发展，企业的广告活动也增多。为适应广告主的要求，各媒体为拓展业务，开始设立专门的广告部门，集中经营广告业务；而原先受雇于某一报业的版面推销员，也同时推销起多家媒体的广告版面，并逐渐脱离受雇于媒体的地位，独立从事在媒体和广告主之间进行买卖，赚取版面的批零差价。

(3)广告的技术服务阶段

1880 年，广告代理业开始露出端倪。随着市场的扩展和产品竞争的加剧，企业做广告宣传，不仅需要报纸版面，而且需要如广告设计制作等方面的服务。这时，从事广告版面售卖的人员，就不仅为广告主提供广告媒体的版面，而且还能为广告主进行广告设计和广告作品的制作等业务，以及进行广告媒体的选择。通过增加劳务服务，取得广告主的信赖和合作。

(4)近代广告代理时代

19 世纪末，随着现代工业革命的发展，社会经济处于高速成长时期，企业的经营观念从生产转向销售，企业家的目标开始关注市场和消费者，广告代理业为了适应这种形势要求，开始通过对市场的调研，搜集市场信息，为广告主制订广告计划和实施方案，开展有目的的广告活动。广告代理开始从单纯的媒介代理向多职能的全面服务型转变。

(5)广告代理行销阶段

20 世纪的 20 年代，随着广播、电视的诞生，促进了信息传播的时效，广告发展也得到新的飞跃。广告代理不仅能为广告主制订和实施广告计划，而且为提高企业的销售效果，开始协助广告主进行营销的全面考虑。据 1922 年出版的《美国广告代理年鉴》统计，当时的广告代理公司已达到 1 200 家，这类广告公司大大加速了广告产业化发展的历史进程，使广告代理走上专业化、系统化、规范化服务的道路。

广告代理制度的发展，由小型代理、有限代理，走向大型代理、全面综合代理，在代理佣金上，也由15%的统一标准到各种方式的代理佣金。广告的代理制如同法律诉讼代理一样，逐渐发展成为国际通行的制度。

10.2.3 广告代理制的意义

广告代理制的意义主要体现在以下方面：第一，广告代理适应了广告业专业化分工发展的需要。随着市场经济的发展，与之相适应的广告业内的专业分工越来越细，这种专业分工促进了广告业服务水平的提高，使广告业向科学化、专业化方向健康发展。第二，广告代理制强调了广告公司在广告活动中的主导地位，使它能超越不同的媒体，为客户提供全面优质的服务。第三，广告代理制能够提高广告的整体效率，使广告主的广告费用得到合理科学的使用。第四，广告代理制的推行，有利于规范我国广告业的经营活动，有效地参与国际广告业的竞争。

10.3 广告管理

广义上讲广告管理，是指对广告活动和广告业的计划、协调、控制、监督。它包括5个方面的内容：①政府管理，指国家政府机关代表国家进行的行政管理。②行业自我管理，又称行业自律，指广告业者成立的行业团体组织，通过章程、准则、规范等形式进行自我约束、自我管理。③广告经营者内部的经营管理，指依法取得经营权的广告经营者，在法律规定或授权的范围内，对所从事的广告经营进行的内部管理。④企业（广告主）广告管理，指企业在营销活动中，对广告战略的制订与实施的管理。⑤社会监督管理，指社会各界和广大消费者对广告活动的监督、举报、批评和意见。

本节所讲的广告管理是指政府对广告活动的管理。

10.3.1 广告管理的概念和特点

一般所说的广告管理是指国家有关行政机关依据法律法规和国家授予的职权，代表国家对广告行业实施的调控和监督。在我国，广告管理的行政机关是国家工商行政管理局和地方各级工商行政管理机关。国家工商行政管理局下设广告监管司，各省、市、自治区、直辖市、地、县、市工商行政管理局下设广告监管处、科、股，具体负责和实施对广告的管理。我国广告管理具有以下特点：

（1）法制化

广告管理法律制度已成为我国法律制度的一个组成部分，根据国家立法机关制定的广告管理的法律、法规对社会的广告活动进行监督、控制，保证广告管理的严肃性。

(2)广泛性

广告管理的广泛性指广告管理的范围涉及社会的各个方面。首先有生产经营者、公民个人、其他组织等；其次，广告传播媒体和方式具有多样性；再次，广告内容涉及社会、经济、文化等多方面。

(3)综合性

广告管理不仅是对广告活动的某一环节或某一方面的管理，而是对广告活动的全过程、全方位的管理。它是在多个部门的协作下，实现对社会广告活动的管理。

(4)强制性

由于广告管理体现着国家的意志，并用法律法规保证其实施。广告活动的参与者要依法从事广告活动，对于广告活动中的违法行为，广告管理机关将依据法律法规对其进行行政处罚，对于情节严重，构成犯罪的，由司法机关依法追究刑事责任。

10.3.2 广告管理机关

依照《中华人民共和国广告法》的规定，我国工商行政管理机关代表国家行使广告管理的职能。其职能有：

(1)立法和法规解释

国家工商行政管理局作为国务院的直属机构，是全国广告管理的最高机关，代表国务院和国家立法机关起草广告法律法规，单独或会同有关部门制定广告管理的部门规章，负责解释有关法律、法规，地方广告管理机关可以依照立法程序和权限的有关规定，代有关部门起草地方性的广告管理法规。

(2)审批

审批是指对广告经营权的审查和批准，主要是核准经营权和经营范围、发给的营业执照或广告经营许可证，包括对临时广告经营活动的审批。

(3)监督和指导

它是指对广告主和广告经营者的广告活动进行全过程的监督和指导，保证广告活动在法律规定的范围内进行。对广告主的广告活动的监督，主要是看广告宣传是否与广告主的民事能力相一致，广告的内容是否符合国家法律、法规的规定。对广告经营者的监督，主要是要求广告经营者履行法定的义务，在核准的经营范围内合法经营，制止不正当竞争行为，维护广告市场的正常秩序和广告经营平等互利、等价有偿的原则。

(4)查处和案件的复议

查处广告违法案件,依法制裁广告违法行为是各级广告管理机关的重要职责。对于违反广告法律法规的广告主和广告经营者,由工商行政机关追究其行政法律责任,视其情节轻重给予不同的行政处罚,对构成犯罪的,移交司法机关处理。对因广告违法行为造成的损害,广告管理机关有权根据受害人的请求,责令致害人给予赔偿。做出行政处罚决定的上一级广告管理机关,还担负着对下级行政处罚的行政复议的任务,依据法律法规作出维持、变更或撤销原处罚的决定。

(5)协调和服务

协调职能,指在工商行政机关内部的协调以及与政府其他部门的协调;服务职能是指在监督检查之外,广告管理机关还担负着对行业发展的规划、组织实施的任务。

此外,广告管理机关还担负着指导广告协会工作的任务。

10.3.3 广告管理的主要内容

广告管理的内容,概括说,就是立法和行政执法,对广告活动实施全过程、全方位的监督检查。从广告管理的主要对象讲,是广告主、广告代理公司、发布广告的媒体单位,以及他们所进行的一切广告活动。

(1)对广告主的管理

广告主是指从事广告活动的一切社会团体和个人,可以是国家机关、行政事业单位,也可以是社会公共机构,但主要是从事工商活动的企业。他们是广告活动的发动者、出资者和广告内容的决策者,是广告活动的责任主体。对广告主管理的核心内容是对其发布广告主体资格的认定,以及对其经营范围是否与其所要发布的广告内容相符进行核准,目的是规避广告主利用广告进行非法经营活动和商业欺诈活动。因此,广告主在进行广告活动时,必须提交有效的主体资格证明,以及证实其广告内容真实与合法性的文件。

(2)对广告代理公司的管理

对广告代理公司的管理的主要内容包括:对其广告经营主体资格进行审批认定,以及对广告发布的审查、广告经营资格的年检制度的规定;监察是否超越经营范围进行经营活动,是否协同广告主利用广告进行商业欺诈等非法行为。

(3)对从事广告经营活动媒体单位的管理

随着市场经济的发展,媒介已成为广告市场的重要组成部分,广告收入已经逐渐成为传媒业的主要经济来源。对从事广告经营活动媒体单位的管理,一是经营资格的认定。媒介开展广告经营活动,必须通过申请、审批,由政府工商行政管理部门予以登记,发给广告经营许可证,授予广告经营权,才能合法地进行广告活动。二是对广告发布前的审查和发布后的监察。三是要求媒体制订合理的刊播价格,并到当地工商行政机关和物价管理部门备案。

(4)对广告信息的管理

广告信息管理是对发布的广告作品的管理,即对广告作品从内容上到表现形式的真实性、合法性的管理,是广告管理中最经常、最复杂和最重要的一项管理工作。广告内容必须真实,不得弄虚作假,不得以任何形式欺骗和误导消费者。世界上各个国家的广告法规都严厉禁止虚假广告。此外,凡违反我国现行有关法律法规的广告,如损害我国民族尊严的内容的广告,有反动、迷信、淫秽内容的广告,搞不正当竞争的广告,在广告中使用我国的国旗、国徽、国歌的广告,以及医疗、卫生、药品、烟酒、食品广告等,都要按照其相应的法规对其进行管理。

广告发布后,因其内容和表现形式造成了社会危害,损害了社会大众和消费者的权益,广告行政管理机关可依法对其进行查处,社会大众和消费者可以依照一定程序提起法律诉讼,也可以采取通过舆论监督和谴责,但这只是对不合法广告的事后处理。为防止广告可能对社会造成的危害,保障消费者的权益不受到侵犯和损害,广告管理中还规定了广告发布前的审查制度。它是由政府行政管理机构、广告主、广告公司、媒介组织、消费者各方成员构成的,共同参与对广告进行审查的一种广告管理方式。

在广告管理中,由于法律、法规有其适用范围的限制,有的广告在合法与不合法之间,在真实与虚假之间往往"打擦边球",钻空子。要杜绝任何形式的虚假违法广告,除了法律、法规的规范管理外,还有赖于广告行业的自律、社会各界和广大消费者的监督。

小　结

广告主的广告组织是企业统一负责广告宣传活动的职能部门,它与其他职能部门构成广告主的组织系统。为了实现广告目标,广告组织的职责主要包括:参与制订企业的广告决策;围绕企业的市场目标,从企业的市场营销战略的角度考虑和策划企业的广告活动;提出企业的广告目标;参与和协调与广告活动有关的营销活动,如公共关系、营业推广、市场调查等;考察选择合适的广告代理公司、广告制作公司、广告调查公司,以及其他促销机构进行合作;在广告实施前,编制广告计划报告,制订广告预算,并按程序报请上级审定。

专业广告公司分为"以策略为导向进行广告创意"的综合性的、全功能广告代理公司和只承担广告活动的部分业务的专营公司。专业广告公司的机构设置有不同的划分,广告公司的业务流程,一般会经过以下的程序:客户接洽与客户委托——代理议案——广告计划——提案的审定与确认——广告提案的执行——广告后的评估与总结。为了保障业务活动的正常开展，提高服务水平，广告公司要建立相应的业务制度，如*AE*制、业务档案制度、工作单制度、业务审核制度、业务保密制度、财务管理制度等。此外，广告公司为了发展，有多种收取服务费的方式。

广告媒体组织指利用自身拥有的媒介发布广告的单位，主要包括报纸、电视、杂志、广播等大众传媒组织。媒体广告组织的主要职责体现在以下几个方面：承接广告业务，把广告时段、版面售卖出去，并按照广告合同的内容及时、准确地发布广告；按照有关法律、法规，审查广告资格、广告内容，抵制和杜绝违法广告和不良广告的发布传播；开展媒体本身的广告效果的调查研究，把握媒体的视听众数量结构、覆盖面、收视率等数据，为广告主或广告公司的广告媒体策略提供客观依据；选择有媒体代理能力、声誉好、有实力的广告代理公司；确定广告活动的收费价格体系，做好广告经营的财务核算。媒体广告组织的经营管理包括：制定统一的价格标准，建立合理的收费制度；建立业务档案制度，广告内容审查制度。

广告代理是指广告经营者受广告客户的委托，在授予的代理权限内，以广告被代理人的名义所开展的广告活动。广告代理制是指广告活动中，广告主委托广告公司实施广告宣传计划，广告媒介通过广告公司承揽广告业务的经营体制。广告代理制的最大特点是强调广告业内部的分工合作，各司其职。广告代理制的意义主要体现在以下方面：第一，广告代理适应了广告业专业化分工发展的需要。第二，广告代理制强调了广告公司在广告活动中的主导地位，使它能超越不同的媒体，为客户提供全面优质的服务。第三，广告代理制能够提高广告的整体效率，使广告主的广告费用得到合理科学的使用。第四，推行广告代理制有利于我国广告业参与国际广告业的竞争。

我们一般所说的广告管理是指国家有关行政管理机关依据法律、法规和国家授予的职权，代表国家对广告行业实施的调控和监督。广告管理机关主要行使的职能有：立法和法规解释、审批、监督和指导、查处和案件的复议、协调和服务。广告管理，概括说，就是立法和行政执法机关，对广告活动的全过程进行管理。广告管理的主要内容包括对广告主的管理，对广告代理公司的管理，对从事广告经营活动媒体单位的管理，对广告信息的管理。

思考题

1. 广告主的广告组织的主要职责有哪些？
2. 专业广告公司的业务流程及内容是什么？
3. 专业广告公司的业务管理制度及要求是什么？
4. 媒体广告组织的主要职责有哪些？
5. 广告代理制的含义及推进广告代理制的意义是什么？
6. 广告管理包括哪些主要内容？

[专　论]

AE职责检核表

经常关心客户的业务
保持你的客户销售稳健
先赢得客户的尊重,关爱自然产生
提升客户信心
凡事都要抢先客户一步
不要卷入客户内部纷争
提供创意是你的天职
要有胆识
要负责任
做事要积极
对事不对人
随时注意市场状况
让广告公司每个部门参与并熟悉你的客户
使与你合作的创意人员建立信心
学做一个优秀的推销员
学习如何与人沟通
书面意见宜简明扼要
你代表广告公司整体而非个人
假若你想成长壮大,应该放开胸襟,任其自由发挥

广告客户对广告公司的评估

在下列各项陈述中,请你对代理商的感觉用等级分数表示出来。
1——完全不同意
2——部分不同意
3——没意见
4——部分同意
5——完全同意

1.对客户的业务与需求的整体了解
代理商对我们的业务相当了解
代理商将了解我们的业务视为其工作的一部分
代理商与我们高层人员维持密切的关系

2.解决问题的能力

广告代理商是结果导向的

广告代理商在诊断病因问题上有帮助

在解决方案上有创意

并不匆匆下结论;思考过程周密完整

在解决问题上是坚决的

总是思考周密并有平衡的观点

3.承诺

广告代理商让我们觉得我们对他们是很重要的客户

广告代理商让我们在作业上有参与感

除了日常工作中的特定事项外,广告代理商也对我们有热诚

广告代理商并非静待我们的指示行事,他们能预先作好准备

广告代理商为我们的业务提供优秀的足够的作业人员

广告代理商的表现一直都有超过我们的期望

广告代理商专注销售商品或服务

广告代理商已经与我们建立起超出业务范围的关系

广告代理商是我们预算的最佳管理员——让我们的投资获得回收

广告代理商的服务费对我们而言是物超所值

4.易于共事

人员态度亲切

必要时广告代理商能迅速调整态度

在沟通上没有专业术语的障碍

易于共事

充分告知工作进度

与我方人员关系良好

专注倾听我们所提出的意见

让我们参与工作计划中的重要部分

回电迅速

事先让我们知道有哪些工作要做

不会浪费我们的时间

对于其所完成的工作及为何如此做的原因皆有清楚的解释说明

公开并迅速地处理双方关心的问题

在工作范围上如有任何改变皆能立即通知

坚守其所承诺的期限

随时追踪作业进度

5.创意

提供一流的创意

我们的业务由恰当而合适的创意人员负责
在创意作品的制作方面具有成本观念
所提出的作品皆能符合策略要求
非常欢迎我们对创意提出看法
在制订创意决策方面很有弹性而且迅速
创意与业务的管理阶层合作无间
6.媒体
能有效管理我们的媒体预算
在媒体计划上有创意
在媒体的选择上有广泛的了解
7.广告代理商业务的提供
能提供获取极大效益的创意策略
有优秀的人员
能在适当的时机提出全面整合且精彩的作品
在客户服务层面上提供有效的品质

第11章 国际广告

【学习目标】

1. 了解国际广告的含义和特点；
2. 了解国际广告市场的构成；
3. 了解国际广告调查的内容和方法；
4. 认识国际广告的操作技巧。

【教学要点】

1. 国际广告的含义及其特点；
2. 国际广告市场的构成；
3. 国际广告调查的内容和方法；
4. 国际广告的操作技巧。

11.1　国际广告概述

11.1.1　国际广告的概念及特点

(1)国际广告的概念

国际广告是国际营销活动发展的产物,其目的在于通过各种适应国际市场特点的广告宣传,使外贸出口产品能迅速地进入国际市场,为产品建立声誉,扩大产品的销售,实现销售目标。

国际营销是在国内市场营销的基础上发展形成的。所谓国际营销,就是企业为了满足国外消费者的需求而组织产品的生产,并在国际市场上销售,包括开展促销活动,从而在国际流通中实现赢利。在国内营销时,广告活动所要求的是把国内消费者的需求调查清楚,并把这些信息反馈给广告主,广告主组织生产部门进行生产,生产出人们需求的产品,做到"以需定产""产销结合",以国内市场为起点。而国际营销则同国内营销有很大的差别,它要求在生产前的市场调查中,为广告主提供详细的国际市场信息和国际消费者的需求,并根据这些信息组织生产活动,生产出能够满足国际市场需求的产品。虽然两种营销活动均是以市场需求为起点,但两者的区别较大。在国内市场上,广告主面临的是自己所熟悉的市场和消费者,容易把握其消费心理活动、消费方式和生活方式的变化;而在国际市场上,广告主面临的则是自己不熟悉甚至一无所知的市场环境,面对着从来不曾相识的广大消费者,不了解其消费心理特征,也不了解其消费方式和生活方式,因此,很难把握消费者的生活方式、消费方式乃至消费心理的变化,因而也就难以了解其需求特征。

同样,对于消费者来说,来自异国他乡的舶来品,也是他们所不熟悉的。由于地域遥远,消费者除了对一些传统产品有所认识外,对大多数产品都是陌生的。他们不可能像对国内商品那样,通过各种渠道对同类商品都有一定的认识,并不同程度地熟悉生产这些商品的厂家。由于信息封闭,他们既不知道商品的性质、特点、用途和制造方式,也不知道产品的生产厂家是谁,规模如何,实力又如何,等等。因此,对于厂家和消费者来说,相互之间都是陌生的,存在着认识上的困难。

就此而言,国际广告有着比国内广告更为重要的意义和任务。在外贸出口商品首次进入国际市场时,为了沟通广告主和消费者之间的联系,同时使消费者对商品留下印象,产生好感,必须运用广告宣传来迅速提高商品的知名度,对商品进行详细的介绍。只有增强国际消费者对商品的认识,才能打开商品的销路,使外贸商品顺利进入国际市场。因此,国际广告是出口商品顺利进入国际市场的开路先锋,是国际营销的有效工具。

在发达国家市场上，由于商品品种繁多，新产品日新月异，同类商品竞争激烈，消费者有参考广告来选购商品的习惯。例如据香港有关组织的调查，70%的香港市民在采购商品时会利用广告所提供的信息。在现代市场中，人们购买商品，除了重视商品的使用价值外，还十分讲究商品的社会价值，他们追求名牌、追求时尚，考虑商品能赋予自己什么形象。因此，在不断推陈出新的国际市场中，国际广告是外贸出口商品营销活动中引导消费、争取消费者的必不可少的促销手段。国内广告同行在形容出口广告的作用时说："广告是销售的先行官"，"广告为销售鸣锣开道"，"兵马未动，粮草先行"，都很形象地说明了出口广告的作用。

(2)国际广告的特点

国际市场和国内市场有很大差别，这种差别是由不同的国家和地区、不同的社会制度、不同的法律政策造成的，还有不同的物质文化水平、不同的风俗习惯、不同的地理环境、不同的生活方式和消费观念，这些不同点综合起来，就形成了不同的市场特性，反映在市场活动中，也具有不同的特点。

与国内广告活动相比，国际广告活动的主体内容具有以下的特点：

1)广告主方面

国际广告的广告主有多种类型，主要为：

①出口商品的生产企业或经营企业。出口商品的生产企业是直接从事外贸出口产品生产的企业(有的自营出口)，出口商品的经营企业则是一般的外贸进出口公司。出口商品的广告由他们直接承担广告开支，直接与广告代理接洽，实施广告。这种广告活动又有两种形式：一是由本国企业向国外市场直接实施广告；二是由本国企业在国外的分支机构在当地实施广告。一般而言，前者由于与市场相隔遥远，对市场了解不深，广告难度较大，搞不好，会影响广告效果；后者由于依靠其分支机构，对当地市场比较熟悉，开展广告活动相对容易和有把握，广告效果也可能会更好。

②外贸商品代理商。许多外贸商品在国际市场上都有代理经销商。由于经销商熟悉当地市场情况，这就有利于制订和运用有效的广告策略。但是，代理商如果仅是兼营这项商品业务，则可能会减少广告的责任感；而专营这项商品的代理商，则会重视广告的作用，但在广告费的使用上可能会存在不尽合理之处。

③本国企业与当地代理商联合。本国企业、外贸进出口公司或外贸产品生产企业，与当地外贸商品代理商联合作为广告主的情况下，广告费用由双方共同承担。这样有利于加强两者的联系，可以互相取长补短，搞好广告宣传活动，同时，还可以增强代理商的责任感，使之自觉地对广告活动进行监督和控制，灵活把握广告策略，以适应当地市场。

2)广告代理方面

国际广告，可以直接委托媒介发布广告，也可以委托广告代理公司负责全面策划。委托媒介发布国际广告，一般有两种情况：一种是出口商品的生产企业或经营企业直接委托国外媒介发布广告；另一种是出口企业的国外机构或代理商委托地方性的媒介刊登广告。一般而言，后者由于功能不够完善，难以制订完善的广告策略，不为一般国际企业所取。国际企业一般采纳前一方式。但是,由于媒介单位缺乏全面广告代理功能,采取直接委托媒介做广告的企业可以说为数甚少。

广告公司拥有各方面的专业人员,能为广告主的产品拓展市场、打开销路提供有效而全面的服务;能为广告主进行市场调查、分析、研究和预测,进行全面的广告策划,选择经济而有效的媒介,创作具有新意的优秀广告作品,收集和研究市场的信息反馈;能为广告主提供大量的义务服务,因而使广告主不但不必增加大量的广告费用开支,反而大大地节省了企业直接进行广告宣传所必须配备的大量专业人才和设备。广告公司受到外贸广告主的重视,以至于大多数广告主都委托专业广告公司负责实施其广告的全面策划。

委托广告公司负责实施广告,也可以分为委托国际性广告公司与委托国外当地广告公司两种形式。国际性广告公司组织机构健全,信息反应灵敏,活动范围大,广告经验丰富,能制订较为完善的广告策略,适宜于做开拓性和战略性的广告。但不足之处是距离市场远,机构运行不灵活,对目标市场的信息了解不够细致,因而不宜做要求强推销效果的战术广告。当地广告公司则接近销售市场,对市场条件、市场环境和消费者的需求、心理特点和消费方式都极为熟悉,因而,可以弥补国际性广告公司的不足,有利于进行战术性广告。一般而言,具体产品的销售广告,以选择地区性广告公司的较多;而企业形象广告,或产品观念广告,则选择国际性广告公司的较多。

3)广告媒介方面

世界各国的媒介类型基本相同,只是在质量上和数量上有差别,广告媒介的组合选择有差别,媒介的影响范围与广告费用也存在差别。这些差别具体体现在以下几方面:

①数量因素。媒介的传播与影响范围,由于媒介的种类不同,人口数量和人口构成不同而有所差异。一般而言,在选择广告媒介时,应从目标市场考虑,目标市场有多大,则选择有多大覆盖传播面的媒介,而不应贪大求全。虽然广告媒介影响范围越大广告效果越好,但广告费用也越大,因此,应对总体利益综合权衡。

②质量因素。媒介的社会威望与特点,既与媒介自身的名誉有关,也与当地人口的文化构成有关。例如,欧洲人对报纸杂志的信任感比对电视要强,而拉丁美洲地区的人们则对电视更具信任感。当然,媒介的信誉,也与其广告活动有关。有些媒介滥登广告,不讲质量和信誉,反馈不佳,它的信誉就很差;有些媒介,广告自律严格,社会责任感强,在消费者中的威信也就要高得多。

媒介的特点,是指媒介的专业性因素。由于阶层分化和职业分化,国际市场消费者的分化极为严重。针对这些不同层次的消费者的阅读需求,在国外,大多有不同的杂志刊物满足其学习与消遣需要。这些媒介的适应性各不相同,有的适用于娱乐性广告宣传,有的则适宜于家用电器产品的宣传等。选择媒介,主要考虑读者是不是潜在的消费者或买家,数量比例有多大,广告价格是否适宜。

③时间因素。广告必须及时,过了时间的广告是毫无意义的。战略性广告是针对未来的,而战术性广告则有时效性。因为客观条件不同,不同的国家和地区的广告时间和广告周期安排是不同的。必须了解广告媒介的广告周期和时间安排,才能及时发布。在

计划广告时，就要把握好时间，紧密配合商品上市时机，作出相应安排。

④费用因素。不少国家的广告媒介的广告刊播价格没有统一标准，可以讨价还价，多数是报价偏高。此外，还应考虑广告税率，各国对广告税的征收标准和办法都不一样，不同税率会影响广告费支出。正规的媒介是不可以讨价还价的，但可以随刊登次数的增加而相应在价格上给予优惠。另外，如预付广告费，还可以给予预付优惠。广告公司代理佣金，目前一般为15%；如总代理，可以拿到30%~45%不等，但必须在广告版数或时间上达到一定的数量。广告主直接同媒介联系刊登广告是不应该享有佣金的，有的媒介给广告主15%的佣金（或叫回扣），更是错误的，如此做法不利于代理制的推行和提高广告质量。税率目前一般是媒介负担，在其定价时已考虑进去这个因素。广告主委托广告公司代理其广告是合算的，首先在价格上同广告主直接找媒介刊登是一样的，又加上广告公司的策划创意、制作服务，何乐而不为呢！

⑤特殊媒介（又称商业媒介）。在国际广告业务中，国际广告一般以国际工商业者为对象，因而在国际上有专门为贸易界发行的贸易新闻刊物，其目的在于沟通贸易信息，介绍产品给当地贸易商。这类广告宣传的重点，是产品的品质、规格和性能，

特殊媒介有助于当地贸易商在接触广告后即可对产品有较为详细的了解，向广告主订购产品。目前，我国的出口广告宣传对象大多是国外批发进口商。因为我国出口商品，多数在国外没有自己的销售网络或商店，也就没有必要做消费者广告。

4）多国广告方面

多国广告是指向世界各国推销同一出口商品，同时在多国进行广告。多国广告是国际广告的一种重要形式，尤其是跨国广告公司的出现，使这种形式的国际广告日见其多，如丰田汽车的广告等。

多国广告，一般有两种类型：

①标准式。标准式广告是由外贸出口企业的总公司设计的统一广告表现，以统一的广告形式向多国市场进行广告。此类型广告的主题、内容、创意、表现形式都是相同的，只是由于使用当地的语言文字而有所区别，有些广告甚至语言文字也是一样的。标准式广告的策划比较简易，可节约广告制作费用，并使商品印象各地一致；其缺点是无法顾及各国的文化差别，缺乏特别的针对性，因此，标准式国际广告适宜于对消费者购买动机大致相同的商品的广告宣传。

②区别式。区别式多国广告，也叫制宜式多国广告，即同种出口商品在不同的国家市场，有不同的广告表现。这种广告多顾及各地不同市场的风俗习惯、不同的需求，作出不同的策划。此类型广告可以突出本国的特点，突出广告的个性，有特殊针对性，给消费者鲜明的感受；其缺点是制作费用昂贵，一种商品有多种形象，不能形成统一的商品形象。区别式国际广告多用于各地消费者需求心理有较大差异的商品。目前的区别式广告，考虑到其不足之处，多由一个统一的形象贯彻始终，但广告语则是根据不同市场制订的。

11.1.2　国际广告市场的组成

国际广告市场由国际广告主——出口企业、外贸出口产品、国际广告代理公司、国际广告媒介和远洋客户等组成，它们构成完整的国际广告活动市场。

(1)出口企业

出口企业是国际广告活动的广告主。出口企业又分为两种类：出口产品的生产企业和出口产品经营企业。

出口产品的生产企业，是专门负责出口产品生产的单位，其生产计划或是根据自己的国际营销目标制订，或是根据出口经营企业的国际营销计划要求接受其订货，按其要求进行产品的设计和制造。前者为有对外贸易能力的生产企业，后者则一般为没有独立从事外贸经营能力的企业。然而，跨国公司的发展以及新的贸易形式的发展，使这一局面有所改变。跨国公司出于发展市场的需要，在目标市场国的产品市场上直接销售一个时期，在占有了一定市场份额的情况下，在市场国进行直接的资本和技术投入，投资建厂，在市场所在地直接生产产品，以突破贸易限制，降低经营成本。但其基本的贸易形式却还是国际贸易性质，产品的贸易均以外汇结算。另一方面，补偿贸易、来料加工、来样加工等多种贸易形式的发展，也使外贸出口的格局发生改变。为此，国际广告活动的广告主是多元化的。

出口产品经营企业是具有独立从事对外贸易能力的商业企业。从结构功能上说，这类企业可以分为综合性外贸经营企业和专业外贸经营企业。综合性外贸经营企业具有经营多种品类产品的进出口业务能力；专业外贸企业则是从事专门品类产品进出口经营的外贸企业，如矿产、化工、纺织、轻工、粮油和牲畜等方面的专业进出口公司。另外，从贸易关系地位分，则可分为出口商、进口商和代理商。出口商是从事产品出口业务的产品生产国的出口企业；进口商则为市场所在国从事产品进口经营的外贸进口企业或从事国际商业转口业务的外贸进出口企业；代理商是外贸产品在市场所在国的经销代理，他们负责产品在该国或该地区的代理销售、批发。

国际广告活动的广告主，一般有 3 种形式：外贸产品出口国的生产企业或经营企业，或其在海外的分支机构；当地代理商；本国企业或其分支机构与当地代理商联合而成的广告主。一般而言，以第一种形式占主导。

(2)出口产品

出口产品是国际广告宣传活动的主体。一般来说，出口产品都是在本国市场立稳脚跟并在国内市场上占有了一定的市场份额之后，由于国内市场上竞争激烈而寻求产品销售出路的产品。这类产品，一般生产工艺发展日臻完善，产品质量优良稳定，在国内市场上具有竞争力而且已进入成熟期，这是其竞争优势。

出口产品从形态上又分为 3 种：传统优势产品、创新产品和技术返销产品。

传统优势产品是出口国所特有的或具有自然优势和工艺优势的民族产品。如我国的茶叶、丝绸、宣纸、矿产、手工艺品等。在农业国家,出口产品一般以这类产品为主,其出口对象国或地区则为工业化国家和发达国家。目前,我国原材料和半成品的出口占主要地位,但成品精加工产品的种类增加很快。

创新产品,就是由于科技的进步而产生的为出口产品国所独有的,获得专利保护的新发明和新创造。在工业国家和发达国家,这种新发明和新创造很快就会进入工业应用,并以专利产品的形式进入市场。这种产品具有高度垄断性和极强竞争性的特点。在推入市场之后,只要产品能真正满足人们的需要,很快就会获得成功,并首先在国内市场形成垄断,然后向国际市场发展,扩展其产品的技术优势。这类产品,一般为工业化国家或发达国家的出口产品,由于产品具有技术新颖、功能新颖的特点,能在市场中以新、奇取胜,提倡时尚。因此,有很高的附加价值和商业利润,是从国际市场上获取厚利的拳头产品。

技术返销型产品,是指那些首先由发达国家或其他国家发明创造,并在一定时期内形成垄断,后来,由于新技术的发明、新发明创造的涌现,出现其他在商业利润和附加价值上更有竞争性的产品,于是,原有产品的生产技术由于生产成本和竞争利润的原因而向其他不很发达的国家或地区转移,在转移地形成产品优势,转而返销原生产垄断国的国内市场,与原生产垄断企业形成竞争的产品。这类产品一般是进入饱和期以后已经大众普及化的产品,多为次发达国家或不发达国家经营,如各种技术加工型开发企业、劳动密集型加工企业等的产品。产品一般发展到这一层次后附加价值丧失殆尽,产品商业利润微薄。我国目前大量出口的家电产品,如洗衣机、电视机、电冰箱等,手工工具、小五金、小百货等,大多属于这类产品。

(3)国际广告代理公司

国际广告代理公司是国际广告的直接实施者。国际广告代理从性质上可分为两类:媒介直接代理和专业广告公司全面代理,但媒介直接代理的情况比较少见。

代理国际广告业务的国际广告公司,又可分为3种类型:出口国的国际广告公司、市场当地的国际广告公司和跨国广告公司。三者之间在组织结构功能上应该是相近的。但由于它们之间存在着市场距离的差别,在选择国际广告公司时应以产品在国际市场上的营销策略为基准,考虑广告公司配合工作的能力。一般来说,出口国的国际广告公司对产品比较熟悉,但对目标市场的认识和作业能力却存在欠缺;跨国广告公司则具有国际作业能力和经验,在广告宣传上具有相当高的水准,但同样存在着产品知识和目标市场知识的欠缺问题;市场当地的国际广告公司,有对市场所在地极为熟悉的优势,但在产品知识和作业能力上也可能会存在欠缺。总之,这3类公司是各有所长,如何选择,关键在于出口产品的生产企业或经营企业的战略考虑和需要。

在广告公司的选择上,一个有效的途径,是实行出口国的国际广告公司或跨国型国际广告公司与市场调查公司的组合搭配,或3种形式的国际广告公司的组合搭配、建立合作关系。这样,就能保证产品的广告宣传功效。

国际市场调查公司负责出口企业在当地市场进行全部或部分专题的市场调研。他们主要从下面几方面为客户提供服务：

①提供有关当地国家或地区的贸易惯例、风土人情和宗教信仰等方面的详细资料；

②提供具体行业和大宗产品的产销结构，历次调查的结果分析和建立贸易关系的渠道等方面的内部资料；

③提供当地市场有关商品的营销资料、消费者及商品的各种情况；

④在具体分析和处理较为复杂的统计资料时，提供所需要的技术、设施和咨询服务。

选择市场当地的国际市场调查公司的好处，首先是可以解决出口国派出的市场调查人员可能遇到的语言困难。其次，可以节省调查成本，虽然委托市场调查公司代理出口市场调查时要付出高昂的代价，但比由出口国的出口企业或国际广告公司派出专门人员去调查要经济得多。此外，国际市场调查代理公司的工作人员一般在情绪上不会受到具体调查项目或市场变化情况的影响，可以做到客观冷静地分析实际情况，然后作出判断。这样，可以避免由出口国有关单位派出人员进行调查时，由于感情因素而形成的成见对调查结果产生的不良影响。

(4)国际广告媒介

广告媒介是进行广告活动、传播广告信息的技术载体。同国内市场广告一样，国际广告的媒介主要有报纸、杂志、电视、广播等。但是，在国际广告活动中，由于广告宣传对象不同于国内市场的消费者，国际广告媒介的使用情况是不同的。

我国使用国际广告媒介，目前以专业性贸易报纸、杂志为主，其他如产品说明书、企业名录、产品目录、邮递广告等广告媒介形式较为多见。一般性报纸、电视、广播和生活杂志的使用较少，其原因是我国出口商品广告的对象大多为专业进口商、批发商，而不是广大消费者，在其他大众化的广告媒介上做广告会造成广告浪费。

(5)远洋客户

国际贸易广告同国内市场销售广告的不同之处，最根本就在于其广告对象的不同，国内市场销售广告的对象是直接消费者，具有随机性购买、少量多次的特点。而国际广告的对象为远洋客户，其购买是有目的性的和大批量的。

远洋客户是从事跨国买卖的贸易商，在欧美国家及世界各地活动着的这类客商主要有：一般性进口商、批发商、外销商、分销商以及各种代理商。由于国际市场竞争激烈，商品的价格成为决定竞争胜负的关键，以致一些零售商、大型百货公司和联营商店也纷纷加入远洋客户的行列，实行直接进口购货。这些不同类型的远洋客户，就构成了国际广告的宣传对象，他们相互之间是存在一定程度的差异的。但他们有其共同之处，这就是，他们都不是直接消费者，而是产品的中间经销商，他们对产品的需求是大批量的。

明确国际贸易广告的对象这一点是非常重要的，因为他们具有自身的特点。第一，他们一般具有慢性经营的特点，他们所经营的品种相对固定，商品的采购量则是大批量的,要动用一笔庞大的资金进行经营冒险。第二,他们购买商品的目的,是在进口后转销营利,而不是直接使用。第三,买卖双方在地域上、文化上和社会制度上有着天然的隔阂,远洋客户很难清楚地了解产品出口国和出口企业的有关货源供应、服务范围和进出口管理制度;而产品出口企业对远洋客户也是不熟悉的。第四,远洋客户大多是国际贸易老手,经验丰富,有关商品的学识广博,是商业贸易的行家里手,对经营的商品的特性和市场行情了如指掌。他们感兴趣的是同类商品的质量优劣、价格高低、企业的信誉和服务等内容。第五,经营国际贸易的远洋客户业务工作繁重,个人素质很高。他们目光锐利,思维敏捷,富于好奇心理,有冒险精神,同时,在具体的交易中又小心谨慎,能够对商品交易的所有过程做出全盘考虑。在思考成熟后,他们又能迅速做出决断。针对远洋客户的这些特点,对国际广告的广告策略、广告重点和表现方式,都有不同的要求。

远洋客户是国际贸易的对象,也是国际广告宣传的对象,在国际广告市场中,有着举足轻重的地位,国际广告宣传能否针对远洋客户的特点进行广告策划,是决定广告成败的关键。

11.1.3 国际广告发展的现状

(1)我国国际广告发展现状

随着我国经济的发展,随着改革开放的进一步深入,我国的出口贸易连年持续增长,国际广告业也得到了相应的发展。专业广告公司和众多传播媒介建立了广泛的业务联系与合作,对出口商品打入国际市场,起了良好的促销作用,并且摸索和积累了一定的广告宣传经验,但与形势发展的要求,特别是与扩大对外开放,加快发展沿海地区外向型经济,积极参加国际竞争和交流的要求,还有相当差距。当前,我国出口商品广告存在以下问题。

1)广告费用支出与出口贸易发展不成比例

目前,广告费的总投入只占出口总额的0.2%以下。过去,我国出口商品结构是原材料与半成品占大部分时,这个矛盾还不突出。近年来,出口商品结构不断调整,工业制成品出口比重不断上升,矛盾就明显暴露出来。造成这种现象的原因既包括当前外贸体制不完善、外汇短缺的问题,也包括出口企业对广告作用认识不足和短期行为问题。

2)广告与出口商品的目标市场、出口战略脱节

随着外贸事业的发展,出口企业一般都设有广告宣传部门,但它与出口业务部门往往存在“两张皮”现象。领导者、业务人员与广告人员不能做到“三位一体”,既未能把广告活动看成整个市场营销活动的一个不可缺少的重要组成部分,又没有把广告活动纳入出口经营中,作为增加出口创汇的措施之一,仅仅满足于出口成交的一笔笔生意,年终累计完成出口数字皆大欢喜。至于产品在国际市场上的地位,以及今后若干年的产品出口是否具有后劲,则较少过问,真正研究出口战略以及广告宣传如何配合的单位更属少见。广告宣传与出口战略相脱节,正是出口商品广告多年来始终处于被动局面的症结所在。

3）对广告形式和媒介的选择上存在较大盲目性

目前，我国出口商品广告以贸易性广告为主，广告对象是进口商、经销商和批发商。这决定广告具体形式必须与之相适应，广告媒介的选择也必须较多地采用贸易性、专业性的报纸杂志。目前，除一些较有能力的广告公司的代理广告做法上较有计划，媒介选择、广告表现上针对性较好外，普遍带有较大盲目性。广告费用投入“零敲碎打”，广告费用“撒胡椒面”，广告表现为一张名片、几句好话的情况比比皆是。再加上“人情广告”“指令广告”“谋利广告”的冲击，极大地浪费了本来不多的广告费，导致力量分散，使广告效果难以充分发挥。

4）广告公司的业务水平和服务能力亟待提高

为缩短在国际广告经营方面的差距，一些从事出口商品广告经营为主的外贸广告公司，做出了不懈努力。但有些公司成立时就带有一定的行政管理色彩，存在着盲目的优越感，忽视自身建设。很多从事国际广告经营的企业规模不大、能力不强，一般只从事单纯的媒介代理；既拿不出更多的国际市场的传播媒介的资料，又缺乏广告策划和创意能力。在外贸体制改革不断深入的情况下，再想凭借广告公司手中持有的外汇或其他行政因素，把持出口商品广告经营，显然是与市场经济发展不相适应的。

（2）世界上国际广告的发展情况

当前世界是急剧变化的世界，高科技进一步发展并在实际生活中得到广泛应用，世界经济政治格局出现重大变化，欧洲主要国家组成共同体；亚洲已经崛起，并可能在不久的将来成为世界经济重心；北美国家的经济联合已经开始，将进一步与日、欧抗衡。这就导致了广告业的进一步国际化和整体化，更多的跨国公司出现，公司兼并加剧。大广告公司将尽力在外国寻求代理或合作。广告公司将朝着综合信息型公司的方向发展，信息的传递速度加快，信息量呈爆炸性增长，广告策划、创意都将发展到更高水平。

1）国际广告业合并的趋势还将继续

在当前经济快速发展，竞争日益激烈的时代，巨型跨国企业为了打入更多的市场，要求和鼓励广告公司兼并国外的一些独立广告公司以形成连环结构或同国外的一些规模相等的公司网络合并，从而获得广告业全面、准确、快速的世界性服务。这种更大的联合造成资金规模扩大，使自己在争取巨型广告主时处于有利地位，从而获得超额利润。

1989年初，国际广告业最大的新闻是总部在英国的跨国传播集团WPP，以8.64亿美元的巨资购并了巨型跨国广告公司奥格威集团（Ogilvy Group），WPP集团的年营业额因此陡然上升到135亿美元。这是WPP集团1987年以5.66亿美元购并了“百年不衰”的巨型跨国广告公司智威汤逊（J.Walter Thompson）之后又一次轰动国际广告界的大兼并。

1986年以后，国际上广告传播公司组成集团的事例连续出现，除上述WPP的两次行动外，1986年BBDO、DDB和尼德汉姆·哈勃三家跨国广告公司实行合并，建立了奥姆尼康集团，集团营业额达50亿美元；其后两周，总部设在英国的萨奇兄弟公司购并了著名的贝茨环球；1960年首开国际广告营业集团化先例的英特普布利克集团（Interpublic）于1987年进一步与林达斯环球、坎贝—爱华合并建立了新的林达斯环球集团。

在当前这一经济快速发展的时代,巨型跨国企业要求广告业作全面、准确、快速的服务,这种服务必须是世界性的。新科技的发展缩短了国与国的距离,使得这种服务成为可能,但是,很明显,这种世界性的服务只有巨型广告公司才能承担。只有更大的联合才能有更多可动用的资金;才能使自己在争取巨型广告主时处于有利地位;才能降低成本;才能最好地利用先进技术,取长补短。总之,更大的联合才能取得最大的利润。1980 年前,10 家巨型跨国广告公司(日本的电通、博报堂等均未统计在此,下同)的美国营业额全部超过 5 亿美元,高居榜首的杨・罗比凯的美国营业额已达 13.3 亿美元。1987 年世界前 13 家广告公司的世界营业额全部超过了 20 亿美元,其中 7 家超过 30 亿美元,而前三名:杨・罗比凯、萨奇兄弟、贝茨环球则都超过了 40 亿美元。国际广告业进入了全球化和垄断的时期。1986 年从电通、杨・罗比凯公司与中国国际广告公司合资创办我国第一家中外合资广告公司——电扬广告起,国际上大跨国广告公司和集团纷至沓来。迄今为止,在我国全国各地设立的合资合作广告公司有几百家,如奥美、达彼斯、盛世长城、智威汤逊、李奥贝纳、麦肯广告等国际一流广告机构,以丰富的经验、高水平的作业方式、先进的管理模式、雄厚的资本实力,带动了我国本土广告业的发展。它们既代理国际上的一些品牌在中国内地乃至华人地区的广告宣传,而且,也逐步代理国内的一些企业的产品到国际市场上的广告宣传。国际广告巨头借助于 WTO,深入地进入了中国的广告市场。

面对高度垄断和激烈竞争的国际广告业,我国出口商品的广告宣传工作绝不可等闲视之,必须加强信息研究,充分利用国际先进经验和成果来发展自己。

2)国际广告公司朝着综合信息型公司的方向发展

很多公司目前都在以相当迅速的速度向横向多元化方向发展,并同时与几个客户在不同领域进行合作。如萨切公司在 1983 年时还是一家单一的广告公司,到 1987 年已变为多种经营的公司,提供 10 项不同的市场服务和 7 项管理咨询服务;WPP 集团有 15 种市场服务;WCRS 有 9 种市场服务;而罗威公司具有 7 种市场服务项目。

3)广告信息量呈爆炸性增长,信息的传递速度加快,广告媒介日新月异,广告空间不断扩大

随着科学技术的发展,国际广告业也开始致力于对新型传播媒介的开发研究工作,广告媒介向电子化方向发展。光纤广告和网络广告已作为新型高效传播媒介进入国际广告业。

我国企业如何利用跨国广告公司进行广告的问题也应成为重要研究课题。

11.2 国际广告的策划与实施

如前所述,国际广告同国内商业广告相比具有很多特点,因此,在开展国际广告活动之前,必须做好国际广告调查工作。这对于整个国际广告活动的开展与实施具有举足轻

重的作用。

11.2.1 国际广告调查的内容

(1)政治情况

政治情况主要包括政治制度、政府行政机构、政治局势、政治信仰和意识形态、政府对经济的干预情况以及政治上的排外情况等。

(2)法规情况

法规情况主要包括海关法、国内对进口商品的管理条例与法规、广告管理法规、税收制度等。

(3)经济情况

经济情况包括的范围比较广泛:

①要注意了解进口国近期经济发展的总体情况和对以后一定时期经济发展预测的情况;

②要了解进口国的货币情况,比如货币币值的稳定度、金融保险情况;

③商业情况,比如超级市场发展情况,它涉及包装广告问题;

④与经济有关的一般情况,包括进口国人口、购买水平、生活水平、消费模式、竞争情况等;

⑤度量衡情况。

(4)风俗习惯情况

①要了解进口国的忌讳。各国对颜色、特殊商品、语言等都有忌讳,比如绿色在日本被认为是不吉祥颜色。

②要了解进口国更喜欢什么,如颜色、商品外表造型、装饰、语言上的习惯与喜爱的特点。比如,美国喜欢绿色,日本喜欢互赠白色毛巾。

③宗教信仰情况。

④进口国的民族性格。比如,法国人的浪漫、德国人的严谨等。

⑤要了解进口国的购买习惯和消费习惯。比如,交通发达国家以一次性大量购买为特点,有的国家喜欢小包装,以一次性小量购买为特点。

(5)自然环境情况

应注意了解进口国经济地理资料、自然资料分布情况,主要城市和商业分布情况,以及气候和季节变化情况。

(6)商业广告条件情况

从事国际广告活动,应充分了解所在国的广告条件,根据所在国的广告条件,有效地开展广告业务活动。商业广告条件情况的调查主要包括以下项目:

①所在国的广告传播媒体情况。应了解所在国有什么媒介,常用媒介是什么,最容易被接受的媒介是什么,所在国对媒介的使用有何限制,等等。

例如,在美国,除了传统的四大媒介仍在传播中起主导作用外,电子广告、投影广告、飞船广告、卫星广告、激光广告、电话广告等正在步入现代社会生活中;在法国,海报广告特别讲究,并为大众所喜爱;在西欧,无线电广播广告十分重要;在卢森堡广播广告可同时用 5 种语言播放,听众至少在 4 000 万人以上;在日本,电视广告被限制在 15 秒以内。

②所在国商业广告经营业发展情况。国际广告一般都得委托当地商业广告经营业经办,因此应特别重视这些被委托公司的经营水平、价格及广告费用等。

③所在国广告普及程度及国民的文化教育普及水平。在广告竞争激烈的国家和在广告并不多的国家进行广告活动的情况显然是不同的。在文化水准较低的国家可更多地利用路牌广告。

④关于所在国广告媒介的发行数量公共调查机关的情况。有的国家无这类调查机关,造成发行数量被夸大,使广告相对费用增大,又达不到应有的广告效果。

以上仅为国际广告调查的一般资料,很多可以从本国有关部门获得,但是,仅仅进行以上调查是不够的。国际广告作为国际营销的重要手段,必须要配合国际营销的需要,对国际目标市场其他项目进行调查。承担这类调查的机构一般有 4 种形式:

①广告主自设国际市场调查机构,通过长期调查而能较准确地把握市场趋势;

②广告主委托国外分支机构调查,这种调查结果很多难以令人满意;

③委托经办本企业广告业务的专业广告公司调查,效果一般很好;

④委托专门的调查机构,这类调查一般只能针对一两个国家。

国际广告调查一般较容易在发达国家进行,而在发展中国家比较困难,发展中国家一般调查机构不完善。

11.2.2 国际广告策划

经过全面系统的国际广告调查工作后,就开始了国际广告的策划工作。国际广告的策划与国内广告策划的方法程序基本相同,但由于各个国家在政治、经济、社会、文化等方面的情况不同,具有不同的市场特性。因而,必须在广告主题确定与表现创作、媒体策略等方面充分注重这些特征,以适应国际市场的需要,取得满意的营销效果。在国际广告策划中应注意以下问题:

(1)广告民族化问题

从内容上,民族化反映一个国家、民族的独特气质、精神和传统,从形式上,表现民族的美学观念以及特有的形象表达的色彩、文字和图案。通过民族特色来宣扬产品的特点,就能形成独特的广告风格。例如,“可口可乐”的广告是通过美国青年的生活方式来展示产品的,多年来一直很成功;法国的“依云”矿泉水广告则要展示法国人享受生活的价值观;而“万宝路”广告所要告诉消费者的却是来自“牛仔之国”的产品。鲜明的性格与风格特征,基于广泛调查之后确立的战略,这是世界上一切优秀广告的共同特点。没有广告的个性与风格,没有战略安排,广告就流于平庸无味,无法把商品与服务信息送入消费者的记忆之中,从而促进销售与购买。

(2)使广告具有跨国性

即在广告表现中以注意描述人类普遍情感为基础。如大众汽车广告,一个女士决定和她的男友分手却不会和她的汽车告别,题目是“大众汽车,被嘲弄的女人”。

(3)广告主题确定与广告定位

如妇女卫生用品的吸水性,西尔豪公司的广告通过鸟的洗浴来展示该产品的特点,极富想象力。通过广告将产品展现得既高雅又能为各种文化背景的人所接受,产品的特性被进一步强化。

(4)用有关的国际知名人士对产品加以确认

使用这种方法有时会有风险,但如果使用得当,收效甚佳。因为知名人士可以将产品的价值有效而得体地传达给你所宣传的对象。如歌星迈克尔·杰克逊为百事可乐做广告;国际著名影星娜达莎·金斯基为力士香皂做广告。

(5)媒体组合策略

世界各地的媒体有不同特点,广告管理法规不同。因此,在运用媒体组合策略时,必须要考虑各国媒体的具体情况。

在国际市场上,一般都以报纸为主要媒体,很少运用杂志广告。报纸广告在某些国家只需选用几份广告报纸即可影响整个目标市场,但在另一些国家则不同,要选用更多的媒体才能向多数消费者传播消息。广播广告在拉美国家是最强有力的媒体,但在欧洲国家,多数广播电台受政府控制,不易接受广告。有些国家不准使用电视广告,有的虽然允许,但节目安排有很多特殊限制,如不得在娱乐节目播映,只有在节目首尾放映等。

11.2.3 国际广告的实施

国际广告在经过周密的策划之后,便进入了广告实施阶段。国际广告的实施主要涉及国际广告代理商的选择及国际广告媒体的选择两个问题。媒体问题在此不再展开,只对国际广告代理商的选择进行一些讨论。

国际广告代理商的选择,主要有两大类型:一是本国的广告代理商;一是国外当地的广告代理商。它们又各自具有不同的形式：

(1)本国广告代理商兼营国际广告业务

①无国外分支机构的广告代理商。这种代理商,必须具有强有力的国际广告策划能力、创作能力与发布能力,否则就无法胜任国际广告业务。

②有国外分支机构的本国广告代理商。这种广告代理商,必须具有雄厚的财力、人力和设备,而且必须具备丰富的国际广告经验。

(2)本国专业国际广告代理商

①部分国际广告业务代理商。这种广告代理商,其人员、资金及设备有限,只能承担企业国际广告中的部分业务,如代购媒体、承担部分广告制作或部分国家与地区的广告业务。

②全面国际广告业务代理商。这种广告代理商,具有充分的国际广告实施的条件、经验和实力,能为企业提供全面的服务。此外,他们之中多数有国外广告分支机构,并和国外的广告代理商、经销商有着经常性的密切联系,因而更利于国际广告业务的实施。

(3)国外当地广告代理商

①部分国际广告进口国广告代理商。这种广告代理商只能为企业提供部分国际广告业务服务,如代购媒体、广告设计及制作。

②全面国际广告进口国广告代理商。这种广告代理商规模庞大、设备完善、人才济济,能为企业提供全面性的较高水平的广告服务。

(4)合作式广告代理商

①本国广告代理商与专业国际广告代理商合作。这种代理形式是以本国广告代理商为主体,专业国际广告代理商作为本国广告代理商的国外部门,从事广告活动。这种合作形式,既可为企业提供国际广告的专门技术与知识,又可节约广告开支,充分利用两种代理商的优势。

②本国广告代理商与进口国代理商合作。这是国际广告间互通有无的方式,两国代理商互相代办各自的广告业务,通过契约达成短期或长期的合作。

③本国专业国际广告代理商与进口国代理商合作。这种合作方式适用于专业国际广告代理商无国外分支机构,或国外分支机构不够健全,尚需进口国广告代理商配合工作的情况。但是,目前即使是具有强大的分支机构的国际广告代理商,也应多与进口国代理商实行合作,以便制作出高水平的广告。

对国际广告代理商的选择,关系到企业国际广告的成败,企业应根据自身的情况及广告代理商的情况充分研究,谨慎选择。

11.2.4 国际广告技巧

随着关税壁垒和非关税措施的削弱，在大批洋货涌入国门的同时，市场也为国产货提供了抢占海外滩头的机会。但是，市场是无情的，竞争是激烈的，怎样才能使自己的产品顺利登陆将是各位经营者不得不面对的难题。在国内市场上，人员促销、广告、营业推广和公共关系及其相互组合无疑是竞争的重要武器，但在对外贸易中，怎样才能使广告成为了对外作战中最有威力的工具呢?

(1)必须考虑当地的风俗习惯

不同的民族，在其漫长的经济生活和社会生活中，形成了独特的风俗习惯，这些风俗习惯反映了各族人民的共同心理，又被看作是民族的标志。如果在广告制作中总是以自我为中心，只是按照自己的感受去设计广告而不尊重目标受众的风俗习惯，其结果必将弄巧成拙，贻笑大方。其中，兔牌樟脑在澳大利亚销售的失败就是一个典型的例子。樟脑在澳大利亚有很大的市场，国内某企业为了打开该市场，于是发布了一则以一只可爱的玉兔为主画面的广告，但市场迟迟没能打开。为何中国人心目中“可爱的玉兔”到了澳大利亚就命运不济了呢? 据事后调查方知，澳大利亚的大草原是得天独厚的羊毛生产基地，因而当地人十分重视牧草的繁殖，而草原上成群的野兔每天都要吃掉大量的牧草，成为当地的一大公害。所以，中国的玉兔就当然不受欢迎了!

(2)要尊重当地的宗教信仰

世界各国信仰宗教的人很多，不同的宗教信仰使人们形成了各具特色的消费群体，如果广告创意不慎涉及宗教信仰问题，将会引起很大的麻烦甚至导致外交纠纷。日本索尼公司在泰国推销收录机的失败就是一个深刻的教训，在其电视广告中，佛祖释迦牟尼安详侧卧，双目紧闭，进入物我两忘境界。不一会儿，画面上的索尼收录机放出美妙的音乐，佛祖听了居然凡心萌动，全身随音乐不停摆动，最后睁开了双眼。索尼的本意是想宣扬自己的产品连佛祖听了也会动心，岂料作为佛教之邦的泰国，举国上下信奉佛教，对释迦牟尼至为崇敬。他们认为这个广告是对佛祖的莫大侮辱，是对泰国的公然挑衅。泰国当局忍无可忍，最后通过外交途径向索尼公司提出抗议。此时索尼公司才醒悟过来，决定立即停播该广告，并公开作了道歉。

(3)要适应异国的消费心理

外贸广告要根据不同国家、不同地区、消费者的不同消费心理，作出不同内容的展示，因为不同的消费心理，对购买行为有很大的影响，因而直接影响到广告的效果。例如，做产品“经久耐用”的广告，在发展中国家受欢迎，但在追求时髦和新颖的西方国家则备受冷落；宣传“实行三包”旨在使用户放心，国外消费者却认为该种商品可能有什么不足；强调产品“价廉物美”，在国内往往能奏效，西方发达国家的许多消费者却认为“好货不便宜,便宜无好货”,退一步说,即使他不怀疑你的产品质量,也会觉得购买廉价商品有失身份而不屑一顾;又如,强调某产品荣获“××第二”的广告,在经济落后的国家受青睐,但却不讨日本人的喜欢。

(4)要注意目标受众的语言习惯

有时候,一个词语在某种语言中有很好的意思,但在另一种语言环境中则可能会成为不好甚至很差的意思。跨国界的广告就必须了解广告受众的语言习惯,尤其是广告中宣传的品牌和商标要注意这方面的问题。在这一点上,我们的教训是深刻的:某品牌牙膏在出口的过程中就碰到了这种情况,这种牙膏有一个非常美丽的中文名字——芳芳,但美国人眼中“FANGFANG”的意思是“狗和狼的长而尖利的牙齿;毒蛇的牙齿”。哪位美国人还敢用这样的牙膏来刷牙呢?国内有一种很有名的扑克,名叫马戏扑克,出口到英国时标上汉语拼音“MAXIPUKE”,而这个单词的英文意思是“最大限度的呕吐”,你说会有多少人愿意玩这种呕吐的游戏呢?

(5)要避免触犯当地的民间禁忌

禁忌是指犯忌讳的言语、行为、图案和色彩等的总称。在不同的社会文化背景中,禁忌的内容也各不相同。例如,仙鹤在我国被视为长寿的象征,用它作为广告的一部分画面,在日本将会受到热烈欢迎,而在法国则被视为蠢汉或淫妇的代表而遭唾骂;菊花在意大利被奉为国花,而在拉丁美洲的部分国家被看作妖花,只在送葬时才会用;中东的大部分国家不喜欢六角星;利比亚人讨厌用猪或女性人身作商标;马达加斯加人认为猫头鹰是不祥之物;法国人忌用核桃花;等等。此外,不同的颜色对于不同的国家也有着不同的感觉,中国、英国和印度就比较崇尚黄色,但法国把黄色视为不忠诚,以色列视黄色为不吉祥,埃塞俄比亚更视其为丧色;埃及人视蓝色为恶魔;乍得人视黑色与红色为不祥之兆;葡萄牙人认为蓝色与白色含有不正派之意;等等。如果广告中运用了这些被当地人视为禁忌的图案或色彩,必然会导致促销的失败。

(6)要突出品牌宣传

所谓品牌,就是产品的牌子,它是销售者或生产者给自己的产品规定的商业名称,通常由文字、标记、符号、图案和颜色等要素或这些要素的组合构成,用作一个生产者或销售者的标识,以便同竞争者的产品相区别,它包括品牌名称、品牌标志、商标。由于它凝聚着企业在为提高其产品质量及附加价值等方面所付出的诸多心血,因而,它就成为了其产品质量、信誉的象征,亦成为了产品打开市场的“金钥匙”,所以,成功的外贸广告都应在其广告中突出宣传其品牌。南非著名的黄金城——约翰内斯堡国际机场通往市区的高速公路两旁,密密麻麻地伫立着世界著名品牌的巨幅广告牌,其中一幅广告牌格外引人注目,HISENSE—CHINA’S FAMOUS BRAND,海信产品成功打入海外市场的原因,除了它过硬的质量和服务外,其品牌宣传功不可没。时下,我国部分外贸广告忽视对品牌的宣传,广告的主角不是产品的牌子,而是××厂长、××经理的大名、厂名等,这就未免本末倒置了,也就不可能使广告宣传收到预期的效果。

(7)要选择恰当的媒体传播

广告媒体的种类很多,按媒体的物质自然属性分,有印刷品媒体、电波媒体、邮政媒体DM、户外媒体OD、销售现场媒体POP等;按受众的感觉程度分,有视觉媒体、听觉媒体、视听综合媒体;按媒体内容的特定性分,有一般性媒体和专业性媒体;等等。各种媒体都有自己的利弊,这就要求我们在外贸广告中结合实际情况认真选择,才能达到事半功倍的效果。在具体的选择中,主要从以下3个角度考虑:

①企业的营销目标。如果其目标是扩大销售量,应选择电波媒体或POP媒体;如果其目标是增加市场占有率,应首选印刷媒体,其次是电波媒体;如果其目标是提高知名度,应选择印刷媒体、POP媒体或交通工具为宜。

②广告的目标市场。如果目标市场的文化程度不高,印刷媒体的广告效果必然很差;如果目标市场的经济条件很差,电视机的普及率不是很高,TV媒体自然不宜。

③广告产品的特性。如果是食品、饮料、清洁剂、化妆品等,多由家庭主妇选购,因而选用TV、家庭生活类杂志或妇女报刊为好;如果是时装、鞋帽、提包等新开发的款式新颖的产品,因受具有求新心理的青年所青睐,则以青年报刊作媒体为宜;如果是耐用品,因其选择性、专业性较强,售价较高,构造和使用较复杂,且往往由男士选购,故以专业性报刊特别是男性喜读的专业性报刊作媒体最佳。

总之,国际广告只有在充分考虑目标市场的风俗习惯、宗教信仰、消费心理、语言习惯、民族禁忌等社会文化背景的前提下,选好广告媒体,突出产品的品牌,才有可能达到预期的效果,绝不能把国内广告中的方法全套照搬到国外市场上去。

[专　论]

英文广告撰稿初探

广告文稿是广告作品必不可少的组成部分,在广告中起着重要的作用。要创作一篇好的广告文稿,必须从广告的内容(即讲些什么)和语言(即怎样讲)两个方面进行研究。广告内容通常应包含和体现3个方面:①从读者(或消费者)利益角度显示出的商品的优特点、合意性;②切合读者的消费心理动机;③同读者相适合的商品“牌号形象”(brand image)。

鉴于广告的特点和要求,在撰写英文广告稿时,英语广告的遣词造句又有其一套区别于普通英语和其他语意的特点,它是在简明、形象、突出重点的原则指导下的一种“大众口语”,它注重语言的感情色彩和语言的价值观念,注重肯定、颂扬词汇,并有一套常用词语的语言,它兼有英语口语(spoken english)、非正式英语(informal english)、电报语和诗歌语等的某些特点。下面,就广告英语的主要特点作一些比较、探讨和研究。

1.广告英语重小词而不重大词

因为大词显得装腔作势,而日常小词则使人感到亲切。广告英语中的否定词"not",助动词"be"和"will",常常以缩写形式出现 it'll,you can't,it's.例如:

Most children don't brush properly or often enough. That's why Lever invented a new flouride dentifrice called Aim(大多数儿童刷牙方式不对或者刷牙次数太少。为此利屋发明了一种新的氟化牙膏——"瞄准"。)

人称代词,特别是"you"(你)和"we"(我们)在广告英语中占据重要地位。"you"总是指读者,"we"指广告主,这些代词的应用能吸引读者注意,使读者感到可亲。例如,美国客来福食品企业广告中,"we"和"you"的应用,使文字读起来好像朋友之间的通信,听起好像是朋友的面谈:

We now print the Kraft Guarantee on Kraft package, and mean what we say. Fact is, we've always guaranteed our products because we always believe you were entitled to full satisfaction from the Kraft foods you buy.(我们现在把客来福担保印在客来福包装上,并且我们说话算数。其实,我们过去一直担保我们的产品,因为我们相信你有权从你购买的客来福食品中得到最大满足。)

试设想若把"we"换成"this company"(本广告本公司),把"you"换成"the customer"(顾客、客户)的话,其语言效果会变得多么生硬、呆板!

2.广告英语重具体形象的词语,避免抽象笼统的词语

例如:一则洗涤剂广告,它不仅表示"洗涤力强,不伤衣料",更具体说明它怎样强,怎样不伤衣料,这样的表达方式就显得较真实可信了。

Woolite safely soaks even delicate knits clean... in three minutes! No shrinking, no stretching, no fading.

("衣亮"可安全地把最精细织物浸洗干净……三分钟之内!无皱缩、无拉长、无褪色。)

这种具体形象的表现手法有时会用一个有代表性的事例来显示和强调商品的特点和合意性。例如,美国有一个牌子的漱口水广告,用这样一句话作标题:

"Often a bridesmaid, but never a bride."(老是当嫔相,从未做新娘。)原来,她有口臭,不受人欢迎,进而也更显示出用这种漱口水来保持口腔清洁的必要性。

在句型的选择上,疑问句和命令句出现频率很高。这是因为这两种句型都是口语中常用的,有利于吸引读者和争取读者的积极反应。命令句的应用旨在更有效地敦促读者行动,或给广告内容增加活力,例如:

Discover a world what hasn't discovered(去发现一个世人尚未发现的世界。)

So bring home a Frigidaire Eletri-Saver dishwasher soon. And start hearing the chatter of your guests instead of the clatter of your platters.

(那么就赶快搬一台富利吉节电洗碗机回家吧。以后你听到的就不再是盘子的碰撞声,而是你的客人的谈笑声。)

3.在句子结构上,广告英语重短句、短词、短段落,忌长句、复杂句

因为长句会给阅读和理解增加困难,即使在非用长句来表达复杂意思不可时,广告英语也常常用一种独特的手法来把它解析为一组分离句(split sentences)。它们常常是被句号分离开的几个独立的,而在意思上又相互关联的短句,这种手法使复杂长句变得易读易理解,同时,又对每一个分离部分进行了强调。分离处可在副词短语、介词短语之前,也可在一个同位语,或在并列的名词或动词短语之间。例如:

Amtrak has created a new, national wide passenger rail system. Literally from the ground up, a system that represented a viable alternative for people who fly for business or pleasure.

(美铁创造出一个崭新的全国铁路客运网,一个平地而起的客运网,一个可为做生意的或旅游的飞机乘客提供另一条可行路线的客运网。)

广告英语中另两种常用句子形式是:省略句(elliptical sentences)和短语句(block language)。在省略句中,被省略部分可以是主语,也可以是谓语助动词,有时二者同时省略。

Every wood handles is made of hard American birch. (It's) Lovely to look at, yet safe to handle.(每一个木把手都是由坚硬的美洲桦木制成的。看起来可爱,用起来安全。)

4.广告英语重新奇,忌陈旧

有时还故意违反语法规则,如拼写规则、词语搭配规则等。例如 Tigo Puzzll(虎头谜游戏)的广告,为强调 perfect,用了这样一个标题:A perr-r-fect new gift idea.(一个绝妙,绝妙的新礼物。)再例如,英语代词不可被形容词修饰,所以,像下面的用法就会给人以新奇的感觉:Swakave the fur that becomes the casual you.(适合你在非正式场合穿的皮大衣。)

汉语和英语的表达方式在许多方面截然不同,直接用英文写可给作者更多机会来创造性地应用英浯,如押韵和妙用现成英语语句等。例如青岛啤酒的广告,也许可写成 Qingdao Beer, cheer, cheer, cheer."cheer"一词作"振奋""喝彩"讲。3 个"cheer"连用,正合英语中"three cheers for..."(为……欢呼三声),可以双重地表示"喝青岛啤酒会使人振奋",并且 cheer 又与 beer 押韵。

小 结

国际广告是国际营销活动发展的产物,其目的在于通过各种适应国际市场特点的广告宣传,使外贸出口产品能迅速地进入国际市场,为产品建立声誉,扩大产品的销售,实现销售目标。

我国国际广告发展现状:广告费用支出与出口贸易发展不成正比;广告与出口商品的目标市场、出口战略脱节;广告形式和媒介的选择存在较大盲目性;广告公司的业务水平和服务能力亟待提高。

世界上国际广告的发展情况:国际广告业合并的趋势还将继续;国际广告公司朝着综合信息型公司的方向发展;广告信息量呈爆炸性增长;信息的传递速度加快。

国际广告市场由国际广告主——出口企业、外贸出口产品、国际广告代理公司、国际广告媒介和远洋客户等组成，它们构成完整的国际广告活动市场。

国际广告调查的内容包括：政治情况、法规情况、经济情况、风俗习惯情况、自然环境情况、商业广告条件情况。

国际广告策划包括：广告民族化问题，使广告具有跨国性，广告主题确定与广告定位，用有关的国际知名人士对产品加以确认，媒体组合策略。

国际广告在经过周密的策划之后，便进入了广告实施阶段。国际广告的实施主要涉及国际广告代理商的选择及国际广告媒体的选择两个问题。

国际广告技巧表现在必须考虑当地的风俗习惯，要尊重当地的宗教信仰，要适应异国的消费心理，要注意目标受众的语言习惯，要避免触犯当地的民间禁忌，要突出品牌宣传，要选择恰当的媒体传播。

思考题

1.什么是国际广告？
2.国际广告有何特点？
3.国际广告有何技巧？

[案例讨论]

中华航空在亚洲创立了声誉

1967年，中华航空开辟了国际航线，航线迅速辟成后，“华航”深切了解，必须以广告来培养发展其营业。于是在本地，选择了两家广告代理业者，负责代为策划执行其国外的广告工作。联艺广告公司被这家广告主选择为新加坡、马来西亚、菲律宾和泰国等4个国家的广告代理。联艺在获得这项代理权以后，曾经很细心地研究了这些国家的航空客运市场情况，寻求一条对广告主营业上有利的途径。由于其主持人和这4个国家的广告界人士早已建立良好的关系，从这些关系上得到了一些可贵的市场资料。根据对市场研究的结果，他向广告主先提出两点建议：

1.这4个国家的华侨特别多，而且皆有爱家乡的热忱。因此，广告的重点，初期应以争取华侨为主，先促使华侨人人乐意搭乘“华航”客机，然后再逐步扩大其影响力量。

2.初期的广告预算，宜先集中运用于报纸媒体，另以杂志媒体为辅，免得选用的媒体种类太多，分散了广告效力。同时，依据事实，报纸仍为这4个国家最有效力、最具公共关系作用的媒体。

此两点建议及广告计划，在征得广告主的同意后，联艺随即以此为原则设计制作广告。在广告内容方面，力求激发华侨爱家乡的心理与荣誉。例如提到驾驶员，就告诉侨胞们，"华航"所有的驾驶员，每人都有1.5万小时以上的飞行经验，是民航界中独家具有的特色。又如，告诉大家，"华航"机上的服务人员全部是中国人。在别的飞机上，很少能看到印有汉字的点餐菜单，但在"华航"机上就能看到；在别的飞机上，很少能听到空中小姐用汉语作种种报告，但在"华航"机上就能听到；在别的飞机上，很少能见到有中国色彩的布置，但在"华航"机上就能见到。据此，均能增加侨胞们乘坐"华航"的荣誉感。

在广告风格方面，极力给华侨一种亲切感。画面着重宣扬中国悠久的文化历史和台湾各处的美景名胜，例如配置舞龙风光的广告；于新年与春节期间，在这些国家的中文及英文报纸上刊出，使侨胞们深感兴趣。台菲航线开航时，联艺设计了一幅以一座雕刻精细的笑面佛为主要画面的报纸全版广告，笑面佛高举双手，满面春风，笑口常开地显出对侨胞们热忱欢迎之意。这种充满中国风格的广告，刊出后极受华侨赞美，将华航这个名称深深打进华侨的印象中，获得了广泛的知名度。此外，如古色古香的中国古代庭院仕女的浮雕画面，亦多被收集，设计成报纸广告刊出。

这些面积经常是半版或1/4版的报纸广告，不断在这4个国家的报纸上刊出。再加上广告主在这4个国家所设立的分公司中，工作人员的热心服务，广告与销售的密切配合，使广告主在这4条国际航线的营业上收获了很好的成果。

问题讨论：

1.该航空公司在亚洲地区的广告是首先考虑了哪些问题？

2.在广告宣传上为什么要突出表现中国人的情结？

3.该航空公司的国际广告宣传，对你有什么启示？

参考文献

[1] 国家工商管理局广告司.现代广告专业基础知识[M].北京:经济管理出版社,1994.
[2] 张金海,等.广告学概论[M].北京:中央广播电视大学出版社,2000.
[3] 维尔斯.广告学原理与实务[M].北京:中国人民大学出版社,2009.
[4] 霍晓勇.广告学原理与实务[M].长沙:湖南师范大学出版社,2012.
[5] 何修猛.现代广告学[M].上海:复旦大学出版社,2008.
[6] 钟立群.广告原理与实务[M]. 北京:中国科学技术出版社,2007.
[7] 刘林清.广告学概论[M].2 版. 北京:中国人民大学出版社,2014.
[8] 菲利普・科特勒.市场营销管理[M]. 郭国庆,成栋,王晓东,等,译.北京:中国人民大学出版社,1997.
[9] 段轩如.广告创意与表现[M].北京:化学工业出版社,2012.
[10] 王吉方.现代广告策划实务[M].北京:电子工业出版社,2009.
[11] 霍晓文,易琳,陈欣.广告策划实务[M]. 北京:清华大学出版社,2011.
[12] 陈培爱.现代广告学概论[M].3 版.北京:高等教育出版社,2014.
[13] 丁柏铨.广告文案写作教程[M].2 版.上海:复旦大学出版社,2005.
[14] 约翰・菲利普・琼斯.强势品牌的背后[M]. 范秀成,等,译.北京:机械工业出版社,2001.
[15] 威廉・阿伦斯.当代广告[M]. 丁俊杰,等,译.北京:华夏出版社,2000.
[16] 舒尔兹,等.整合营销传播[M]. 吴怡国,等,译.呼和浩特:内蒙古人民出版社,1998.
[17] 尤基尼・汉默夫.广告代理公司经营实务[M]. 陈若鸿,等,译.北京:企业管理出版社,1999.